KÖNIGS FURT

Zum Buch

Schon immer haben Märchen von 1001 Nacht die Menschen fasziniert. Doch erst die Tiefenpsychologie von C.G. Jung, hat es uns ermöglicht, den Symbolgehalt der Märchen zu deuten und zu verstehen.

Dr. Hans Dieckmann hat im ersten Teil des Buches einige exemplarische Märchen ausgewählt und nach der Amplifikationsmethode C.G. Jungs gedeutet, wobei er besonderen Wert auf den Brückenschlag zu den europäischen Mythen und Märchen legte.

Im zweiten Teil des Buches zeigen Träume, Visionen und Phantasien seiner Patienten die Einheit der orientalischen Erlebniswelt mit den Vorstellungen heutiger Europäer. Der Autor breitet hier das ganze Wunder der archetypischen Grundsituation wie einen orientalischen Teppich vor dem Leser aus.

Zum Autor

Dr. med. Hans Dieckmann, geb 1921, ist Dozent am Institut für Psychotherapie in Berlin und dessen Ehrenpräsident sowie Gründungsvorsitzender des C.G. Jung Instituts, Berlin. Außerdem hat er zahlreiche internationale Ehrenämter inne, hält häufig Gastvorlesungen in den USA, England, Griechenland und Israel. Er war viele Jahre Präsident der Internationalen Gesellschaft in Zürich. Er lebt in Berlin.

Hans Dieckmann

Zauber aus 1001 Nacht

Märchen und Symbole

Königsfurt

Diese Ausgabe erschien erstmals 1974 im Bonz Verlag unter dem Titel »Individuation in Märchen aus 1001 Nacht« und dann in der Reihe »Psychologisch gesehen« unter dem Titel »Märchen und Symbole – Tiefenpsychologische Deutung orientalischer Märchen«.

Umschlaggestaltung: INIT, Bielefeld

Printed in Germany
auf chlorfrei gebleichtem Papier

ISBN 3-933939-09-7

Gewidmet meinen Kindern
Kai, Jan, Sabine und Katrin

INHALT

ERSTER TEIL

ZWEITER TEIL

ERSTER TEIL

DAS MÄRCHEN VOM FISCHER
DER DIE FLASCHE FAND

Es ist für einen Arzt ein etwas gewagtes Unternehmen, die Phantasiewelt einer fremden Kultur ohne eine entsprechende wissenschaftliche Fachausbildung analytisch zu untersuchen und zu deuten. Zunächst war es vor 15 Jahren das lebendige Interesse meiner Kinder und die damit wiederbelebte eigene Kindheitserinnerung an den Geschichten von 1001 Nacht, die mich dazu anregte, mich mit diesem Material wieder zu beschäftigen. Mehrere Reisen nach Vorderasien und Nordafrika zu einer Zeit, als sich an den Küsten noch nicht die Hochhäuser des Tourismus drängten, gaben mir einen gewissen Einblick in das Leben und die Psyche der arabischen Welt. Der entscheidende Anstoß aber stammt aus der Traum- und Phantasiewelt meiner Patienten. Das Wunder der archetypischen Grundsituationen, in denen überall auf der Welt die menschliche Psyche ihre Reifungs- und Entfaltungsprobleme gestaltet, ist etwas, an dem kein Analytiker vorbeigehen kann, dem es beruflich geboten ist, tiefere Einblicke in das Unbewußte zu tun.

Die Deutung und Sinnerschließung der hier ausgewählten Märchen aus dem Zyklus von 1001 Nacht erfolgt nach der *Amplifikationsmethode C. G. Jungs*. Neben den Amplifikationen aus dem orientalischen Raum soll auf der anderen Seite der Brückenschlag zu den europäischen Mythen und Märchen gebildet werden. Die eingefügten Träume, Visionen und Phantasien von Patienten, die sich einer analytischen Therapie unterzogen, zeigen mit ihren teilweise identischen, teilweise sehr ähnlichen Motiven die noch existente Lebendigkeit dieser Erlebnis- und Vorstellungswelt auch im Menschen des heutigen Europa. Im Interesse der ärztlichen Diskretion sind alle Angaben zur Person, soweit sie überhaupt erforderlich waren, verschlüsselt.

Es ist nicht der Sinn dieses Buches, Traumdeutungen zu geben, sondern die hier beschriebenen Träume dienen nur als Hinweis auf die Motiv-Analogien und das zugrundeliegende archetypische Problem.

Man könnte das Buch auch »Eine Analyse der Beziehung des Königs Scharirar zu Schehersad« nennen, denn die vielen Geschichten, die in 1001 Nacht enthalten sind, dienen final gesehen dem Zweck, in dem König ein Wandlungsgeschehen auszulösen, das ihn beziehungsfähig zu seiner Anima und seinem Selbst macht. Die Unendlichkeit der Erzählungen (1001 heißt im Arabischen ben bir und steht nicht, wie bei uns, für die Zahl 1001, sondern für eine unendliche Menge) entspricht der Unerschöpfbarkeit des Unbewußten und damit einem Individuationsprozeß, der sich durch das ganze menschliche Leben zieht.

Es verbleibt mir noch, all denen zu danken, die mir für dieses Buch Material zur Verfügung gestellt und an ihm mitgearbeitet haben. Insbesondere danke ich meiner Frau für die vielen Anregungen und Diskussionen zu dem Thema, meiner Sekretärin, Frau Sigrid Wiegand, für die mühseligen Korrekturarbeiten und Frau Elisabeth Malzahn und Herrn Heinz Berkhan für die Herstellung des Sachregisters.

1. Kapitel

DIE RAHMENERZÄHLUNGEN DES ORIENTS

Die Märchen aus 1001 Nacht haben seit ihrer Übersetzung Anfang des 18. Jahrhunderts in Europa eine Verbreitung erfahren, wie kaum ein anderer literarischer Stoff des Orients. Sie gehören heute zum festen Bestand der Märchenwelt unserer Kinder. Wer kennt nicht die Erzählungen Sindbad des Seefahrers, Aladins Wunderlampe, Ali Baba und die 40 Räuber und viele der anderen Märchen, die von der klugen Schehersad erzählt werden. Wenn diese Märchen aus 1001 Nacht eine derartig weltweite Verbreitung erfahren haben und über die Zeiten hinweg das Interesse der Menschheit fesseln, so tun sie das, weil sie auf bestimmte korrespondierende Inhalte im Individuum selbst treffen, auf Inhalte, die eine kollektive, zeitlose Gültigkeit haben und die eben diese Märchen in besonders glücklich gelöster Form ausdrücken. Ihnen kann sich im Grunde genommen keiner entziehen, obwohl wir Menschen sehr unterschiedlich auf Märchen reagieren. Auf der einen Seite steht die heftige, affektive Ablehnung unter der Motivation, sie seien zu grausam, zu archaisch und auch von höchst problematischem künstlerischen Wert. Auf der anderen Seite stehen die Märchenfreunde und -liebhaber, die es als wertvolles überliefertes Brauchtum schätzen und sammeln, sowie diejenigen Menschen, die sich der Faszination dieser »wunderbaren Geschichten« nicht entziehen können, und wenn sie Dichter sind, selbst Märchen erfinden wie Andersen[1], Hauff[2], Oscar Wilde[3] u. a. Zwischen diesen beiden Extremen steht der Durchschnittsmensch, der das Märchen in die Kindheit verweist und höchstens ab und zu noch einmal davon Kenntnis nimmt als von etwas, was eben »nur« ein Märchen ist und in der harten Wirklichkeit nichts mehr zu suchen hat. Gleichgültig aber, ob Zustimmung, Ablehnung oder liebe Kindheitserinnerung, alles ist eine affektive Beteiligung, die immer auf bestimmte psychologische Tatbestände hinweist[4]. Es gibt sogar bei vielen Menschen ein Lieblingsmärchen der Kindheit, das einen besonders tiefen Eindruck auf sie gemacht hat. Oft haben sie es sich immer wieder erzählen lassen oder immer wieder gelesen, und manche tragen es als einen besonderen Schatz in ihrer Erinnerung noch bis in die Erwachsenenzeit mit hinein. Solche Märchen tauchen oft spontan in langen Analysen auf, und bei ihrer genauen Durcharbeitung ergeben sich fast immer überraschende Analogien zu der hintergründigen Problematik der Neurose des Betreffenden, zu der die Neurose auslösenden Situation und der vorhandenen Symptomatik[5].

Bei der Deutung des vorliegenden orientalischen Märchens soll dieses als Phantasieprodukt in gleicher Weise wie ein Traum behandelt werden. Das Märchen unterscheidet sich zwar vom Traum durch die bewußte Verarbeitung und Gestaltung, ist aber auf der anderen Seite doch eine aus dem Unbewußten frei aufgestiegene Phantasie, deren realer Hintergrund, wenn überhaupt existierend, doch so gering ist, daß er praktisch vernachlässigt werden kann. Wir stoßen aber hier auf die Schwierigkeit, daß selbst, wenn wir die Märchen von 1001 Nacht auf den König Scharirar als Träumer beziehen, dieser uns weitgehend unbekannt, ja, er selbst sogar wieder eine märchenhafte Phantasiebildung darstellt. Wir sind also darauf angewiesen, alles Individuell-Persönliche, das wir über den Träumer aussagen können, zu vernachlässigen und uns lediglich an die Kollektivprobleme, die wir im Märchen vermuten, zu halten.

Als Methodik der Untersuchung benutze ich die Amplifikation nach C. G. Jung. Ich werde versuchen, durch Anreicherung und Analogien die einzelnen Personen und Motive in ihrer Sinnbedeutung zu erfassen. Hierbei sollen, wie bereits erwähnt, auch gleiche bzw. ähnliche Motivwahlen aus den Träumen heutiger Europäer eingefügt werden. Die übrigen Amplifikationen sind vorwiegend der islamischen und orientalischen Kulturwelt entnommen. Eine Schwierigkeit hierbei ist, daß es sich um ein Material handelt, welches aus einem anderen Kulturkreis stammt. Es ist also zu bedenken, daß die nationalen, kulturellen und landschaftsmäßigen Eigentümlichkeiten des islamischen Lebens gewichtsmäßig richtig eingeordnet werden. So wird z. B. für einen Wüstenaraber, der sich auf einem Kamel reitend träumt, dieses Kamel ganz ohne Zweifel eine andere Symbolbedeutung haben als für einen Mitteleuropäer mit dem gleichen Traum. Was dort akzentmäßig vorwiegend Reichtum, schnelles Fortkommen, Ausdauer, Genügsamkeit und Sicherheit bedeutet, kann hier auch den Akzent eines Schimpfwortes, also einer minderwertigen Funktion haben. Trotz dieser Unterschiede bleibt aber der wesentliche Kern der Handlung und der Motive ungebunden an die nationalen Begrenzungen und ist dem kollektiven Unbewußten der Menschheit zugehörig. Er ist daher auch für unseren Kulturraum gültig, wofür allein die allgemeine Verbreitung und Beliebtheit dieser Märchen auch in Europa einen gewissen Beweis liefert.

Das Wort Symbol wird im Folgenden immer im Sinne des Symbolbegriffes der Analytischen Psychologie C. G. Jungs benutzt, d. h. daß es sich bei einem Symbol immer um einen spontan entstandenen Bedeutungsträger handelt, der die Vergegenwärtigung von Inhalten erlaubt, die auf andere Weise nicht darzustellen sind. Das herausgehobene Bildelement bedeutet dann nicht mehr sich selbst, als einen Teil unserer visuellen Wirklichkeit, sondern immer auch etwas anderes. Nach der Ansicht von C. G. Jung[6] ist nur eine Auffassung, welche den symbolischen Ausdruck als bestmögliche und daher zunächst gar nicht klarer oder charakteristischer darzustellende Formulierung einer relativ unbekannten Sache erklärt, symbolisch. Jede Auffassung, wie z. B. die Freuds, welche den symbolischen Ausdruck als Analogie oder abgekürzte Bezeichnung einer bekannten Sache erklärt, ist dagegen semiotisch. Ein Ausdruck, der für eine bekannte Sache gesetzt wird, bleibt immer ein bloßes Zeichen und ist niemals Symbol. Diese Definition C. G. Jungs schließt sich an die Vorstellungen an, die bereits von Goethe und Bachofen über das Symbol entwickelt worden sind. Sie entspricht dem, was E. Fromm[7] unter den universellen Symbolen versteht, ist aber nicht identisch mit Fromms konventionellen oder akzidentellen Symbolen, die innerhalb der Jung'schen Psychologie als semiotisch angesehen werden. Es handelt sich bei dem Symbol also um eine *conjunctio oppositorum*, bei der Getrenntes und Gegensätzliches ineinandergeführt werden. In ihm verkörpern sich die Polaritäten beider Seiten, wobei es die Inhalte beider umfaßt. So wird das Symbol zum »mittleren Weg«, auf dem sich die Gegensätze zu einer neuen Bewegung[6] einen. Das Symbol hat also eine synthetische Funktion, da es vermittelt, verbindet und umfaßt, und zwar Entgegengesetztes und sich gegenseitig Widerstrebendes. Es ist auch der Vermittler zwischen Bewußtsein und Unbewußtem, zwischen den verschiedenen psychischen Funktionen, zwischen dem Stofflichen und dem Geistigen und zwischen dem Rationalen und dem Irrationalen. Es arbeitet nicht auf der Basis logischer Identitäten und hat dementsprechend nicht das Gleichheitszeichen, sondern es arbeitet alogisch und ist durch das Bindeglied des Gleichwie (sicut) bestimmt. Dementsprechend handelt es sich also bei der Symbolik nicht um ein genetisch-kausales Erklären, sondern um ein sinngemäßes Erfassen einer Sache[8]. Ausführlicher habe ich diesen Begriff an anderer Stelle behandelt[9].

Die Erzählungen von 1001 Nacht sind ein Werk, das im Verlaufe von Jahrhunderten auf dem Boden des Orients gewachsen ist. Wir verdanken es nicht dem Genie eines einzelnen, nicht einmal einem einzelnen Volk, sondern der ganze vordere Orient, sowie Indien und Persien, haben dazu beigetragen. Der ursprüngliche Kern des Werkes stammt aus Persien und wurde in einer Sammlung mit dem Namen Hazār Afsāna zusammengefaßt. Die erste Erwähnung dieser Sammlung finden wir bei al-Macūdī um das Jahr 960. Cirka 200 Jahre später spricht M. al-Qurti bereits von einer weitgehenden Verbreitung dieser Erzählungen im Ägypten der Fatimidenzeit. Die ersten arabischen Übersetzungen sollen um das Jahr 800[10] in Bagdad aufgetaucht sein. Sie enthalten bereits, wie auch (zum Beispiel) die Rahmenerzählung der Märchen von 1001 Nacht, reichlich indische Motive. Indisch ist darin das Motiv von den beiden Königsbrüdern, die sich gegenseitig über die Untreue ihrer Gattinnen trösten, indisch ist die von einem

Geist geraubte und in einen Kasten eingeschlossene Frau, und ebenso ist auch die Geschichte der klugen Erzählerin selbst indischen Ursprungs[11]. Bei Letzterer sei hier noch auf die Parallele zur biblischen Esther-Legende hingewiesen, die nach einer Abhandlung von de Goeje[12] mit der Rahmenerzählung von 1001 Nacht auf einen gemeinsamen persischen Ursprung zurückzuführen ist. Dadurch wäre die Entstehung der Rahmengeschichte noch vor die Zeit der Sassaniden in die vorchristliche Zeit zu verlegen. Von Bagdad aus wanderten die Erzählungen von 1001 Nacht nach Ägypten und Syrien, wo sie erneut vermehrt und ausgestaltet wurden. Nach Europa kamen sie erst durch Galland, der sie in den Jahren 1705–1717 in Paris in französischer Übersetzung veröffentlichte. Sein Manuskript ist ägyptischer Herkunft und soll aus dem 14. Jahrhundert stammen.

Die Form der Rahmenerzählung, wie sie hier vorliegt, ist im Orient sehr beliebt und für den Orientalen charakteristisch. Der größte Teil der uns aus Indien, Persien und Arabien her überlieferten Märchen und Fabeln hat dieses äußere Gewand. Darin findet nun ein Vorgang statt, den wir ebenso innerhalb der Behandlung unserer Patienten erstreben. Die Hauptfigur der Rahmenhandlung ändert durch die gehörten und in ihrer Bedeutung erfaßten Inhalte ihre Einstellung zu sich selbst und zur Umwelt in Form eines Erkenntnis- und Reifungsvorganges. Auf den Zuhörer übertragen wird das Märchen für den lehrreich, der sich mit der Hauptfigur identifiziert. So gibt es diesem eine gleichnishafte Bildungsmöglichkeit mit unaufdringlicher Belehrung. Einige Beispiele aus dem orientalischen Märchengut für derartige Erzählungen seien hier aufgeführt.

In der »Pantschatantra« (Indien)[13] sucht ein König für seine drei völlig unbegabten Söhne einen Lehrer der Staatsweisheit. Als er seine Minister ruft und sie um Rat fragt, antworten ihm diese: »Majestät, zwölf Jahre dauert bekanntlich das Studium der Grammatik; hat man diese mit Mühe gemeistert, so muß man weiter die Wissenschaften der Religion, Staatsweisheit und Liebeskunst studieren. Das alles ist für den Klugen schon schwer genug, um wieviel mehr für jemand, der trägen Verstandes ist!

Für einen solchen Fall ist der beste der Brahmane Wischnuscharman, ein gründlicher Kenner aller Lehrbücher der Staatskunst, von dessen Ruhm zahlreiche Schüler künden. Den lasset holen und übergebt ihm die Prinzen.« Es geschah also, und der Brahmane machte sich vor dem König anheischig, innerhalb eines halben Jahres die Söhne zu Meistern der Staatskunst zu machen. Zu diesem Zweck verfaßte er die fünf Bücher der Pantschatantra und brachte den Prinzen die Wissenschaft der Staatskunst durch das Erzählen von Fabeln bei.

In der »Kathasaritsâgara«[14] sind die Märchen vom König enthalten, der bei Nacht einem Asketen einen Leichnam vom äußersten Ende des Richtplatzes holen soll. Als er sich diesen auflädt, merkt er, daß ein Gespenst in ihm enthalten ist, und während er schreitet, erzählt es ihm eine Geschichte, die ein Rätsel enthält. Weiß er die Lösung, so muß er sie sagen, sonst wird ihm der Kopf zerplatzen. Spricht er aber und bricht das Schweigen, so fliegt der Leichnam von seiner Schulter zurück auf den alten Platz. Fünfundzwanzigmal muß auf diese Weise der König wieder zurückkehren und mit dem Leichnam auf dem Rücken den schauerlichen Richtplatz überqueren. Fünfundzwanzig Geschichten erzählt ihm hierbei das Gespenst. Schließlich aber rettet es ihn vor der Zauberkraft des Asketen, der ihn vernichten wollte. Der König kehrt weiser, als einer, der um die Dinge jenseits des alltäglichen Erlebens weiß, zurück auf seinen Thron.

Auch Yogatexte sind in derartige Rahmenerzählungen eingekleidet. Im Traktat der »Amitâbha-Meditation«[15] trachtet ein Kronprinz seinen Eltern nach dem Leben. In ihrer Not ruft die Mutter Buddha an, der ihr erscheint und ihr in der Vision alle zehn Welten zeigt, um sie wählen zu lassen, in welcher sie wiedergeboren werden will. Nachdem sie sich für eine entschieden hat, lehrt er sie den Yoga, der es ihr ermöglicht, diese Wiedergeburt zu erreichen.*

Die Rahmenerzählung, die die Märchen aus 1001 Nacht umfaßt, lautet in kurzen Zügen:

* Weitere Beispiele finden sich in: H. Dieckmann, »Der Individuationsprozeß in orientalischen Rahmenerzählungen.«[16]

Es wird erzählt, daß auf den Inseln Indiens und Chinas einst zwei mächtige Brüder-Könige lebten: König Scharirar, der ältere, und Schahseman, der jüngere, die nach dem Tode ihres Vaters gerade die Herrschaft übernommen hatten. Eines Tages bat Scharirar seinen Bruder um einen Besuch. Als Schahseman kurz nach der Abreise zu seinem Bruder noch einmal in seinen Palast zurückkehrte, fand er seine Gemahlin in den Armen eines schwarzen Sklaven. Er tötete beide und zog dann in die Residenz Scharirars, wo er sich vor Gram über den Verlust verzehrte. Eines Tages war Scharirar allein zur Jagd ausgeritten. Da sah Schahseman von seinem Fenster aus, wie sich die Gattin des Bruders mit ihrem ganzen Gefolge mit schwarzen Sklaven vergnügte. Er teilte es seinem Bruder mit, und dieser überzeugte sich durch eine List mit eigenen Augen von der Untreue seiner Frau. Nun beschlossen beide, auszuziehen und sich nicht eher wieder um ihr Reich zu kümmern, bis sie einen gefunden hätten, dem ein Gleiches widerfahren wäre. Unterwegs trafen sie einen Djin*, der auf dem Kopf einen Kasten trug. Sie verbargen sich vor ihm auf einem Baum und erlebten nun, daß der Djin in dem Kasten eine schöne Frau mit sich führte, die er in der Hochzeitsnacht gestohlen hatte und die er gefangen hielt. Während der Djin schlief, entdeckte dieses Mädchen die beiden Brüder in der Baumkrone und zwang sie, ihr zu Willen zu sein. Danach forderte sie von ihnen die Siegelringe und fügte sie zu fünfhundertundsiebzig anderen, die sie an einer Schnur mit sich führte. Sie sagte zu ihnen: »Die Besitzer dieser Ringe waren mir, ohne daß der Djin es merkte, so wie ihr, zu Willen. Er hat mich in der Hochzeitsnacht entführt, mich in eine Schachtel gesperrt, hat dann die Schachtel in diesen Kasten gepackt und sieben Schlösser davor gelegt und mich auf den Grund des tosenden, wellenbrandenden Meeres versenkt, ohne zu wissen, daß wir Frauen alles, was wir wollen, auch durchsetzen.« Für die beiden Brüder lag darin der Trost, und sie begaben sich jeder in seine Stadt zurück. Dort ließ Scharirar unverzüglich seiner Gemahlin und deren Gefolge den Kopf abschlagen. Von nun an wurde ihm jede Nacht eine Jungfrau ge-

* arabischer Geist

bracht, die er nach der Brautnacht hinrichten ließ. So verfuhr er drei Jahre lang, bis alle Leute mit ihren Töchtern flohen und in der Stadt kein erwachsenes Mädchen mehr zu finden war. Da opferte sich die schöne und kluge Tochter des Wesirs, Schehersad, und sie ließ sich zusammen mit ihrer Schwester zur Nacht zum König führen. Sie erzählte ihm eine Geschichte, die sie beim Morgengrauen unterbrach, und da der König neugierig war, verschonte er sie bis zur nächsten Nacht. Dies führte sie über 1001 Nächte fort und gebar ihm in dieser Zeit drei Kinder. Danach aber heiratete der König sie. Er war inzwischen durch die Kraft der Geschichten aus einem weichen, grausam-sadistischen Tyrannen zu einem weisen und gerechten Herrscher geworden.

Nach all diesen Erzählungen tritt also das bereits anfangs Erwähnte ein. Die Hauptfigur der Rahmenerzählung, der König, der diese Reihen von Geschichten und Erzählungen in sich aufnimmt, ändert seine Erlebnis- und Verhaltensweisen, und als Entsprechung dieses Vorgangs tritt eine Charakterveränderung auf. Das Medium aber, in dem all dieses vor sich geht, ist das irreale Phantasiegebilde des Märchens. Hier drängt sich unwillkürlich wieder der Vergleich zu den Träumen auf. Sie bilden das Material, mit dem die Psychotherapie arbeitet, und an ihnen und mit ihnen ändert sich die Einstellung des Patienten zu sich selbst und damit auch zur Umwelt. Wie sehr diese Träume der Welt des Märchens und Mythos' ähnlich sind, welch frappierende Übereinstimmungen hier spontan aus dem Unbewußten mit den Phantasieschöpfungen aller Völker aufsteigen, ist allgemein bekannt. Angefangen von Freud und Jung, existiert eine überreichliche Literatur auf diesem Gebiet.

Die Träume der Patienten, unsere eigenen Träume spülen die Schicht naturnaher Bilder mit ihren typischen »patterns of behavior« an die Oberfläche, die in uns allen noch heute lebt, genau wie damals. Wir erleben in unseren Nächten die Nachtmeerfahrt des Helden, den Kampf mit Drachen, Hexen und Riesen, die hilfreichen sprechenden Tiere, die sehr schwer zu erreichenden Kostbarkeiten, die Nymphen, Feen, Faune und Satyrn. Wie insbesondere die vielen tiefenpsychologischen Arbeiten

C. G. Jungs und seiner Schule gezeigt haben, ist das menschliche Unbewußte eine unerschöpfliche Fundstätte archetypischer Bilder, deren Symbolik weitgehend identisch ist mit den Motiven dieser alten Mythen und Märchen.

Der psychotherapeutische Prozeß, bei dem wir die Patienten dazu anhalten, die Schicht dieser Bilder an die Oberfläche des Bewußtseins zu bringen und zu einem Verständnis ihrer Symbolik und ihres Sinngehaltes zu kommen, bekommt so eine gewisse Ähnlichkeit mit dem Erkenntnis- und Reifungsvorgang, den die Hauptperson der Rahmenerzählung aus 1001 Nacht erlebt. Hier ist es unser eigenes, bewußtes Ich, das sich mit den Bildern seines Unbewußten auseinandersetzt und so den Prozeß innerer Reifung durchläuft.

Etwas in dem König selbst, in seinem eigenen Unbewußten, muß also mit den erzählten Märchen korrespondieren, sie aufnehmen, mit eigenem Erleben vergleichen und sie verarbeiten. In der indischen Hindumedizin[17] ist diese Art der Psychotherapie sogar gebräuchlich und wird bewußt angewendet. Dem Patienten wird hier eine Erzählung vorgelegt, über die er einige Tage meditieren soll, um dann einige geschickt ausgewählte Fragen, die den Sinn und Inhalt der Geschichte betreffen, zu beantworten. In unserem täglichen Leben sind wir auch weitgehend dem Einfluß von Umwelterzählungen ausgesetzt. Unsere Anschauungen und Handlungsweisen werden durch ein Buch, Theaterstück oder Konzert, das uns in der Tiefe berührt, oftmals beeinflußt. Man braucht nur an das berühmte Beispiel von Schliemann zu denken, dem die Ilias zum richtunggebenden Lebenssinn und Inhalt wurde. Eine ähnliche Methodik verfolgt das Verfahren der Amplifikation C. G. Jungs, bei dem der Analytiker einen wesentlich aktiveren Anteil an der Behandlung nimmt als in der klassischen Psychoanalyse, indem er den Patienten auf die zu seinen Träumen korrespondierenden Inhalte der Kollektivpsyche wie Mythen, Märchen, alchimistische Symbolik etc. aufmerksam macht. Im Gegensatz zur indischen Hindumedizin wird hier allerdings nicht von außen eine vorbestimmte und tradierte Symbolik in die individuelle Seele gewissermaßen eingepflanzt, sondern die Am-

plifikation hält sich eng an die spontane Symbolbildung des Unbewußten, vermeidet jede mögliche Suggestion und versucht
durch vertiefte Einsicht und Sinnerfassung den autonomen psychischen Entwicklungsprozeß zu fördern.

Kehren wir nun zum Inhalt der Rahmenerzählung zurück
und versuchen wir, das Verhalten des Königs unter dem Gesichts-
winkel einer modernen Diagnostik zu sehen. Man müßte dann
hier von einem sadistischen Psychopathen mit einer selbst im
Rahmen des großzügigeren Orient etwas weitgehenden sexuellen
und aggressiven Zügellosigkeit und Verwahrlosung sprechen.
Sicher wäre das zunächst richtig; aber hierbei würde uns doch der
Fehler unterlaufen, daß wir das Phantasieprodukt des Märchens
gleichsetzen mit einer in der Realität erfolgten Handlung, denn
nicht nur die in der Rahmenerzählung enthaltenen Geschichten
sind ein Phantasieprodukt Schehersads, sondern auch diese selbst
und der König Scharirar sind Märchen und damit Phantasie. Als
solche müssen wir ihnen das Recht der groben Übertreibung und
Ausschmückung zuerkennen, und ihre Handlungen erhalten damit nur den Stellenwert ähnlicher Phantasieprodukte, die in den
Träumen von Patienten auftreten, aber nicht realisiert werden.
Wir würden also besser fragen: Welches ist eigentlich die Problematik, an der dieser König scheitert und deren Lösung erstrebt
wird? Um diese Frage beantworten zu können, wollen wir sowohl die Rahmenerzählung als auch das später zu interpretie-
rende Märchen in der gleichen Weise wie einen Traum behandeln und sie von der Subjektstufe her deuten. Zur Behandlung
von Märchenstoffen auf der Subjektstufe werden die in ihnen
enthaltenen Figuren und Symbole als Teilaspekte der Psyche
eines einzelnen aufgefaßt, d. h. bestimmte, im Subjekt miteinander kollidierende Wünsche, Strebungen, Triebansprüche und
Teilseelen sind in den auftretenden Personen figürlich ausgedrückt und stehen mit der bewußten Ich-Funktion teils in Part-
nerschaft, teils im Konflikt. Die Möglichkeit, Märchen- oder
Traumfiguren in diesem Sinne aufzufassen, beruht auf der Fähigkeit bzw. Eigenschaft der menschlichen Psyche zu Projektionen.
Der Mensch hat die Tendenz, die Inhalte der unbewußten Bilder-

schicht in seine Umwelt hinauszuverlegen. Diese Eigenschaft bzw. Fähigkeit bezeichnen wir als Projektion. Je niedriger die Bewußtseinsstufe ist, je geringer die Fähigkeit der Reflexion, desto stärker pflegt dieser Mechanismus der Projektion in den Vordergrund zu treten. Während der wache Kulturmensch in der Regel scharf zwischen Subjekt und Objekt unterscheidet, verschwinden für den Primitiven kraft der Bildprojektion die Grenzen zwischen Ich und Außenwelt. Innere Zustände, Erlebnisse, Wünsche, Hoffnungen, Befürchtungen werden in einer magischen, von Göttern, Dämonen, sprechenden Tieren und Zauberern belebten Außenwelt gesehen. So können die sich in der Innenwelt anbahnenden Regungen, Strebungen und Wandlungen, die zunächst nur dunkel gespürt werden, durch die Projektion nach außen gebracht und eventuell verarbeitet werden. Diese Bildprojektion zeigt sich nun auch im Traum in großem Umfang. Es ist experimentell erwiesen, daß Reize, die den Träumer treffen, in dessen Traum auf andere Traumpersonen projiziert werden. Eigene Stimmungen und Affekte treten im Traum bei anderen auf; Taten, die eigenen Motiven entsprechen, werden anderen Personen untergeschoben[18]. Während unbekannte Personen im Traum fast immer Projektionen der eigenen Innenwelt darstellen, kann man bei bekannten Figuren (Vater, Mutter, Geschwister, Ehepartner) darüber zunächst im Zweifel sein. Hier werden auch oft die tatsächlichen Gesinnungen dieser Personen dargestellt, sogar solche, von denen das Bewußtsein des Träumers entweder nichts weiß oder nichts wissen will. Jung unterscheidet daher in der Traumdeutung diese beiden Möglichkeiten, indem er von einer Deutung auf der Objektstufe und einer Deutung auf der Subjektstufe spricht. Die Definition dieser beiden Möglichkeiten würde also lauten: Unter der Objektstufe verstehen wir, daß die bekannten Traumgestalten mit realen Objekten, die der Traum darstellt, identisch gesetzt werden. Unter der Subjektstufe verstehen wir dagegen, daß dieselben Inhalte projizierte Darstellungen der eigenen Seelenlage sind. »Der Traum ist«, wie Jung sagt, »jenes Theater, wo der Träumer Szene, Spieler, Souffleur, Regisseur, Autor, Publikum und Kritiker ist[19].«

Die Märchen, die hier als ein Phantasieprodukt des kollektiven Unbewußten wie ein Traum behandelt werden, bilden also sozusagen ein innerseelisches Drama, das sich *innerhalb* des Subjektes abspielt. Jede einzelne Figur stellt einen Teil eben dieses Subjektes dar. Die Figur, die innerhalb dieses Psychodramas die bewußte Ich-Funktion vertritt, soll rückbezüglich auf den, dem das Märchen erzählt wird, der König oder Sultan sein. Es handelt sich bei der Königsfigur um ein psychisches Modell des Ich, da ja auch der Heros selbst einen Archetyp darstellt. Er personifiziert so die Ich-aufbauende und -korrigierende Funktion des Selbst für das Ego. Für die übrigen Personifikationen wie Neger, Hexe, Jüngling werden ebenfalls Begriffe der Jung'schen Psychologie wie Schatten, Anima, alter ego gewählt.

Ich schicke voraus, daß hier die Deutung der Rahmenerzählung nur die Grundproblematik erfassen soll, die durch die späteren Geschichten gelöst wird. Wenn wir so vorgehen, dann repräsentiert die geliebte und untreue Gattin Scharirars, ebenso wie Schehersad, auch einen weiblichen Anteil der männlichen Seele des Königs, ein Konglomerat an nicht bewußten Eigenschaften, Gefühlen und Antriebsqualitäten, das Jung unter der Bezeichnung der Anima zusammengefaßt hat. Die Imagines, d. h. die Bildwelt, unter denen sich dieser Archetyp dem Bewußtsein repräsentiert, sind deswegen gegengeschlechtlich, weil in unserer Kultur bzw. grundsätzlich in allen Kulturen dieser Erde das Bewußtsein des Mannes vorwiegend von männlichen Inhalten ausgefüllt ist. Die menschliche Psyche aber ist, wie die Erfahrungen der Tiefenpsychologie ergeben haben, bisexuell, wobei sich das Unbewußte dem Bewußtsein gegenüber kompensatorisch verhält. So hat dementsprechend das Unbewußte des Mannes mehr weiblichen Charakter, das der Frau eher männlichen. Jede Kultur bemüht sich darum, Geschlechtsdominanten des Kindes zunächst zu bestätigen, zu bejahen und zu entwickeln. Es wird, ganz primitiv gesagt, das männliche Kind zum Mann erzogen und nicht zur Frau. Aus diesem Grunde verfallen die gegengeschlechtlichen Eigenschaften, die in dem Individuum ebenfalls angelegt sind, weitgehend der Unbewußtheit, und das Unbewußte nimmt so gegengeschlechtlichen Charakter an. Beim Mann ist es gewissermaßen der Idealzustand, wenn dieser weibliche seelische Anteil, die Anima, die Rolle einer Vermittlerin zwischen dem Ich und dem Unbewußten einnimmt. Sie tritt dann etwa in der Figur einer femme inspiratrice auf, die das Ich in die Welt der innerseelischen Erlebnisse führt und es mit denen bekanntmacht. Wir kennen eine ganze Reihe von Beispielen, insbesondere in der Literatur, in denen die Anima in dieser Rolle für den Mann auftaucht. Zwei der bekanntesten Beispiele sind die Begegnung Dantes mit Beatrice, die zur Konzeption der Divina Comedia führte. Die Beatrice verführt Dante gewissermaßen dazu, durch alle Höllen und alle Himmel, die sich in ihm selbst befinden, hindurchzugehen, diese kennenzulernen und sie zu beschreiben. Ähnliche Vorgänge kennen wir von Goethe, wobei ich hier an die Entstehung von Werthers Leiden, die Marienbader Elegie oder an den West-Östlichen Diwan denke. Alle diese Werke und Gestaltungen sind unter dem Einfluß inspirierender Frauen zustandegekommen. Beatrice, Lotte, Marianne und Ulrike haben selbstverständlich auch in der Außenwelt existiert. Der psychische Vorgang, der aber dann zur schöpferischen Produktion geführt hat, ist so zu verstehen, daß die Begegnung mit dieser Frau in der Außenwelt in der Seele des Betreffenden ein Urbild angesprochen hat, das wir die »Unsterbliche Geliebte« nennen können. Es ist höchst fragwürdig, inwieweit die real existierende Person mit diesem in der Seele des Dichters wohnenden Bilde der Frau übereingestimmt hat. Innerhalb der tiefenpsychologischen Erfahrung kommt es durch das allmähliche Kennenlernen der im Manne verborgenen eigenen Weiblichkeit in allen ihren Aspekten, den hellen und den dunklen, und in allen ihren Figurationen, allmählich zu einer Integration dieses Komplexes in das Gesamt der Psyche. Hierdurch »vermittelt die Anima dem Mann nicht nur die unmittelbare Erfahrung des weiblichen Wesens, sondern auch des weiblichen Prinzips, nämlich der Möglichkeit des ununterschiedenen, auf alles bezogenen und alles durchdringenden Lebens«[20]. Entsprechend der mehr auf Sachliches und Vernünftiges hin orientierten Bewußtseinssituation des Mannes ist die Anima in der Regel mit der Erfahrung des Eros-Prinzips identisch, das gegenüber der Vernunft, dem Logosprinzip, die gefühlshafte Beziehung der einzelnen Objekte untereinander vertritt. Per definitionem ist also der Komplex des Seelenbildes, der Anima, psychologisch aus vier verschiedenen Faktoren zusammengesetzt: 1. aus den eigenen komplementären Geschlechtseigenschaften, 2. aus dem Beziehungssystem, das beim Mann auf die Imago der Frau orientiert ist, 3. aus dem archetypischen Bild des gegengeschlechtlichen Objektes, also aus den Niederschlägen aller Erfahrungen der Ahnenreihe am anderen Geschlecht, und 4. aus der archetypischen Form, in der sich die unmittelbare Erfahrung der Eigentätigkeit des Psychischen der männlichen oder der weiblichen Mentalität von jeher mitgeteilt hat[20].

Über dieses Beziehungssystem ist hier komprimiert nur das Notwendigste gesagt. Es wird aber immer wieder innerhalb des nachfolgenden Textes auf diese Positionen eingegangen, und sie sollen dort ausführlicher behandelt werden.

Die Auseinandersetzung zwischen Ich und Anima taucht in dreimaliger Wiederholung auf: 1. Schahseman und Gattin, 2. Scharirar und Frau, 3. Ifrit und Mädchen. Wir sind also berechtigt zu folgern, daß das hier behandelte Grundproblem die Auseinandersetzung des Mannes mit seiner eigenen weiblichen Gegenspielerin mit besonderer Akzentuierung der negativ schädlichen Auswirkungen dieses Persönlichkeitsteils ist. Eben dieses Stück der Persönlichkeit wird, solange es unbewußt ist, in der Regel in die Umwelt projiziert, wobei die erste Trägerin dieser Projektion die Mutter des Mannes ist. Es stehen also hinter dieser Problematik die Mutter-Sohn-Beziehung und die Ablösung des Mannes aus der infantilen Bindung und Abhängigkeit von der Mutter. So wie die Mutter die erste Trägerin dieser Projektion ist, so sind es nachher, wie C. G. Jung ausführt, diejenigen Frauen, zu denen der Mann in eine Gefühlsbeziehung tritt, wobei es gleichgültig ist, ob diese Beziehung sich positiv oder negativ verhält. Es ist ungemein schwierig, aber gleichzeitig von höchster Bedeutung, diese Projektion aufzulösen und den werdenden Mann von der Fixierung an die Mutter zu trennen. Die Schwierigkeit entsteht dadurch, daß die Mutter für das Kind in seinem Erleben Schutz vor dem Dunkel und den Gefahren der eigenen Seele, dem ganzen Bereich des Emotionalen, darstellt. Der Vater übernimmt hier mehr den Schutz gegen die Außenwelt. Gelingt nun die Abtrennung von der Mutterimago nicht, so wird diese später auf die Frau in der Form eines Anima-Bildes übertragen, und die Beziehung zwischen Mann und Frau bleibt in dieser Infantilstufe hängen. Das sieht dann so aus, daß der Mann gegenüber der Frau »kindisch, sentimental, abhängig, unterwürfig wird oder im anderen Fall aufbegehrlich, tyrannisch und empfindlich, immer auf das Prestige seiner superioren Männlichkeit bedacht. Letzteres ist natürlich bloß die Umkehrung des Ersteren«[21]. Dieser innerseelische Vorgang: Abtrennung der infantilen Bindung an die Mutter und danach sinngerechte Einstellung zum anderen Geschlecht, gehört zu den kollektiven menschlichen Grundproblemen. In Mythen und Märchen taucht daher diese Fragestellung und ihre Lösung immer wieder auf.

Ohne jeden Zwang können wir nun diese unausgereiften Verhaltensweisen auf die Problematik der Rahmenerzählung übertragen. Der junge König, der gerade aus der Jünglingsrolle des Kronprinzen zur Rolle des Herrschers und Vaters gekommen ist, scheitert daran, diese Rolle in gelöster Form zu übernehmen. Er scheitert an der Wahl seiner Frau und an seiner Einstellung zum Weiblichen. Aus dem abhängigen Jüngling wird kein bewußter und überlegener Herrscher, sondern ein empfindlicher Tyrann, der im Grunde genommen dabei ist, seine eigene Herrschaft zu zerstören. Charakteristisch ist die Vermeidung jeder emotionalen Beziehung zur Frau, denn der häufige Wechsel und die Tötung nach einmaligem Verkehr sind letztlich nichts anderes als ein furchtsames Ausweichen vor der Gefühlskommunikation mit der Frau, die diesen König einmal so tief enttäuscht hat. Sofern jeder Mensch in seinem eigenen kleineren oder größeren Reich sein König ist, handelt es sich hier um eine allgemeingültige Problematik, eine Aufgabe, die jeder einzelne in sich selbst zu lösen hat, wenn er zu einem eigenen, unabhängigen und bewußten Leben gelangen will.

Zusammenfassend sei noch einmal gesagt: Es soll hier darauf hingewiesen werden, daß innerhalb der orientalischen Form der Rahmenerzählung bestimmte psychologische Sinnzusammenhänge zwischen dem Rahmen und den in ihm enthaltenen Geschichten bestehen. Die Rahmenerzählung stellt ein bestimmtes Problem, die in ihr enthaltenen Geschichten zeigen, in ihrer tieferen Bedeutung erfaßt, die Lösungsmöglichkeiten auf, indem sie gleichzeitig als verändernde und heilende Kräfte auf die Hauptfigur des Rahmens einwirken. Die Problematik, die in der Erzählung von Schehersad und Scharirar gestellt und schließlich gelöst wird, durch die Wirkung der erzählten Märchen, ist die des an eine Praeanima fixierten Mannes, der noch nicht von der Mutterimago befreit ist und dessen Einstellung zum Weiblichen in ihm selbst und außer ihm geändert werden muß. Wenn es auch durch die späteren Anreicherungen der Märchensammlung von 1001 Nacht schwieriger ist, diesen Zweck durchlaufend zu erkennen, so soll im Folgenden gezeigt werden, daß er in dem auch ursprünglich in der Sammlung enthaltenen Märchen vom »Fischer, der die Flasche fand« besonders deutlich wird und die Parallelen zur Rahmenerzählung nicht zu übersehen sind. Analoge Motive finden sich bei dem Grimm'schen Märchen »Der Geist im Glas«[22].

Zunächst soll das Märchen in verkürzter Form dargestellt werden. Zwei in ihm enthaltene weitere Geschichten, die in das Gespräch zwischen Fischer und Geist eingeschoben sind, bleiben hierbei, der Geschlossenheit des Stoffes halber, unberücksichtigt.

2. Kapitel

TEXT DES MÄRCHENS VOM »FISCHER,
DER DIE FLASCHE FAND«

Es war einmal ein hochbetagter Fischer, der ein Weib und drei Kinder hatte. Obwohl er in dürftigen Verhältnissen lebte, hatte er sich zur Gewohnheit gemacht, sein Netz nur viermal am Tage und nicht öfter auszuwerfen. Eines Tages begab er sich wieder zum Meeresstrand, warf sein Netz aus, und als er es anzog, fand er es so schwer, daß er es nicht herausziehen konnte. Er stieg also ins Wasser und arbeitete so lange an dem Netz, bis er es herausgebracht hatte. Zu seiner großen Trauer fand er aber nichts weiter darin als einen toten Esel. Nachdem er ihn herausgenommen und das Netz ausgepreßt hatte, stieg er wieder ins Wasser und warf es ein zweites Mal unter Anrufung des Namens Allahs aus. Wieder war es so schwer, daß er es herausarbeiten mußte, und diesmal enthielt es einen großen Topf voll Sand und Schlamm. Auch beim dritten Mal erging es ihm nicht besser, sondern das Netz war gefüllt mit Scherben und Flaschen. Hierauf hob er seine Augen gen Himmel und betete: »Oh, Allah, Du weißt, daß ich mein Netz nur viermal des Tages auswerfe, und schon dreimal habe ich es getan« und warf das Netz wieder aus. Wieder war es so schwer, daß er hart arbeiten mußte, um es an Land zu bekommen, und als er es auseinandernahm, fand er darin eine Messingflasche, die mit etwas angefüllt war und einen Bleiverschluß mit dem Siegel Salomonis trug. Erfreut dachte der Fischer: »Ich werde sie für 10 Dinare auf dem Kupfermarkt verkaufen.« Da er fand, daß sie sehr schwer war, öffnete er sie, indem er mit seinem Messer so lange an dem Bleiverschluß arbeitete, bis dieser aufging. Zu seiner Verwunderung kam jedoch nichts anderes als ein Rauch heraus, der bis zu den Wolken am Himmel aufstieg. Als der Rauch völlig aus der Flasche entwichen war, zog er sich zusammen und ward ein Ifrit, dessen Haupt bis in die Wolken ragte. Als dieser den Fischer sah, der vor Angst mit den Zähnen klapperte, erhob er seine Stimme und beteuerte, daß er Salomo, dem Propheten Gottes, nie mehr ungehorsam sein würde. Da sagte der Fischer zu ihm: »Salomo ist seit vielen, vielen Jahren tot, und wir leben am Ende der Zeiten. Wie ist deine Geschichte und warum saßest du in dieser Flasche?« Als der Ifrit diese Botschaft vernahm, rief er aus: »Es ist kein Gott außer Gott! Frohe Botschaft, Fischer!« Der Fischer aber fragte: »Welche Botschaft bringst du mir?« Er antwortete: »Daß du sofort des grausamsten Todes sterben wirst. Du kannst dir aber die Todesart aussuchen.« Da versetzte der Fischer: »Wodurch habe ich den Tod verdient? Ich habe dich doch aus der Flasche befreit, oh du Verworfener!« Da sagte der Ifrit: »Höre meine Geschichte, Fischer!« Nun erzählte der Ifrit dem Fischer, daß er sich ehemals gegen Salomo, Davids Sohn, empört habe und dieser ihn durch seinen Wesir vor sich bringen ließ. Er forderte ihn zum rechten Glauben auf und zur Unterwerfung unter seine Befehle. Als der Ifrit sich weigerte, sperrte er ihn in die Flasche, versiegelte sie mit Blei und ließ sie ins Meer werfen. Dort lag der Ifrit hundert Jahre in der Flasche eingesperrt auf dem Meeresgrund und dachte: »Jeden, der mich befreit, mache ich für alle Zeit reich.« Niemand aber kam. Nach weiteren hundert Jahren sprach er zu sich: »Jedem, der mich befreit, öffne ich die Schätze der Erde«, niemand aber befreite ihn. Wieder vergingen vierhundert Jahre, und er sagte: »Jedem, der mich befreit, erfülle ich drei Wünsche.« Als aber noch immer niemand kam, ergrimmte er sich in heißem Zorn und schwur: »Jeden, der mich befreit, bringe ich um und stelle ihm die Wahl des Todes anheim.«

Als der Fischer die Erzählung des Ifrits vernommen hatte, bat er ihn zunächst, ihn zu verschonen. Als aber der Ifrit auf sein Flehen nicht eingehen wollte, besann er sich darauf, daß er als Mensch durch seinen Intellekt dem Djin überlegen war. Er nahm Zuflucht zu einer List, indem er bezweifelte, daß der Ifrit jemals in der Flasche war, denn er sei viel zu groß, um dort hineinzupassen, und forderte ihn auf, das zu beweisen. Als der Ifrit darauf einging und zum Beweis wieder in die Flasche zurückkroch, verschloß der Fischer sie schnell mit dem Bleisiegel und drohte nun seinerseits, den Ifriten wieder ins Meer zurückzubefördern und alle vor ihm zu warnen, die an dieser Stelle fischen würden. Erst als der Ifrit, der nun selbst den Fischer um sein Leben bitten mußte, ihm unter heiligem Eid versprach, ihm kein Leid anzutun, sondern einen großen Dienst zu erweisen, ließ der Fischer ihn wieder aus seinem Gefängnis heraus. Der Ifrit forderte ihn nun auf, ihm zu folgen, und sie gingen über einen Berg in eine weite Steppe, in deren Mitte sich ein großer See befand. In diesem See erblickte der Fischer zu seiner Verwunderung weiße, rote, blaue und gelbe Fische. Hier möge er, so befahl ihm der Ifrit, sein Netz auswerfen und fischen, aber täglich nur einmal. Die Fische aber solle er dem Sultan als Geschenk bringen, und dieser würde ihn reich belohnen. Nachdem er das gesagt hatte, verschwand der Ifrit in der Erde, indem er sie durch Aufstampfen mit dem Fuß spaltete. Der Fischer fing vier Fische, von jeder Farbe einen, und brachte sie, wie der Ifrit es angeraten hatte, zum Sultan. Dieser verwunderte sich sehr über die Fische, deren Art er noch nie gesehen hatte und ließ dem Fischer dafür 400 Dinare. aushändigen. Dann befahl er dem Wesir, die Fische unten in der Küche braten zu lassen.

Nun aber geschah etwas sehr Merkwürdiges. Während die Köchin die Fische in der Pfanne briet, öffnete sich die Wand, und ein schönes Mädchen mit einer Bambusgerte in der Hand trat heraus. Sie sprach mit den Fischen einige unverständliche Worte und stieß dann die Pfanne um, so daß die Fische verkohlten. Der Wesir mußte wieder den Fischer holen lassen, der gegen die gleiche Belohnung von 400 Dinaren vier neue Fische brachte. Wieder erschien beim Braten, das diesmal in der Gegenwart des Wesirs stattfand, das Mädchen mit der Gerte aus der gespaltenen Wand und stieß die Pfanne um. Nun meldete der Wesir diesen Vorfall dem König, und nachdem der Fischer wieder vier neue Fische gefangen hatte, briet sie der Wesir selbst in Gegenwart des Königs. Wieder öffnete sich die Wand, aber diesmal trat ein riesenhafter schwarzer Sklave heraus, groß wie ein Sproß vom Stamme Ad, der in seiner Hand einen grünen Baumast hielt und mit diesem die Pfanne umstürzte, so daß wiederum die Fische verkohlten. Aufs höchste verwundert beschloß der König, dieser Sache nachzugehen. Er ließ den Fischer vor sich holen und befragte ihn nach der Herkunft der Fische. Dieser antwortete ihm: »Aus einem See zwischen vier Bergen hinter jenem Berge, der sich außerhalb der Stadt erhebt und eine halbe Wegstunde entfernt.« Niemand, weder der König, noch seine Umgebung, hatten jemals etwas von diesem See gehört oder gesehen. Unter Führung des Fischers zog nun der König mit großem Gefolge dorthin. Sehr erstaunt war er über diesen See und schwor, nicht eher in die Stadt und auf seinen Thron zurückzukehren, ehe er nicht das Rätsel dieses Sees gelöst hätte.

Nachdem sein Gefolge am Ufer das Lager aufgeschlagen hatte, befahl er seinen Wesir zu sich und eröffnete ihm, daß er sich in der Nacht allein auf den Weg machen wolle, um über den See und die merkwürdigen Fische Nachforschungen anzustellen. Der Wesir möge inzwischen den anderen sagen, daß er, der König, krank sei. Alle Vorstellungen und Warnungen des Wesirs über die Gefährlichkeit dieses Abenteuers schlug er in den Wind.

In vertauschter Kleidung brach der König auf und wanderte nun einen Tag und zwei Nächte an dem See entlang, bis er endlich in der Ferne etwas Schwarzes schimmern sah.

Als er näher kam, sah er, daß es sich um ein aus schwarzen Steinen und Eisenplatten erbautes Schloß handelte, dessen einer Torflügel offen stand. Er klopfte viermal, und niemand antwortete. Darauf betrat er das Schloß und rief in der Vorhalle nach den Bewohnern. Aber wieder antwortete niemand. Er ging weiter durch die Räume, die prächtig ausgestattet waren. Unter anderem befand sich darin ein Springbrunnen mit vier roten Löwen und dazu flatternde Vögel, die durch ein sinnreiches Netz an der Decke am Fortfliegen gehindert wurden. Schließlich hörte er ein Seufzen und danach eine Stimme ein Klagelied singen. Als er ihr nachging, fand er in einem Saal auf einem Polster einen schönen Jüngling sitzen, der in seinem Gesicht die Spuren eines tiefen Kummers trug. Auf den Gruß des Königs hin entschuldigte er sich, daß er sich nicht erheben könnte, und zeigte ihm, indem er sein Gewand auseinanderschlug, daß die ganze untere Hälfte seines Körpers aus Stein war.

Der Jüngling erzählte nun dem König seine Geschichte nach den üblichen Eingangsworten der Erzählungen von 1001 Nacht: »Würde es mit Nadeln in die Augenwinkel geschrieben, es wäre eine Lehre für alle, die sich belehren lassen!« Sein Vater war der König einer Stadt, die an dieser Stelle stand, und als er starb, folgte er ihm auf den Thron und heiratete seine Base, die ihn so liebte, daß sie weder aß noch trank, wenn er einmal fern weilte. Fünf Jahre waren so vergangen, da legte er sich einmal, während sie im Bade war, zur Ruhe nieder, wobei zwei Sklavinnen ihm das Gesicht fächelten. Er konnte vor Unruhe aber nicht einschlafen und hörte nun ein Gespräch dieser beiden Mädchen, aus dem hervorging, daß seine Frau ihm jeden Abend ein Schlafmittel in den Wein mischte, um in der Nacht ungestört Ehebruch zu treiben. Als der Abend herankam, verschüttete der Prinz heimlich den Becher, den ihm seine Base reichte, und stellte sich schlafend. Sie aber legte ihre besten Kleider an, parfümierte sich, gürtete ein Schwert um und verließ das Schloß. Heimlich folgte er ihr und mußte unterwegs erleben, wie sie durch Zaubermacht das Tor der Stadt öffnete und zu einem Negerkastell zwischen den Aasgruben ging. (Die Aasgruben sind die Schuttabladeplätze der orientalischen Städte, die auch zur Ablagerung von Tierkadavern dienen.) Er selbst stieg auf die Kuppel des Kastells und sah durch ein großes Loch, was im Innern vor sich ging. Ein verwahrloster Neger lag dort auf einem Rohrbüschel, und als seine Base eintrat, beschimpfte dieser sie, daß sie so spät käme: »Bei der Ehre der Schwarzen schwöre ich dir, du lügenhafte Dirne, so wahr die Mannhaftigkeit der Schwarzen höher steht als die der Weißen, bleibst du noch einmal zu so später Stunde aus, so werde ich keinen Umgang mehr mit dir pflegen und dich nicht mehr bei mir ruhen lassen.« Der Prinz mußte nun zusehen, wie sie sich vor dem Neger demütigte, seine schlechte Speise, gesottene Mäuseknochen, mit ihm teilte und von seinem Bier trank, bis sie sich schließlich zu ihm legte und mit ihm schlief. Als beide eingeschlafen waren, stieg der Prinz herab, nahm sich das Schwert der Base heimlich von ihrer Seite und wollte beide töten. Er versetzte zuerst dem Sklaven einen Hieb in den Hals, verletzte aber nur die Kehle, so daß dieser röchelte, und die Base begann sich zu regen. Da ging er fort und kehrte nach Hause zurück, nachdem er das Schwert wieder an seinen Platz gesteckt hatte. Seine Base aber erzählte ihm am nächsten Morgen, daß ihre Mutter gestorben wäre, ihr Vater gefallen sei und auch beide Brüder umgekommen wären. Sie müßte daher trauern. Ein ganzes Jahr verbrachte sie mit seiner Duldung mit Weinen und Klagen, und schließlich baute sie noch mit seiner Genehmigung innerhalb des Schlosses ein Mausoleum, um sich dort in stiller Zurückgezogenheit ihrem Schmerz hinzugeben. In der Grabkammer dieses Mausoleums brachte sie den verwundeten Sklaven unter und pflegte ihn bis zum Ablauf des zweiten Jahres mit Getränken und Brühen.

Endlich riß dem Prinzen eines Tages die Geduld. Er ging ihr nach, überraschte sie im Mausoleum bei dem Sklaven und wollte sie töten. Da erkannte sie, daß er es war, der ihren Liebsten verwundet hatte, und als er das Schwert gegen sie hob, sprach sie einen Zauberspruch, der ihn zur Hälfte in Stein verwandelte. Dann verzauberte sie die ganze Stadt mit ihren Straßen, Häusern und Feldern zu einem See und ihre Bevölkerung, die aus vier Gruppen bestand, nämlich Moslems, Christen, Juden und Magiern, zu Fischen, so daß die Moslems zu weißen, die Magier zu roten, die Christen zu blauen und die Juden zu gelben Fischen wurden. Dem Prinzen aber gab sie seit jener Zeit jeden Tag mit einer Geißel aus Leder hundert Schläge, bis das Blut rieselte, und bekleidete dann seinen Oberkörper mit einem härenen Hemd. Sie selbst aber verweilte jeden Morgen in dem Mausoleum und brachte dem Sklaven jedesmal nach der Züchtigung ihres Gatten Brühe und Getränke.

Als der König diese Erzählung vernommen hatte, antwortete er darauf: »Bei Gott, junger Mann, ich will dir einen Freundschaftsdienst erweisen, der mein Gedächtnis fortpflanzen soll, und eine Gefälligkeit, welche man in spätere Chroniken eintragen wird.« Er verweilte bei dem versteinerten Prinzen, bis der Morgen anbrach, und begab sich dann in das Mausoleum, wo er den verwundeten Sklaven fand, ihn mit seinem Schwerte vollends erschlug und ihn in den Brunnen des Schloßhofes warf. Dann stieg er wieder in das Gewölbe hinunter, legte die Kleidung des Sklaven an und sein blankes Schwert zur Seite. Nach einer Weile kam die Zauberin und geißelte ihren Vetter, dessen Schreie der König bis in seine Gruft hörte. Dann stieg sie mit einer Schale Wein und einem Becher Brühe in die Gruft hinunter und rief unter Weinen und Wehklagen: »Ach, mein Herr, so rede doch mit mir.« Nun entgegnete der König mit der dumpfen, hohlklingenden Sprache der Schwarzen: »Du Buhlerin verdienst gar nicht, daß ich mit dir rede. Den ganzen Tag über schlägst du deinen Gatten, und sein Heulen und Wehklagen raubt mir meine Ruhe. Ohne dies wäre ich schon längst gesund geworden.« Die Zauberin schrie vor Freude auf und sagte: »Mit deiner Erlaubnis werde ich ihn aus seinem Zustand befreien.« Der König antwortete ihr: »Befreie ihn und verschaffe uns beiden Ruhe!« Sie erwiderte: »Ich höre und gehorche.« Sie ging ins Schloß hinauf, entzauberte ihren Gatten und wies ihn dann mit harten Worten aus dem Schloß. Darauf kehrte sie in das Mausoleum zurück, aber nun verlangte der König von ihr, daß sie auch die Stadt und ihre Bewohner wieder befreie, denn jedesmal um Mitternacht erhöben die verzauberten Fische ihre Köpfe aus dem Wasser und verfluchten sie beide. Auch diese Flüche raubten seine Ruhe und hinderten ihn an der Genesung. Er würde bald gesund sein, wenn sie dies getan hätte. Fröhlich über diese Hoffnung sprang sie auf und eilte zum See. Dort angelangt schöpfte sie ein wenig Wasser, murmelte unverständliche Worte darüber, und der Zauber brach. Die Stadt wimmelte wieder von Menschen, die ihrer Beschäftigung nachgingen. Hierauf kehrte die Zauberin zum König zurück und bat um seine Hand, um sie zu küssen. Er aber sagte: »Tritt näher heran.« Und als sie näherkam, hatte er ihr auch schon mit dem Schwert die Brust durchbohrt und spaltete sie in zwei Hälften. Dann schritt er hinaus zu dem Jüngling, beglückwünschte ihn zu seiner Errettung und fragte ihn: »Willst du nun in deiner Stadt bleiben oder mit mir in meine Stadt ziehen?« Nun aber erklärte der Jüngling dem König, daß zwischen hier

34

und seiner Stadt eine Reise von über einem Jahr läge, und nur dadurch, daß die Stadt verzaubert war, konnte der König in zwei und einem halben Tag zu ihr gelangen. Er aber würde von nun an bei ihm bleiben, wohin er auch ginge. Der König sprach, über seine Worte erfreut: »Lob sei Gott, der dich mir geschenkt hat! Du sollst hinfort mein Sohn sein, weil mir während meines ganzen Lebens kein Sohn zuteil ward.« Darauf umarmten sich beide, regelten die Angelegenheiten der entzauberten Stadt und machten sich auf den Weg zum Reiche des Königs. Sie reisten ununterbrochen ein ganzes Jahr, und als sie sich endlich der Stadt näherten, kam ihnen der Wesir an der Spitze der Truppen entgegen und beglückwünschte sie zu ihrer Errettung. Nachdem alles wieder zur Ruhe gekommen war, ließ der König den Fischer, der die Fische gebracht und so zur Ursache der Befreiung der Stadt geworden war, vor sich holen. Er belohnte ihn reich, und wie er von ihm vernahm, daß er einen Sohn und zwei Töchter hätte, heiratete der König die eine und gab die andere dem Prinzen zur Frau. Den Sohn aber machte er zum Schatzmeister. Hierauf schickte er den Wesir zur Stadt des Jünglings und belehnte ihn mit der Herrschaft über sie. Der Fischer aber wurde der reichste Mann seiner Zeit, und seine Töchter lebten als Gattinnen von Königen, bis der Tod sie heimsuchte.

3. Kapitel

VORSPIEL AM RANDE
DES UNBEWUSSTEN

Der Beginn des Märchens vom Fischer und dem Daimon
spielt an der Grenze der Elemente, dort, wo Meer und Land einander treffen. Hier an dieser Grenze geht in den Mythen aller
Völker der Urbeginn neuen Werdens und Entstehens vor sich.
Überträgt man das in den innerseelischen Raum, so würde das
Meer ein Symbol des Unbewußten darstellen, des Unbewußten,
aus dem immer wieder neu Bewußtsein entsteht und in dem
auch immer wieder Anteile des festen Bewußtseins untergehen
und verschlungen werden. Man könnte also sagen, Meer und
Unbewußtes tragen mütterlichen Charakter, weil immer wieder
neue Inhalte aus dieser Matrix zum Bewußtsein geboren werden
und immer wieder das Alte in sie zurückkehrt. Dieser Symbol-
wert des Meeres ist sicher kollektiv gültig, wie die vergleichende
Mythologie zeigt, und gilt auch für die arabische Welt. Unter die
Oberfläche des Meeres projiziert auch der Araber, wie alle Völker
der Erde, die Inhalte seines Unbewußten. So kommt es, daß viele
Märchen aus 1001 Nacht von den Welten, Menschen, Tieren
und Dämonen erzählen, die im Meer ihre Heimat haben. Eines
der deutlichsten und eindrucksvollsten Beispiele hierfür ist
das Märchen von Abdallāh, dem Landmann, und Abdallāh, dem
Meermann, die beide am Übergang zwischen Land und Meer
ihre gegenseitigen Kompensationen haben. *Dieses Märchen beginnt genauso wie das Märchen vom Fischer und Daimon mit
einem armen Fischer, der 40 Tage lang vergeblich sein Netz auswirft. Auch er fischt am Tage, der die Wendung in seinem Leben
bringen soll, zuerst einen toten Esel aus dem Meer. Als er aber
dann wieder sein Netz auswirft, fängt er ein menschliches,
lebendiges Wesen, Abdallāh, den Meermann. Dieser schließt mit
ihm einen Freundschaftspakt. Jeden Morgen soll der Fischer ihm*

einen Korb voll Obst zum Strande des Meeres bringen. Er wird
ihm dagegen als Austausch diesen Korb mit Juwelen füllen, die
im Meer im Überfluß vorhanden sind. Zweimal kann der Fischer
seinen Korb füllen lassen, dann wird er unter dem Verdacht, die
Juwelen der Königin gestohlen zu haben, verhaftet und vor den
Sultan geführt. Als sich seine Unschuld herausstellt, wird er von
diesem zum Wesir ernannt, und der König, der auch Abdallāh
heißt (Abdallāh = Sklave Gottes), schließt sich dem Freundschafts-
bund an. Nach einem Jahr macht Abdallāh, der Meermann, seinem Freund vom Festland den Vorschlag, ihn zu besuchen. Mit
Hilfe einer Salbe, die von toten Seeungeheuern gewonnen wird
und die auch die Meermenschen benutzen, kann Abdallāh, der
Landmann, ungehindert im Meer umherspazieren.

80 Tage lang führt ihn sein Freund im Meer umher, und
dabei besuchen sie 80 Städte. Er wird auch vor den König dieser
Meerwesen geführt, von diesem reichlich beschenkt, und er sieht
einen Teil der Merkwürdigkeiten und Wunder der Meerwelt.
Nur einen Teil, denn »wenn ich dir 1000 Jahre lang an jedem
Tage 1000 Städte zeigte und dich 1000 Wunderdinge in ihnen
schauen ließe, so hätte ich dir nicht einen Karat von den 24 Karat
der Städte im Meer und ihren Wundern gezeigt«, so sagt Abdallāh, der Meermann. Genau wie auf dem Festland gibt es im
Meer die verschiedenen Religionen, aber die Menschen unterscheiden sich dadurch, daß sie nackt gehen, die Hände und Füße
sitzen ihnen an den Bäuchen, und sie haben Schwänze wie Fisch-
schwänze. Sie leben von Fischen, die sie in primitiver Weise roh
verzehren. Jeder, dem ein Weib gefällt, stillt sein Begehren an ihr,
und nur die Moslems unter ihnen heiraten. Ihre Wohnungen
sind Höhlen, die sie von einer Art Sägefisch bauen lassen, und
sie verfügen über ungeheure Mengen von Juwelen und Gold.

Jeder, der Kenntnisse über die primitive Triebbefriedigungs-
tendenz des menschlichen Unbewußten hat, wird hier Parallelen
sehen. In die Welt unter dem Meere wird eine Art Paradiesvorstellung projiziert, in der die Triebansprüche, die den Menschen
im Leben immer wieder in Konflikte führen, auf eine einfache
Art erfüllt werden. Die Sexualität ist frei und offensichtlich trans-

personal, d. h. sie benötigt nicht eine persönliche Gefühlsbeziehung, die mühsam aufzubauen und leicht störbar ist. Geld und Schätze sind in so überreichlichem Maße vorhanden, daß auch auf diesem Gebiet keine Probleme entstehen, und die Machtkonflikte zwischen den einzelnen Menschen, den Städten und Ländern, die unterhalb des Meeres liegen, sind offenbar ebenfalls eliminiert. Auch die Aggression, symbolisiert durch die großen, gefährlichen Sägefische, scheint vollständig domestiziert und einem nützlichen Zweck zugeführt zu sein, denn sie benutzen ihre Kräfte lediglich dazu, den Menschen Höhlen zu bauen. Wie im Paradies ruht hier friedlich der Löwe neben dem Lamm.

Dieses Meer verfügt aber auch über wertvolle Schätze und über ein andersgeartetes Wissen als das der Oberwelt. Psychologisch gesehen stellt Abdallāh, der Meermann, eine Art zweites Ich, ein alter ego zu dem auf dem Lande lebenden Fischer dar, das über den Zugang zum Unbewußten verfügt.

Überträgt man diese Vorstellungen wieder in den innerseelischen Raum, so besteht hier offenbar eine sehr positive und fruchtbare Einstellung zwischen dem Bewußtsein und dem Unbewußten. Das Unbewußte wird als eine Stätte erlebt, die zu einer Quelle von Reichtum, Erfahrung und Wissen wird, und der realen Gefährdung des Menschen durch seine Triebwelt wird ein Erleben gegenübergestellt, das die Triebe in einem erfüllten und konfliktfreien Nebeneinander zeigt.

Das ist nun eine Einstellung, die das Ich des Menschen keineswegs immer zum Unbewußten hat, sondern es wird im Gegenteil häufig als eine Gefährdung und als etwas sehr Bedrohliches angesehen und erlebt. Gerade im Anfang einer psychoanalytischen Behandlung bestehen oft schwere und heftige Ängste gegenüber der eigenen Innenwelt, und so taucht das Meer als Symbol des Unbewußten in den Anfangsträumen einer Behandlung sehr oft unter einem negativen Vorzeichen auf. Erst allmählich, nach Herstellung einer Beziehung zwischen dem Bewußtsein und dem Unbewußten verliert dieses seinen bedrohlichen Charakter, und die im Märchen geschilderten Eigenschaften treten hervor. Zwei Träume mögen dies verdeutlichen:

Das erste Traumbeispiel stammt von einem Patienten, der von Haus aus eine strenge und triebfeindliche Erziehung innerhalb des Milieus einer prüden Sekte erlebt hatte. Einer der ersten Träume in seiner Behandlung lautete folgendermaßen:

»Ich bin am Meer. Mein Kollege X. sieht mich vielsagend an. Es kommt eine große Flut, die an der Hohlwölbung der grauen Wasserfläche und an zwei dunklen, horizontalen Linien vor uns erkennbar ist. Wir müssen schnell unsere Sachen aus dem Gefahrenbereich an höhere Stellen des Strandes schaffen. Hierbei laufe ich auf allen Vieren und stelle dabei mit Stolz fest, daß meine eigenen Kinder oft zum Schwimmen durften (darauf weisen die Flossen und die Taucherbrillen im Bungalow hin), während die Kinder von Herrn X. es nicht durften.«

Auch in diesem Traum befindet sich der Patient mit einem alter ego, dem Kollegen X., am Strande des Meeres. Sein Traum-Ich hat offenbar bereits eine gewisse positive Einstellung zum Unbewußten, das hier ebenfalls in der Symbolik des Meeres auftaucht, gewonnen, worauf der Satz hinweist, daß seine eigenen Kinder oft schwimmen gehen durften und mit Taucherbrillen und Flossen ausgerüstet sind. Dem alter ego ist dieser Zugang offenbar noch verschlossen, denn dessen Kinder dürfen nicht baden gehen. Das Meer selbst erscheint hier unter dem Aspekt einer bedrohlichen Sturmflut, die in der Lage ist, zu überschwemmen, eine Gefahr, die nicht anders zu bewältigen ist als durch Flucht und Rückzug auf einen höheren (=rationaleren) Standpunkt. Der zweite Traum, der bereits nach mehrmonatiger Behandlung von einem Patienten mit einer schweren Herzneurose geträumt wurde*, zeigt bereits deutlich andere Aspekte:

»Ich bin mit meiner Mutter in Ägypten. Wir gehen auf einem künstlichen Steg in einem Kanal oder Meeresarm entlang. Der Steg wird an manchen Stellen so eng, daß man sich an links angebrachten Stäben festhalten muß, um nicht ins Wasser zu fallen. Ich gehe hinter meiner Mutter, und mir kommt dabei der

---

* Ausführlicher behandelt in: Dieckmann, Mutterbindung und Herzneurose. Zeitschrift für Psychosomatische Medizin, 12. Jahrg., März 1966[23].

Gedanke, daß sie nicht mehr so behende ist wie ich und daher leicht ins Wasser fallen könnte. Ich erzähle ihr beim Gehen, daß der Fluß oder Kanal als Seitenarm des Nil ins Mittelmeer mündet. Nach einer Weile sehe ich einen großen Vogelkopf aus dem Wasser ragen, dahinter sind noch mehrere zu sehen. Bei diesen Fabeltieren soll es sich um Seelöwen handeln. Dann geht der Steg nicht weiter, man muß sich an dieser Stelle irgendwie hochziehen, um weiterzukommen. Zwischen Steg und Wasser ist jetzt ein Stück Sandboden zu sehen. Die Fabelwesen, die jetzt wie Menschen aussehen, sollen auf den Steg, um sich auch weiter nach oben zu ziehen. Da sie harmlos sein sollen, versuche ich, sie wie Hühner oder dergleichen wegzuscheuchen. Dies gelingt mir jedoch nicht; sie kommen jetzt als Menschen dicht heran, daß ich ihre Gesichter sehen kann. Ich lasse mich auf keine Handgreiflichkeiten ein, sondern lasse sie vorbei, nachdem ich meine Mutter etwas hochgehoben habe, damit sie sich in Sicherheit bringen kann. Sie sagt dabei, ich solle ihr nicht wehe tun. Ein Mann, der wohl nicht zu den Fabelwesen gehört, sagt, er wolle auch nach oben, ich solle niemand mehr vorbeilassen . . .«

In diesem Traum wird ein Weg nach oben begangen, also ein Weg zum Bewußtsein hin, der hier nach der Arbeit der vergangenen Analysestunden immer am Wasser des Unbewußten entlang beschritten wurde. Ägypten war für diesen Patienten einerseits das Land, in dem er sich in Kriegsgefangenschaft befand, andererseits aber auch ein Land, das sich seines lebhaften Interesses erfreute. Er geht hier als ein von der Mutter Geführter. In diesem Traum strömen nun die als Fabeltiere symbolisierten Inhalte aus dem Wasser des Unbewußten in das Bewußtsein ein und haben hierbei wesentlich ihre große Gefährlichkeit verloren. Zu diesen Fabelwesen assoziierte der Patient den Papageno aus der »Zauberflöte« und die griechischen Kentauren. Es handelt sich also auch hier offensichtlich um ein Stück ganz primitivarchaischer Männlichkeit, die nicht so recht in der Zivilisation unterzubringen ist und wie die Kentauren auch gefährlich-zerstörerische Kräfte besitzt. Man denke hier an das Verhalten bei der Hochzeit des Peirithoos. Auf der anderen Seite leben in diesen auch tiefere natürliche Heilkräfte, die sich in der Figur ihres Königs Chairon, dem Erzieher des Herakles, verkörpern[24]. So umfaßt dieses archetypische Symbol einen sowohl dunklen als auch hellen Bereich männlicher Urkräfte, mit denen das Ich des Patienten in diesem Traum konfrontiert wird.

Die Gültigkeit der Symbolik des Meeres als eines Synonyms für das Unbewußte ist sicher kollektiv und gilt so auch für die Welt des Islam. So wird zum Beispiel in der 35. Sure des Qurân Al-Fâtir[25], das Meer, an charakteristischer Stelle erwähnt, nämlich zwischen der Schöpfung des Menschen und des Weltalls, als das, auf welchem Nahrung und Schmuck gewonnen wird: »*Und die beiden Gewässer (Fluß und Meer, der Verf.) sind nicht gleich: dieses wohlschmeckend, süß und angenehm zu trinken, und das andere salzig und bitter. Und aus beiden eßt ihr frisches Fleisch und holt Schmuck hervor, den ihr tragt. Und du siehst die Schiffe darauf (die Wellen) durchpflügen, daß ihr nach seiner Huld trachten mögt und daß ihr vielleicht doch dankbar seid.*«

Kehren wir zum Text der Erzählung vom Fischer und dem Daimon zurück: Genauso seltsam und verschlüsselt wie die auf dem Meeresgrund liegenden Dinge dieser Träume ist das, was der Fischer des Märchens zunächst aus den Gewässern zieht. Anstatt der erwarteten Fische findet er in seinem Netz einen toten Esel. Zunächst erscheint das ein völlig sinnloser und nutzloser Fang zu sein. Gehen wir dagegen von der Voraussetzung aus, daß hier der Esel als ein Symbol für einen psychischen Inhalt steht, so wird uns auffallen, daß in der Erzählung von Abdallâh, dem Landmann, auch wieder zunächst ein toter Esel geborgen wurde. Es ist bei den Arabern nicht üblich, alte Esel ins Meer zu werfen, und so muß es wohl seine besonderen Gründe haben, daß der Fischer hier wie dort ausgerechnet einen Esel aus dem Wasser zieht. Überlegt man einmal, welche Bedeutung dieses Haustier für die Mittelmeervölker hat, so findet man, daß seine Verwendung noch weit über die hinausgeht, die wir für das Pferd haben. Der Esel wird dort für fast alles benutzt. Er ist gleichzeitig das Reit- und Arbeitstier für alle möglichen Verrichtungen, ob es sich nun darum handelt, große Wasserkrüge auszutragen oder Steine für einen Bau zu bringen, ob man in das nächste Dorf reiten will oder eine Getreidemühle oder ein Bewässerungsrad dreht: überall ist der Esel als ein ewig geduldiges, zeitweise etwas störrisches Tier von Nutzen. Gerade aber das Reit- und Haustier gilt in übertragenem Sinne häufig als das Symbol der den Menschen tragenden und in gewissen Situationen führenden Instinkte. Märchen, Mythen und Träume geben hierfür viele Beispiele. Dazu sei zunächst der Traum einer etwa 25jährigen Patientin genannt:

»*Ich befand mich auf einem großen Schulhof inmitten vieler Kinder, die in der großen Pause dort spielten. Die jüngeren Schüler spielten Versteck und liefen dabei ständig in das Schulhaus hinein. Ich selber spielte nicht, sondern unterhielt mich mit meinen Klassenkameradinnen (10. oder 11. Klasse) und beobachtete die anderen. In der Mitte des Schulhofes stand an einen Baum angebunden ein Esel, der sich kaum bewegte und der von den Kindern kaum beachtet wurde. Die Aufsicht auf dem Hof führte eine junge Lehrerin, der die Kinder aber nicht gehorchten. Sie liefen trotz ständiger Verbote beim Spielen doch immer wieder ins Haus.*

Plötzlich war die Lehrerin verschwunden, und ich hatte an ihrer Stelle die Aufsicht, war auch noch einige Jahre älter. Meine Klassenkameradinnen sahen mich etwas befremdet an, sagten aber nichts. Meine Versuche, die spielenden Kinder daran zu hindern, weiter ins Haus zu laufen, hatten sofort Erfolg. Sie gehorchten mir, ohne daß ich viel zu sagen brauchte. Eine Junge äußerte etwa folgendes: ›Na endlich mal eine, die sich durchsetzen kann und der man gehorchen muß.‹

Die Tatsache, daß ich diesen Ausspruch zufällig gehört hatte, erweckte bei mir das Gefühl, als wäre ich gerade eben bei einem Unrecht ertappt worden.«

Die Patientin litt neben einer Organsymptomatik an einer erheblichen Zwangsneurose. Sie war überordentlich, übergefügig, übersauber und übergehorsam. Der Traum stammt aus der 22. Analysestunde, in der bei der Patientin wenigstens im Traum die ersten Ansätze zu einer leichten Auflockerung auftraten. Der Esel, der auf dem Schulhof fest angebunden ist und nach ihrer

Aussage fast wie ein steinernes Denkmal wirkte, stellt, auch nach ihren Assoziationen, ein Bild ihrer gehemmten Trieb- und Instinktsphäre dar. Er tritt zu der gleichen Zeit als Bild vor das Bewußtsein der Träumerin, wo unter einer offensichtlich nicht so sehr strengen Lehrerin die Kinder sich etwas freier bewegen dürfen und nicht so ordentlich und gehorsam sind wie sie selbst. Im zweiten Teil des Traumes erfolgt dann aber wieder eine rückläufige Bewegung. Die Patientin bekommt offensichtlich Angst vor ihrer eigenen Courage und stellt dann selbst den früheren geordneten und diktatorisch-autoritären Zustand wieder her.

Als Amplifikation zu dem Symbol des Esels sei aus dem Bereich des vorderen Orients hier noch die Erzählung von Bileams Esel erwähnt (4. Mose 21–33) [26]: *Auf dem Wege aus Ägypten lagern die Völker Israels in dem Gefilde Moab. Balak, der König der Moabiter, sendet darauf Boten zu Bileam, dem großen Zauberer, damit er Israel verfluchen möge. Bileam, der über die Befähigung einer direkten Beziehung zu Gott verfügt, fragt diesen um Rat und schlägt auf Anweisung Gottes hin zunächst die Forderung Balaks ab. Erst nach einer zweiten, dringlicheren Botschaft erhält er von Gott die Weisung, mit dem Boten zu ziehen. Unterwegs tritt ihm der Engel des Herrn in den Weg. Dreimal sieht Bileam diesen nicht, sondern nur seine Eselin erkennt die immaterielle Gestalt und weicht ihr aus. Das erstemal geht sie aus dem Weg ins Feld, und Bileam muß sie mit Schlägen zurücktreiben. Das zweitemal stellt sich der Engel bei den Weinbergen, »da auf beiden Seiten Wände waren«, vor ihm auf, und die Eselin drängt Bileam ausweichend mit dem Fuß an die Wand. Das drittemal geht der Engel zu einer Stelle, an der kein Ausweichen mehr möglich ist, und das Tier fällt unter Bileam ins Knie. Hier gibt Gott der Eselin die Fähigkeit zu sprechen, und erst da werden Bileam die Augen geöffnet, und er erhält von dem Engel die Weisung, der Völker Israel nicht zu fluchen, sondern sie zu segnen*[*].

Verlegt man nun diesen toten und aus den Wassern gezoge-

* Ausführliche psychologische Deutung der Bileam-Erzählung bei R. Schärf: Die Gestalt des Satans im Alten Testament [27].

nen Esel des Märchens als ein Symbol für eine gestorbene In-
stinktfunktion in den innerseelischen Raum, wie es einer Deutung auf der Subjektstufe entsprechen würde, so muß man sich
fragen, ob hier nicht ein äußerst deletäres Ereignis eingetreten ist.

Zur Definition des Begriffes Instinkt sei ein kurzer Exkurs ein-
geschaltet. Der Instinktbegriff gehört zu den heute viel diskutier-
ten und ist in neuerer Zeit unter dem Einfluß der Tier-Psycholo-
gie[28][29] weitgehend exakt formuliert worden. C. G. Jung definierte
1928 noch ziemlich unbestimmt, daß »Instinkte typische Formen
des Handelns sind, und überall, wo es sich um gleichmäßige und
regelmäßig sich wiederholende Formen des Reagierens handelt,
handelt es sich um Instinkt, gleichgültig, ob sich eine bewußte
Motivierung dazugesellt oder nicht[30]«. Gehlen spricht in seiner
Anthropologie von Bewegungsfiguren sehr spezieller Art, die auf
Grund eines angeborenen Automatismus ablaufen und die von
inneren endogenen Reizerzeugungsprozessen abhängig sind[31].
Diese Instinktbewegungen werden durch Signale ausgelöst, die
das Tier an den Objekten der Umgebung findet. Für den Menschen nimmt Gehlen eine weitgehende Instinktreduktion an,
d. h. einen offenbar stammesgeschichtlichen Abbau fast aller fest-
montierten Zuordnungen von Auslösern zu speziellen angeborenen Bewegungsweisen. Wir wissen bislang noch sehr wenig
Genaues über die menschlichen Instinkthandlungen, und es ist
anzunehmen, daß nur noch wenige echte und vollständige von
ihnen, vorwiegend z. B. im Saugreflex des Neugeborenen und auf
dem Gebiet der Sexualität, zu finden sind. Immerhin ist es aber
doch sicher, daß in dem sogenannten instinkthaften Handeln des
Menschen in gewissen Situationen, z. B. in Angriff und Abwehr,
Erbkoordinaten eine wesentliche Rolle spielen. Das gleiche gilt
für die innerhalb dieser Situationen auftretenden archetypischen
Formen des Erlebens. Dies ist aber sicher durchsetzt mit Erfah-
rungsmaterial, was Schultz-Hencke[32] veranlaßt hat, von einer
Art »erworbenem Instinkt« zu reden, mit dem der Mensch blitz-
artig automatisiert auf bestimmtes Erleben reagiert. Es erscheint
daher angebracht, von einer Erfahrungs- und Instinktformation
zu reden, die als festgefügtes, im Unbewußten liegendes Gebilde

44

die Verhaltensweisen des Menschen in entscheidenden Situationen beherrscht. Die Annahme einer solchen Formation oder Haltung schließt auch die Möglichkeit ihrer Auflösung und Veränderlichkeit mit sich ein, was von dem erbbedingten Instinkt nicht ohne weiteres angenommen werden kann. Auch das Tier macht aber Erfahrungen, und der Esel ist nicht mehr ein rein instinktiv funktionierendes Wesen. Dem entspricht, daß bereits beim Tier eine gewisse Plastizität des Instinktes besteht, und nach Portmann bereits Insekten in der Lage sind, Instinkthandlungen zu korrigieren[33].

Fassen wir also den toten Esel als Symbol für eine gestorbene psychische Formation auf, dann lautet die Aussage jetzt: Nicht mehr Instinkte sind zugrundegegangen, die als Erbkoordination auch nicht mehr regenerierbar wären, sondern eine bestimmte Instinkt- und Erfahrungsformation im Unbewußten, die der betreffende Mensch – hier der Fischer – bislang zur Bewältigung seines Lebens brauchte, hat sich aufgelöst bzw. ist auflösungsbedürftig geworden.

Da der Fischer nach dem Esel einen alten Topf aus dem Wasser zieht, der mit Sicherheit dem Weiblichen zuzuordnen ist, können wir vermuten, daß es sich bei dem Esel aber um ein männliches Tier handelt. Man kann eine derartige alte, zugrundegegangene psychische Formation auch den Eltern-Imagines zuordnen und annehmen, daß es sich hier um den Untergang überlieferter und tradierter Normen handelt, die von den Eltern herstammen.

Der aus dem Meer gefischte Topf ist ein Symbol des aufnehmenden und nahrungsspendenden weiblichen Wesens. Wir finden ihn in Mythos und Märchen häufig als ein Symbol der großen Mutter. So ist nach der germanischen Sage die Welt aus einem brodelnden Wasserkessel entstanden, und H. v. Beit erwähnt ein Eskimomärchen[34] »Sednas Reich«, in der die Unterweltsgöttin folgendermaßen beschrieben wird: »*In der Tiefe des Meeres ruht eine Frau, die Arnarquagssaq (=alte Frau) heißt. Sie sitzt in ihrer Behausung vor ihrer Lampe, unter der ein Gefäß steht, in das der Tran von der Lampe herabfließt. Daraus ent-*

nimmt sie die Tiere und sendet sie den Menschen als Nahrung zur Erde empor.« Wir finden dieses Motiv auch im Grimm'schen Märchen »Der süße Brei«[22]. Hier schenkt eine alte Frau einem frommen Mädchen, das sich in Not befindet, ein Zaubertöpfchen, das in der Lage ist, auf Befehl unbegrenzte Mengen Hirsebrei zu kochen. Gerade im Bereich der nahrungsspendenden Mutter Natur besteht in unserem Märchen ein Mangelzustand, denn das ist deutlich am Anfang ausgesprochen, daß der Fischer in dürftigen Verhältnissen lebt und mit seiner Frau und seinen drei Kindern offenbar an der Grenze des Hungers steht. Der Topf voll Sand und Schlamm symbolisiert hier, daß das nahrungsspendende Gefäß unbrauchbar und sinnlos geworden ist. Es ergibt sich somit, daß sowohl die vom Vater als auch die von der Mutter her übernommene bisherige Lebensform der jetzigen Lebenssituation nicht mehr gerecht wird. So besteht für das Ich die Notwendigkeit, sich dieser Situation bewußt zu werden und sich von den alten Elternbildern zu trennen. In überhöhter archetypischer Form können diese auch Gottesbildern entsprechen. Die Situation würde damit auf eine Änderung des innerseelischen Wertkanons hinauslaufen, da durch das Gottesbild im innerseelischen Raum immer der höchste Wert ausgedrückt wird.

Es liegt auf der Hand, daß ein derartiger Vorgang ein einschneidendes und wichtiges Erlebnis im Leben darstellt, das auch entsprechende Konsequenzen nach sich zieht. Dieses Ereignis taucht in unserem Märchen in dem dritten Fang, dem dämonischen Geist in der Flasche auf, dem der ahnungs- und instinktunsichere Fischer zunächst ausgeliefert ist. Es ist selbstverständlich, daß ein Ereignis dieser Art die innere Konstellation eines Menschen nicht nur nach der positiven, wie hier im Märchen, sondern auch nach der negativen Seite hin verändern kann. Ein Beispiel hierfür auf literarischem Gebiet hat Dostojewski im »Radion Raskolnikoff« dargestellt, wo das Motiv des getöten Pferdes ebenfalls in einem Traum auftaucht. Die dort im Hintergrund liegende Vater-Sohn-Problematik hat S. Freud[35] ausführlich dargestellt, allerdings ohne Berücksichtigung der transpersonalen Aspekte der Eltern-Imagines.

Auf eine ähnliche Problematik treffen wir bisweilen in der Behandlung. Hierfür möchte ich das Beispiel einer 34jährigen Patientin anführen, die an einem reaktiven Beziehungswahn litt. Sie brachte es fertig, dieses Wahnsystem bis zur 116. Behandlungsstunde konsequent zu verschweigen. Alle ihrer Ansicht nach darauf hindeutenden Träume und Assoziationen unterschlug sie. Da es sich um eine Onanieproblematik handelte, war es der sehr prüde erzogenen Patientin unmöglich, darüber mit einer dritten Person, sei es auch dem Arzt, zu sprechen. Als sie sich endlich entschloß, ihre bisherige fest eingeschliffene Mißtrauenshaltung, aus der heraus sie dieses Thema nicht berührt hatte, aufzugeben, träumte sie kurz zuvor einen sie sehr beeindruckenden Traum. Im Mittelpunkt dieses Traumes stand das Erlebnisbild eines sterbenden Hundes. Es handelt sich hier im weiteren Sinne um das gleiche Motiv des sterbenden Tieres. Auch beim Hund handelt es sich, wie beim Pferd, um ein Tier, dessen Instinktfunktionen wir uns zur Führung und Lösung besonderer Aufgaben gern zunutzemachen. Nach den Einfällen der Patientin stand der Hund an dieser Stelle als Synonym für ihre beiden Eltern und symbolisierte deren Einstellung zur Triebseite des Lebens. Diese war stark abwehrend, d. h. es wurde im Elternhaus der Patientin überhaupt nicht über solche Dinge wie etwa Sexualität gesprochen. Wie vorher erwähnt, hatte sich die Patientin sehr stark mit dieser elterlichen Einstellung identifiziert und dementsprechend ihre sexuelle Problematik auch so lange in der Behandlung verschwiegen. Der Tod des Tieres symbolisiert hier die erste Ablösung aus dieser Identifikation, was es der Patientin dann auch ermöglichte, über ihre Probleme auf diesem Gebiet zu sprechen. Es folgte dann allerdings auf den Tod des Tieres bei ihr zunächst eine kurze Periode starker psychischer Labilität, ein Zustand, der als ein den inneren Mächten hilfloses Ausgeliefertsein erlebt wurde, da es noch keine neuen Normen gab, an die sie sich halten konnte. Sie war gezwungen, sich in eine völlig neue, nie erlebte Situation mit anderen Verhaltensweisen hineinzubegeben. Diese Situation schließt aber als solche auch völlig neue Möglichkeiten der Umweltbezüge in sich ein, die zwar einerseits sehr gefährlich, andererseits aber auch höchst fruchtbar werden können. Im Märchen stellt sich dieser Zustand nach zunächst weiterem erfolglosen Versuch des Fischfangs endlich durch die Begegnung mit dem dämonischen Ifriten in der Flasche dar, der gleichzeitig lebensbedrohende Gefährlichkeit und glückbringende Schicksalsänderung in sich schließt. In der aus dem Meer gefischten Flasche haben wir ein höchst komplexes Symbol vor uns, von dem zunächst nur die Flasche als Gefäß besprochen werden soll. Dem darin enthaltenen »Geist« gilt das nächste Kapitel.

Diese Flasche ist durch ein Siegel des Königs Salomo verschlossen. Unzählig sind die Legenden, die im islamischen Raum von König Salomo erzählt werden. Er ist nicht nur der mächtigste, reichste und von Gott auserwählte König aller Zeiten, sondern seine Regierung erstreckt sich auch über die magische Welt der Geister, ja selbst die Elemente, wie die Winde, waren ihm untertan. Seine Figur ist (als solche) nicht nur in Märchen und Legenden und in vielen Miniaturdarstellungen, sondern auch im heiligen Qurân fest verankert. Er ist mit Hilfe seines Siegelringes, dessen Zeichen man noch heute auf unzähligen Amuletts, an Mauern und Türen Nordafrikas und des vorderen Orients antrifft, der große Artifex des Islam.

Qurân 34: 13 und 14:

> »Und Salomo (machten wir) den Wind (dienstbar); sein Morgenweg dauerte einen Monat, und sein Abendweg dauerte einen Monat. Und wir ließen eine Quelle von geschmolzenem Erz für ihn fließen. Und von den Djin waren etwelche, die unter ihm arbeiteten auf seines Herrn Geheiß und sollte einer von ihnen sich wegwenden von unserem Gebot, so würden wir ihn die Strafe des Flammenfeuers kosten lassen. Sie machten für ihn, was er begehrte: Hallen und Bildsäulen, Becken wie Teiche und mächtige Kochtöpfe, befestigt an ihren Plätzen: ›Wirket, ihr, vom Hause Davids, in Dankbarkeit.‹ Und nur wenige von meinen Dienern sind dankbar.«

Qurân 38: 37:

> »Darauf machten wir ihm den Wind dienstbar, daß er sanft wehte, auf sein Geheiß, wohin er wolle.«

Es ist verständlich, daß diese Machtfülle in den Märchen noch weitergehend und fabelhafter ausgestaltet wird. Die Geisterschlacht in der Erzählung von der messingnen Stadt innerhalb der Sammlung von 1001 Nacht erinnert in ihrer Großartigkeit an mythologische Vorbilder wie z. B. die Schlacht des Marduk gegen die Thiamat, die wir im Schöpfungsmythos der Babylonier finden, den Esther Harding ausführlich im Sinne der Analytischen Psychologie gedeutet hat[36]. *In der Schlacht, die in der messingnen Stadt beschrieben wird, handelt es sich um eine Auseinandersetzung zwischen dem König Salomo und einem der mächtigsten Meerkönige, dem Salomo seine Tochter verweigert. Gewaltig sind die Heerscharen, die hier gegeneinanderstehen. Die wilden Tiere sollen die Pferde der Feinde zerreißen, die Vögel den Gegner mit den Flügeln ins Gesicht schlagen und mit dem Schnabel die Augen aushacken. Vipern und Schlangen, Menschen und Djin kämpfen drei Tage lang erbittert auf der Erde gegeneinander, und zu allem Überfluß bewirft man sich noch gegenseitig mit Sternschnuppen. Schließlich weicht und flüchtet das Heer des Meerkönigs, und sein Götze, ein gewaltiger Djin, wird von Salomo gefangen, mit dem Unterkörper in eine Säule eingelassen und in ihr versiegelt.* Eine etwas ungewöhnliche Bestrafung, denn sonst gehört es zu den üblichen Methoden des Königs, unbotmäßige Geister, so wie es auch in unserem Märchen geschieht, auf Flaschen aufzuziehen und sie ins Meer zu werfen, wo sie dann zur Freude oder Schrecken der Nachfahren, z. B. des Fischers, eines Tages herausgefischt werden. Bereits im alten Ägypten konnte man Gottheiten vernichten, wenn sie sich in einem Gefäß befanden, indem man dieses Gefäß zerschlug. So ist es möglich, daß dort noch der heutige Magier dem Totengeist ('Afrît) den Befehl gibt, in eine Qulleh (Krug) zu fahren, damit der Geist, wenn er ihn mit dem Gefäß gegen die Wand poltert, zugrundegeht[37]. Häufig taucht das Motiv des in eine Flasche eingeschlossenen Geistes in den Märchen von 1001 Nacht auf. So beginnt z. B. die Erzählung von der messingnen Stadt damit, daß der Kalif Abd-el-Melik durch seinen Bruder Abd-el-Asis bin Merwân derartige Flaschen aus einem entfernten, unbekannten Lande holen läßt, wo sie nach den Erzählungen der Reisenden aus dem Meer gefischt werden können. Auch einfache Sterbliche wie Abu Mohammed, der Faulpelz, dem durch einen Glückszufall Gewalt über die Djin gegeben ist, bedienen sich dieser Art der Bestrafung.

Eine eigenartige Überlieferung alten israelitisch-jüdischen Dämonenglaubens hält der Priesterkodex fest (Num. 19, 15): »Jedes offene Gefäß, auf dem kein Deckel festgebunden ist, wird unrein, insofern nämlich ein Mensch in dem Zelt stirbt.« Dies sicherlich deshalb, weil sich der Totengeist mit Vorliebe in Gefäße verkriecht. Wahrscheinlich hat das seinen Ursprung in der Sitte einer gewissen Kulturschicht, die Toten in Krügen beizusetzen. Darin sollen sie wohl ihre endgültige Ruhe finden. Der Totengeist ist aber imstande, ein gewöhnliches Gefäß mit seiner letzten Ruhestätte zu verwechseln, um möglichst bald zur Ruhe zu kommen. Damit hängt sicher die Gepflogenheit zusammen, Geister in Gefäße zu treiben und diese von den Geistern umstoßen zu lassen zum Beweis dafür, daß sie wirklich ausgefahren sind[37].

Auch für das Entweichen der Geister aus den magischen Flaschen finden sich Parallelen. So lautet eine Beschwörungsformel aus dem Buch für Schatzsucher des Ibn-el-Hadjdj: *Ich beschwöre durch die syrischen Namen (Gottes) die Stämme der Djin und die, die diesen Ort bewohnen durch Den, Der geschaffen hat und eingerichtet, Der alles befestigt hat und alles lenkt (Qurân 87:2), daß sie sich vor mich hinstellen in Gehorsam und tun, was ich ihnen befehle, sicher und bestimmt, nämlich diesen Schatz zu entdecken. Wo sind Schebuâl und 'Arûrd? Wo ist der Herr des Rauchberges? Wo ist der, der auf einen Elefanten stieg und dessen Kopfbedeckung eine Schlange ist? Wo ist Rûdâil, der 'Afrît, der aus Salomos Qomqom (Flasche) entwich? etc.*[37].

Die Flasche mit dem in ihr eingeschlossenen Geist, die enge Beziehung dieses magischen Vorgangs zu Salomo, erinnert an das »Vas hermeticum« der Alchimie. Damit wird auch hier eine Brücke zum abendländischen Kulturraum geschlagen, da zumindest ein großer Teil der älteren Schriften der Alchimie aus dem Arabischen zu uns gekommen ist und deren Symbolik so von uns übernommen wurde. Dieses »Vas hermeticum« hat mit der Flasche als Dämonengefängnis eine wichtige Eigenschaft gemeinsam, nämlich, daß es ein »Vas bene clausum« (ein gut verschlossenes Gefäß) sein muß. Im opus alchymicum ist es die Flüchtigkeit und die Tendenz der Wandlungssubstanz zum Davonlaufen, die verhindert und gebändigt werden muß. In diesem »vas bene clausum« findet allerdings ein anderer Vorgang statt als in unserem Märchen, wo die Flasche nur als Gefängnis dient. Aus der in dem »Vas bene clausum« enthaltenen prima materia erfolgt in der Alchimie zunächst die separatio und später die conjunctio oppositorum, die dem Artifex als Lohn den ersehnten lapis darbringt. Bei diesem Vorgang stellt das Gefäß eine Art magischen Bannkreis dar, in dem sich ein Wandlungsprozeß abspielt. Auf das Psychische bezogen stellt sich hier die Parallele zum Uterus und damit wieder zur Mutter dar, denn auch hier findet innerhalb eines festgesetzten Rahmens ein Entstehungs- und Gestaltungsprozeß statt [38].

Auch der Verschluß der Flasche aus Blei deutet wieder auf alchimistische Beziehungen. Johannes Grasseus[39] erwähnt eine Meinung, wonach die »materia prima das Blei (der Philosophen) sei, das man auch das Blei der Luft nenne. In diesem Blei drinnen sei die strahlende weiße Taube, welche das Salz der Metalle genannt werde. Sie ist jene keusche, weise und reine Königin von Saba, vom weißen Schleier verhüllt, welche sich dem König Salomo ergeben wollte.« Auch hier wieder tritt uns durch die Figur der Königin von Saba Salomo entgegen. Weitere Hinweise auf das Blei als prima materia und das vas hermeticum sind aus den Schriften C. G. Jungs zu entnehmen. Es soll hier nur noch auf die Tatsache hingewiesen werden, daß in der Flasche eine prima materia enthalten ist und sie gleichzeitig von dieser ein- bzw. umschlossen wird, da auch das Blei des Verschlusses als solche gilt. Hierzu Mylius[40]: »In aqua nostra fiunt omnes modi ... In dicta aqua fiunt tamquam in vase artificiali, quod est maximum secretum.« Zwischen Gefäß und Inhalt würde also zumindest in der Substanz kein wesentlicher Unterschied bestehen, dagegen besteht ein deutlicher Unterschied in der Form.

Wir wollen nun nach den verschiedenen Amplifikationen zum Symbol der Flasche diese aus dem subjektiv Psychischen her zu verstehen suchen. Es wird hier aus dem Unbewußten heraus ein Inhalt in Bewußtseinsnähe gebracht, der, wie sich später deutlicher herausstellt, einerseits von äußerster Gefährlichkeit, andererseits von größtem Nutzen sein kann. Dieser Inhalt ist eingeschlossen in einer bestimmten, magisch fixierten Ordnung, die bereits in lange vergangenen Geschlechterfolgen festgelegt wurde. Es handelt sich aber um eine starre, nicht lebendige und nicht verwertbare Form, sofern man die kümmerlichen 10 Dinare, die der Fischer für die Flasche auf dem Kupfermarkt erhalten könnte, nicht als Wert ansehen will. Will man sich dagegen des Geistes bedienen, der innerhalb dieser von Vorvätern gesetzten Form steckt, dann ist es notwendig, diese zu zerbrechen bzw. die Flasche zu öffnen. In unserer so gelagerten Situation hat die Form den Charakter eines Gefängnisses, in dem ein unter anderem auch ungemein nützlicher Geist steckt. Der Geist selbst ist wiederum in der Substanz des Verschlusses sein eigenes Gefängnis, denn aus ihm heraus ist auch die Form gebildet. Es ist der Geist und Intellekt der Vorfahren, die diesen für sie negativen geistigen Anteil in diese Form gebannt haben. Dieser tritt dem eigenen, anders gearteten und auf sich selbst gestellten Intellekt des Nachkommen in der Figur des Fischers entgegen. Zunächst ist der Fischer dabei allerdings der Gefahr unterworfen, von diesem unbewußten Inhalt bis zur Zerstörung des eigenen Ich vernichtet zu werden, und nur seine gesunde und etwas listige Intellektfunktion kann dieses deletäre Ereignis abwenden. Der Intellekt der Vorfahren hatte den für sie negativen Geist in diese Form gebannt. Der Fischer benötigt dagegen seinen eigenen Intellekt, um seinerseits die Form zu finden, die Gefährlichkeit dieses Geistes zu bannen und trotzdem seine Werte zu nutzen.

Inwieweit eine derartige Problematik sich auch heute noch in den gleichen Symbolen ausdrücken kann, zeigt folgender Traum einer 38jährigen Frau:

»Meine Mutter gab mir fünf Flaschen, in denen ein japanisches Hormonpräparat enthalten war. Wir unterhielten uns dabei

über die chemische Formel dieser Substanz. Es waren Flaschen aus Plastik, und ich nahm dann eine in die Hand. Auf einmal wurden sie transparent. Ich sah hindurch und hörte zuerst nur Stimmen innerhalb der Flasche. Dann sah ich darin einen Jungen, der saß mit seinen Eltern zusammen in einem Zimmer, das aussah wie unser Herrenzimmer.

Sein Vater sah auch genauso aus wie mein Vater, die Mutter hatte allerdings ein anderes Aussehen. Dieser Junge war in großer Gefahr gewesen und war irgendwo gefangen. Jetzt war er nach Hause gekommen. Alle Figuren waren ganz klein und deutlich in der Flasche sichtbar.«

In der Analyse bestanden zu dieser Zeit sehr starke regressive Tendenzen. Der Junge symbolisiert einen noch kindlichen aktiven Anteil, der bei dem Versuch, expansiv zu werden, gescheitert war. Die Umwelt und der aktive Versuch, sich expansiv in sie hineinzubewegen, wurde von der Frau zu dieser Zeit als bedrohlich und gefährlich erlebt, wodurch es zu dem Rückzug der Libido in diese sonderbare Flasche hinein kam. Die Flasche enthält hier sehr deutlich die Figuren der beiden Eltern, wobei allerdings die Mutter eine andere Frau ist als die wirkliche Mutter. Da die Regression nicht nur negativen Charakter hat, sondern auch ein Sich-zurückziehen, um sich zu erholen oder um neue Möglichkeiten innerhalb des Unbewußten zu mobilisieren, darstellen kann, hat dieser Traum auch einen prospektiv-finalen Charakter. Dieser liegt in der anderen Figur der Mutter. Da bei der Patientin eine gestörte Mutter-Tochter-Beziehung vorlag, bietet hier das Unbewußte eine andere Mutterfigur an, über die sich die Störung beheben ließe.

Auch hier enthält die Flasche die Symbolik von Wandlung und Erneuerung. Das Kind, der Junge, entspricht den zukünftigen psychischen Möglichkeiten der Patientin als ihr werdender Animus, der sich noch im Gefängnis der Eltern-Imagines befindet.

Es sei abschließend noch erwähnt, daß wir bei der Beurteilung der Symbole von Geist und Flasche ein Stück gemeinsam mit dem deutschen Märchen aus den Gebrüdern Grimm »Der Geist im Glas« gehen[22]. Dieses Märchen zeigt aber insofern Abwandlungen, als die Flasche von dem Jungen eines Holzhackers bei der Arbeit im Walde unter einem Baum gefunden wird. Auch hier spielt sich der gleiche Vorgang der Überlistung des Geistes ab, nur erhält der Junge als Lösegeld einen Lappen, mit dem er Metalle in Silber verwandeln und Krankheiten heilen kann. Im nächsten Kapitel soll nun an Hand von Amplifikationen festgestellt werden, um was für einen Geist es sich eigentlich handelt.

4. Kapitel

DER GEIST

Das im vorausgegangenen Kapitel angeführte Märchen der Gebrüder Grimm »Der Geist im Glas« ist von C. G. Jung im Buch »Symbolik des Geistes[38]« tiefenpsychologisch ausführlich bearbeitet worden, wobei die Figur des Geistes besonders herausgestellt wurde. In dem deutschen Märchen trägt der Geist den Namen des Merkurius, und ich möchte zunächst die zusammenfassende Charakterisierung C. G. Jungs über Merkurius folgen lassen, um dann festzustellen, ob die erwähnten Charakteristika auch für den arabischen Djin, der sich in der Flasche des Märchens vom Fischer und dem Dämonen befindet, zutreffen.

Charakterisierung des Merkurius nach Jung:

a) Merkurius besteht aus allen erdenklichen Gegensätzen. Er ist also eine ausgesprochene Zweiheit, die aber stets als Einheit benannt wird, wenn schon ihre vielen inneren Gegensätzlichkeiten in ebenso viele verschiedene und anscheinend selbständige Figuren dramatisch auseinandertreten können.

b) Er ist physisch und geistig.

c) Er ist der Prozeß der Wandlung des Unteren, Physischen in das Obere, Geistige und vice versa.

d) Er ist der Teufel, ein wegweisender Heiland, ein evasiver »trickster« und die Gottheit, wie sie sich in der mütterlichen Natur abbildet.

e) Er ist das Spiegelbild eines mit dem·opus alchymicum koinzidenten mystischen Erlebnisses des Artifex.

f) Als dieses Erlebnis stellt er einerseits das Selbst, andererseits den Individuationsprozeß und vermöge der Grenzenlosigkeit seiner Bestimmungen auch das kollektive Unbewußte dar.

Der Djin des arabischen Märchens trägt keinen bestimmten Namen. Aus seiner persönlichen Vorgeschichte wissen wir nur, daß er zu den Empörern gegen den rechtmäßigen Glauben und gegen dessen Verwalter, den König Salomo, zählt. Wir müssen ihn also als einen Repräsentanten für die ganze Gruppe der unbotmäßigen Djin nehmen, die in allen Bereichen arabischen Erlebens ihr Wesen oder Unwesen treiben. Es ist zweifellos so, daß dieser Gruppe von Geistern weitgehende gleichartige Eigenschaften wie dem Merkurius zugesprochen werden können, nur daß sie sich entsprechend der größeren Undifferenziertheit der Bewußtseinsstufe gegenüber der griechisch-römischen noch nicht in einer bestimmten Gottesfigur verdichtet haben. Diese Geister sind bei den Arabern, wie bei allen Völkern der Erde, Personifikationen der Aspekte des menschlichen Unbewußten. Der Merkurius umschließt nach der Definition C. G. Jungs praktisch die Gesamtheit kollektiv unbewußter Vorgänge. Entsprechend der mangelnden Differenzierung dieser arabischen Geisteswesen gibt es in der vorislamischen Welt auch keinen einzelnen Satan, sondern nur eine ganze Gruppe der Scheitân, die nach Mohammed neben Iblis, der Entsprechungsfigur des Satans im Qurân, auch im Islam bestehen bleibt.

Die Ursprünge der Djin des Islam reichen weit in die altorientalischen Kulturen zurück. Sie sind übernommen aus der babylonisch-assyrischen und teils aus der altägyptischen Vorstellungswelt. Zunächst einiges zur Bedeutung und Klassifizierung des Wortes. Die Wurzel des Wortes Djin bedeutet im Arabischen etwas Verborgenes, Verstecktes. Aus dieser Wurzel kommt im übrigen auch das Wort für den Embryo, der im Mutterleib verborgen ist.

Eingeteilt werden diese Geister, soweit der Islam reicht, in die guten und die bösen, wobei erstere dadurch charakterisiert sind, daß sie den Islam angenommen haben und den Menschen wohlgesinnt sind. Die Abtrünnigen werden nach Henning[41] in fünf Klassen eingeteilt: 1. die Mâride, die Fürchterlichsten, 2. die Ifriten, 3. die Scheitân oder Teufel, 4. die Djin im engeren Sinne und 5. die Dschân. Die zwei letzten werden auch als Bezeichnung für die ganze Gattung gebraucht.

Nach dem in Indien publizierten Qanûn-i-Islâm des Shurreef

Jaffur (Sharîf Dja'far) sind die Djin Geister, die im untersten oder ersten Himmel leben und sich den Menschen in jeder beliebigen Gestalt zeigen können. Ihre Stammeltern sind Djân und Maridja. Diese sind die Entsprechungen zu Adam und Eva. Die Djin bestehen zu neun Zehnteln aus Geist und zu einem Zehntel aus Fleisch. Die guten Djin nennt man Djin, die bösen Scheytân. Innerhalb dieser Einteilung findet sich bereits die Gegensätzlichkeit der im übertragenen Sinne unbewußten geistigen Inhalte in gute und böse. Um mit den Bezeichnungen des Merkurius zu reden, kann hier sowohl der Teufel auftreten als auch der wegweisende Heiland. Auch findet sich hier die physische und geistige Zusammensetzung wieder, wie auch in den Gegenfiguren von Djân und Maridja unschwer der dunkle Bruder und die dunkle Schwester, die unbewußten Schattenfiguren des Menschen zu erkennen sind. Diese sind nach der mohammedanischen Dogmatik genauso von Allah erschaffen wie die Menschen.

Qurân 6: 101:

>»Und doch halten sie (die Ungläubigen, d. Verf.) die Djin für Allahs Nebenbuhler, obwohl Er sie geschaffen hat.«*

In der Rangordnung stehen sie unter den Menschen, genau wie auch nach islamischer Auffassung die Engel, die sich nach der Erschaffung Adams anbetend vor diesem niederwerfen mußten.

Qurân 2: 35:

>»Und (gedenke der Zeit) da wir zu den Engeln sprachen: ›Beugt euch vor Adam‹, und sie alle beugten sich; nur Iblis nicht.«*

Das Wirken der Djin allerdings ist gewöhnlich verderblich. Für alles, was vom ordentlichen Verlauf der Dinge abweicht, werden sie verantwortlich gemacht. Wenn die Rinder am Wasser nicht saufen wollen, wenn dem Bräutigam in der Brautnacht seine Aufgabe nicht gelingt, so haben die Djin ihre Hand im Spiel. An Krankheiten, Todesfällen, Fiebern, Epilepsien und Epidemien sind sie schuld. Sie machen den Mann impotent und die Frau unfruchtbar; sie erregen die übermächtigen Leidenschaften und machen den Menschen verrückt und besessen. Ebenso wie die alten Ägypter ihren Ka, den Doppelgänger des Menschen, hatten,

so kennen die Mohammedaner des heutigen Ägyptens den Quarin und die Quarinah, die in dieser Funktion auftreten. Jeder
Mensch hat von Geburt an, außer seinem persönlichen 'Afrît,
diesen Doppelgänger: Quarin bei den Männern und Quarinah bei
den Frauen. Die Handlungen dieser Wesen sind teils gut, teils
schlecht, wie die der Menschen auch, wobei häufig der Doppelgänger der aktivere Teil ist, was sich aus der Vorstellung ergibt,
daß die Quarinah einer Mutter zum Beispiel völlig selbständig
handelnd auftritt. Die Quarinah der Mutter erscheint nämlich
nachts aus purem Neid, um entweder eine Fehlgeburt zu bewir-
ken, indem sie der Mutter »auf den Bauch klopft« oder um sie zu
bedrohen oder gar nach der Geburt das Kind selbst anzugreifen.
Die außerordentlich häufige unbewußte Ambivalenzeinstellung
der Frau zur eigenen Schwangerschaft hat hier ihre in den Dämon
projizierte Version.

Die Sprache der Djin ist von der der Menschen verschieden.
Das erkennt man daran, daß sie, wenn sie aus dem Besessenen
reden, oft unverständliche Worte, eben in ihrer Sprache, ein-
flechten. Auf der anderen Seite sind sie wohl in der Lage, sich
auch mit den Menschen zu verständigen, ja, es ist sogar möglich,
daß Djin und Menschen sich untereinander heiraten.

Ein schönes Märchen aus 1001 Nacht behandelt dieses
Thema. *In der Geschichte von Dschânschâh heiratet Prinz Dschânschâh die Herrin Schemse, die jüngste Tochter eines der mächtigsten Könige der Djânn (Djânn=Plural von Djin). Er ist ein
Königssohn aus dem Lande Kabul, der sich auf der Jagd verirrt
und nach langen Reisen durch märchenhafte und unbekannte
Länder zu dem König der Vögel, dem Scheich Nasr, gelangt. In
dessen Schloß geht er eines Tages durch eine ihm verbotene Tür
und gelangt in einen Garten. Hier pflegen die Töchter der Djânn
zu baden. Sie kommen in einem Flügelkleid, das sie zum Bade
ablegen, und Dschânschâh erringt Gewalt über die jüngste Kö-
nigstochter, indem er ihr Federkleid versteckt. Nach der Rückkehr
in seine Heimat baut er ihr einen Palast, in dessen Grundmauern
er das Federgewand verbirgt. Sie aber findet es, verläßt ihn und
ruft ihm von der Zinne des Schlosses aus zu, wenn er sie liebe,*

möge er zu ihrer Heimat, dem Edelsteinschloß Takni, kommen und sie von dort zurückholen. Niemand kennt dieses Schloß, und Dschânschāh muß wieder den gefährlichen Weg zum Scheich Nasr zurücklegen. Aber auch dieser kann ihm nicht helfen und leitet ihn zu dem König der wilden Tiere weiter. Keines dieser Tiere, auch der König nicht, kennt das Schloß. Dschânschāh zieht weiter zu einem Djin-König, der einst Salomos Gefangener war. Dieser endlich verweist ihn an den uralten Zaubermönch Jaghmûs. Er hat die Herrschaft über viele Djânn, und hier kann ihm endlich ein großer, schwarzer Vogel über die Burg Takni Auskunft geben, da sie in der Nähe seines Hortes liegt. Der Vogel bringt ihn bis kurz vor die Burg, und hier findet er seine Herrin Schemse, deren Eltern sie beide endgültig vermählen. Inzwischen ist Dschânschāhs Vater, der König Tigmus, zu Hause in große Bedrängnis gekommen. In einem siebenjährigen Kriege haben ihn seine Feinde besiegt und belagern ihn in seiner Stadt. Als nun Dschânschāh und Schemse heimkehren, werden sie von tausend furchtbaren Mâriden begleitet, die das Heer der Feinde vernichten und die Stadt befreien. Ein dauerndes Glück war aber den beiden Liebenden nicht beschieden. Nach einer Reihe von Jahren stirbt Schemse auf einer Reise an dem Biß eines Fisches, als sie im Fluß badet. Dschânschāh bleibt für ewig trauernd an ihrem Grabe und ist für die Welt verloren.

Die Djin haben auch zu allen vier Elementen Beziehungen. Nach der Lehre des Qûran hat Allah sie aus Feuer geschaffen, im Gegensatz zum Menschen, der aus Lehm gebildet wurde:
Qûran 15:27, 28:
»Wahrlich, Wir haben den Menschen aus trockenem, tönendem Lehm erschaffen, aus schwarzem, zu Gestalt gebildetem Schlamm. Und die Djin erschufen wir zuvor aus dem Feuer des heißen Windes.«
Neben dem Libidosymbol des Feuers kommt auch gleichzeitig die Bedeutung der Djin als Luftgeister in diesen Versen zum Ausdruck. Sie verfügen in der Regel über die Fähigkeit, zu fliegen und unendliche Strecken in kürzester Zeit zurückzulegen. So bringen in der bekannten Erzählung von Kamar es Samâm zwei

Djin diesen in der Nacht mit seiner zukünftigen Braut, der Prinzessin Budûr, deren Vater im äußersten China König ist, zusammen. Auch in der Erzählung von Dschânschâh legen die Djin fliegend an jedem Tag einen Weg von dreißig Monaten zurück. Der Charakter der Djin als Luftgeister tritt auch in der Substanz des Djin im Märchen vom Fischer und dem Dämonen zutage. Er ist in der Flasche als Rauch enthalten und bildet erst aus diesem Rauch seine wahre Gestalt. Ebenso sind Wasser und Wasserplätze bevorzugte Wohnorte der Djin. So ist es in Nordafrika verboten, Wasser über einen Schläfer zu tragen, da sonst der Djin den Schläfer schlagen würde. Beim Berberstamm der Aid Sadden wird ein Kind erst gewaschen, wenn es gehen kann, weil die Djin ihm dann nicht mehr schaden können. Andererseits gelten aber auch Quellen im großen Atlas als heilkräftig, obwohl oder weil sie von Djin bewohnt werden. Beim Brunnen Jaghbâllût I-Djûn, d. h. der Djinquelle, opfern die Frauen jeden Donnerstag Benzoe Harz zum Schutz vor Krankheiten. In Laraiche befindet sich ein Brunnen, der dem Djin-Heiligen Cîdî Boquädel geweiht ist, in den Besessene Brotstücke werfen, die von einigen Schildkröten, die auf dem Grunde des Brunnens liegen, verzehrt werden. Diese Schildkröten gelten als verkappte Djin[42]. Auch die Verehrung des Meeres durch die Westberber findet im Glauben der Marokkaner ihren Ausdruck, daß im Meer noch mehr Djin wohnen als auf dem Lande. Die Djin, die auf dem Lande wohnen, nehmen häufig die Gestalt von Tieren an. Sehr bevorzugt sind hier weiße und schwarze Schlangen, die weißen für die rechtgläubigen Djin, die schwarzen für die ungläubigen. Auch in allen möglichen anderen Tierformen können sie erscheinen, als Stier, als Vogel, als Affe etc. Bevorzugte Aufenhaltsorte auf dem Lande sind besonders die Abtritte, Begräbnisstätten und Aasgruben. Auch der Djin unseres Märchens ist in einer seiner Funktionen ein Erdgeist, denn nach seiner Befreiung und der Erfüllung seines Versprechens verschwindet er in der Erde, die sich vor ihm spaltet.

Diese Beziehung zu den vier Elementen findet sich in der Figur des Merkurius ebenso wie sein Auftreten bzw. seine Vergleiche zu den verschiedenen Tiergestalten.

Eine noch recht wesentliche Funktion des geistigen Aspektes der Djin liegt in ihrer Beziehung zu den Dichtern und Sehern. Mit diesen stehen sie in einem ausgesprochen freundschaftlichen Verhältnis. Man stellte sich in der alten Zeit den Verkehr eines Sehers mit einem Geist wie eine richtige Besessenheit vor. Es werden damals auch die entsprechenden schamaistischen Zustände festzustellen gewesen sein. Erst später faßte man die Inspiration wie eine Bekanntschaft des Sehers oder Dichters mit den Djin auf. Nach Mohammed erlauscht der Djin heimlich, was in den Himmeln vorgeht, und meldet es seinem Schützling ins Ohr[43]. Hier tritt also psychologisch neben den Zustand der Inflation oder Obsession des Ich durch den unbewußten Inhalt derjenige einer Beziehung des Ich zu diesen Seelenteilen auf. Beide Zustände lassen sich auch heute noch beim modernen Menschen innerhalb schöpferischer Inspirationszustände beobachten.

An dieser kurzen Auswahl von Amplifikationen, die sich beliebig erweitern lassen, ist bereits ersichtlich, daß die Djin des Islam ähnlich umfassende Eigenschaften enthalten, wie sie dem Merkurius zugeordnet werden. Sie sind allen vier Elementen zugehörig, und schlechthin alle Äußerungen des Unbewußten, die guten wie die bösen, können in der Projektionsfigur eines Djin auftreten. Es soll noch einmal hervorgehoben werden, daß ein genauerer Vergleich zu der Figur des Merkurius etwas schwierig ist. In der vorislamischen Zeit besteht bei den Arabern kein in sich geschlossenes Göttersystem. Jeder Stamm hat seine eigenen, besonders gearteten und vielfach der Umwelt angepaßten oder auch zum Teil aus den älteren Kulturen aufgenommenen Götter. So ist auch die Kaaba von Mekka bekanntlich das ehemalige Heiligtum eines Stammesgottes. Mit dem Auftreten des Islam ist dann die ganze ehemalige Welt dieser Stammesgötter in das unterirdische Reich der Djin und Dämonen abgewandert und von diesen aufgesogen worden. So ist unter diesem Ifriten mehr eine Vorstufe des Merkurius zu sehen. Er besitzt weniger Nous und Logos als dieser, und wir definieren ihn am besten als eine noch archaische, geistige Potenz des Unbewußten, die Bilder erfindet und anordnet.

Neben diesen merkurischen Eigenschaften läßt sich der Djin des Märchens durch einige bestimmte Aspekte noch von einer anderen Seite her, nämlich der einer personalen Psychologie unter Berücksichtigung der frühkindlichen Erlebnisweisen betrachten. Zunächst ist er männlich, und zum zweiten erscheint er dem Fischer außerhalb seiner Komprimierbarkeit in einer Gestalt von überdimensionaler Größe. Wenn der kleine Fischer vor dem großen Djin steht und vor seiner donnernden Stimme erschrickt, wird man unschwer an die Kleinkind-Erwachsenen-Situation erinnert. So wie die arabischen Völker in die Figur des Königs Salomo einen Archetypus des guten Vaters projiziert haben, so ist sein Gegenspieler, der Djin, derjenige, der alle negativen und zerstörerischen Eigenschaften dieses Archetypus in sich vereinigt. Er ist der dem König Salomo entgegenstehende Naturgeist, der als Riese die Aspekte ungezügelter Emotionen vertritt, eine Seite männlich-primitiv-wilder Aggressivität, die als überpersönliche, dunkle Vaterfigur erlebt wird. In dieser Sicht steht dem Fischer in der Figur des Djin auch eine Vater-Imago gegenüber, mit der er sich auseinanderzusetzen hat. Es ist unmöglich, sich mit dieser überwältigenden, übermächtigen Figur auf der Basis der Gewalt zu einigen. Es bleibt dem Fischer nur der Weg der List, um mit ihm fertig zu werden. Allerdings geht er dann, worauf auch C. G. Jung[38] in seiner Untersuchung des deutschen Parallelmärchens hingewiesen hat, mit dieser negativ-dämonischen Macht recht infantil und leichtsinnig um. Er läßt sie letztlich einfach wieder frei in die Welt hinaus. Im Interesse übergeordneter sozialer Notwendigkeit müßte er diesen Geist eigentlich eingeschlossen lassen und auf seinen Vorteil verzichten. Wahrscheinlich ist es, daß dieser rebellische Geist sich in der Zeit seiner Gefangenschaft nicht wirklich gewandelt hat, wenn die erste Handlung, die er nach erfolgter Befreiung zu unternehmen plant, der Mord seines Befreiers ist. Im Hinblick auf dieses Problem erscheint mir auch der Schluß der deutschen Variation des Märchens vom »Geist im Glas« etwas dürftig. Zum Ausgleich gegenüber der nicht zu unterschätzenden Gefahr wird lediglich der Zauberlappen eingetauscht, bei dem persönliche Bereicherung und Heilung anderer sich die

Waage halten, während im arabischen Märchen ein ganzes Land von seinem auf ihm lastenden Fluch erlöst wird. Auch hier ist noch ein weiter Weg mit Bestehung vieler Gefahren zu gehen, ehe das Auftreten des Djin sich segensreich auswirkt. Natürlich kann der Fischer das vorher nicht wissen und ist zunächst nur auf seinen eigenen Vorteil bedacht. Übertragen wir die im Märchendrama dargestellte Situation in die Psyche des einzelnen, so möchte ich sagen: Der Fischer verhält sich wie ein Mensch, der revolutionierende und zerstörerische Kräfte seines Unbewußten, die gegen die herrschenden väterlichen Ordnungen gerichtet sind, freiläßt, weil er in dem überkommenen Bewußtseinsmodell nicht mehr existenzfähig ist und verhungern müßte. Würde er die alte, vom »guten großen Vater« überkommene Ordnung bejahen, dann würde es keine Veränderung geben. Er müßte die Flasche mit dem Djin schleunigst wieder ins Meer werfen, und sein Lebtag würde er der arme, hungernde Fischer bleiben. Erst wenn er dies nicht tut, wenn er den Geist der Empörung zuläßt und riskiert, daß dabei etwas in der alten Ordnung zerstört wird, erst dann wird auch für ihn der Weg frei zur grundlegenden Änderung seines Schicksals und zur Befreiung aus enger Ärmlichkeit und Not.

Wir stehen heute kollektiv vor einer ähnlichen Situation. Alte, tradierte Ordnungen zerbrechen oder sind in Auflösung begriffen. Hierbei finden sich besonders unter der Jugend immer wieder Rückgriffe in das Frühere, von unserer Kultur Verworfene, bis weit zurück in archaische Bereiche. Schon in der Kunst des Expressionismus[44] deutete sich dieser Prozeß der Auflösung alter Formen an mit der Regression zu dem verlorenen primitiven und natürlichen Menschen. Die heute so oft verzerrte Suche nach Bewußtseinserweiterung über die archaische Freistellung der Sexualität, wie sie in den Mysterienkulten der magna mater oder in Geheimgesellschaften gelebt wurde[45], oder durch Drogen, um auf diesem Wege wie die Peyote-Indianer ein »man of knowledge« zu werden[46], hat hier ihren prospektiven Sinn. Genau wie in dem Märchen ist auch dieser ganze Prozeß verknüpft mit der furchtbar bedrohenden Aggressivität des unter unserer Rationalität so lange verdrängten Naturgeistes.

5. Kapitel

DIE KONSTELLATION
DER AUFGABE

Bei der Frage, auf welchen Weg und zu welchem Ziel der gebändigte Geist den Fischer führt, stoßen wir auf diesen merkwürdigen See mit den vier verschiedenfarbigen Fischen, deren Symbolgehalt nun zunächst zu untersuchen wäre. Bleiben wir bei der Vorstellung, die für das Unbewußte das Bild des Wassers setzte, so begegnen wir hier einem See. Im Gegensatz zum Meer haben wir hier ein mehr abgeschlossenes und begrenztes Wasser vor uns. Durch die vorausgegangene und gelungene Auseinandersetzung mit dem Ifriten ist es dem Fischer offenbar gelungen, dem Chaos und der Unendlichkeit der materia prima ein Stück Formprinzip zu geben. Es liegt nahe, die in diesem begrenzten Raum befindlichen Fische als einen autonomen Komplex, der sich innerhalb des Unbewußten mit gewisser Eigenlebendigkeit bewegt, aufzufassen. Wieder muß zunächst das Symbol in drei verschiedenen Anteilen untersucht werden. Erstens: Der Fisch, zweitens: Die vier verschiedenen Farben und drittens endlich: Die Zahl Vier an sich. Nach den Untersuchungen von C. G. Jung[40] trägt das Fischsymbol unter anderem auch den Aspekt der Mutter-Geliebten, wobei das Auftreten dieses Archetyps als großer Fisch oder als Schlange mehr einen nefasten Sinn hat, eben den des verschlingenden Tieres. Im orientalischen Mythos existiert eine Zuordnung der Fische zur Geburt der großen Liebesgöttin Astarte: *»Fische fanden im Fluß Euphrat ein wunderbares großes Ei. Sie schoben es ans Ufer, eine Taube brütete es aus, und so wurde die besonders liebesbedürftige, aber auch besondere Liebeslust spendende Göttin geboren. Auch von Aphrodite, deren Kult aus der der Ischtar entstanden ist, wird erzählt, daß sie sich auf der Flucht mit ihrem Sohn im Euphrat in Fische verwandelte[47].«* Gleichzeitig gilt der Fisch als eines der Erneuerungs- und Wiedergeburtssymbole, was ausführlich im »Aion«[40] dargestellt ist. Bei Berücksichtigung dieser beiden Aspekte ergibt sich schon ein gewisser Sinn in der Handlung des Märchens. Der Fischer wird also durch den Geist vor das Problem einer Erneuerung und Wiedergeburt geführt, die im engeren Sinne über die Auseinandersetzung mit der Mutter-Animafigur vor sich gehen muß. Die möglichen Amplifikationen zu diesem Thema des verschlingenden weiblichen Elementes in der Meerestiefe sind unzählige, man denke an das Nixenwesen, die Reise des Jonas im Walfischbauch etc. Auch in den Märchen von 1001 Nacht taucht das Motiv der gelungenen Beziehung zum Fischsymbol wieder auf, zum Beispiel in der Erzählung von Dschûdar und seinen Brüdern. Hier führt das Symbol der Fische den Helden der Geschichte auch zum Problem der Überwindung der Mutterbindung und damit zum Erreichen des großen Schatzes, der ein weiteres Leben ohne schwerste Verwerfungen und Schwierigkeiten ermöglicht.

Bei der Beurteilung der Farbsymbolik der Fische ist zunächst ein rein rationaler Aspekt zu beachten. Wie aus dem Schluß des Märchens hervorgeht, verwandeln sich die Fische des Sees in die Menschen der verzauberten Stadt, wobei jeder der vier verschiedenen Religionen des islamischen Reiches eine entsprechende Farbe zugewiesen wird. Diese Farben gehen auf eine mittelalterliche Verordnung des Kalifats zurück, nach der jeder Angehörige einer dieser Religionen einen Turban von bestimmter Farbe tragen mußte. So wußte man schon äußerlich, welcher Religion der Turbanträger zugehörte. Diese Farben entsprechen den im Märchen benutzten. Möglicherweise ist so die Farbvariation eine spätere Zufügung zu dem ursprünglichen Stoff. Hierbei tritt bereits ein Aspekt auf, der auch später in der Zahlensymbolik, die in der Vierzahl liegt, enthalten ist, nämlich der der Ganzheit. Die vier Religionen umfassen alle Menschen des Staates, der einen oder der anderen von ihnen ist jeder einzelne zugeordnet, denn Atheisten gab es damals praktisch nicht. Es werden also in diesem Symbol nicht nur die Reingläubigen, die Guten, d. h. diejenigen, die die richtige Religion haben, erfaßt, sondern die Allgemeinheit des menschlichen Erlebens dieser Stadt. Spekulativ könnte man nun zusätzlich erwägen, inwieweit diese vier Farben bestimmten emotionalen Bereichen zuzuordnen sind. Sicher würden sich auch hier Übereinstimmungen mit europäischem Erleben finden lassen. Diese eine Farbe begleitenden emotionalen Qualitäten haben ja sicher eine Zuordnung zu allgemeinen Erscheinungen in der Natur, die immer wieder in Verbindung mit dieser Farbe auftreten, z. B. daß Rot als die Farbe des Blutes wohl auch dort dem Affekt der Leidenschaftlichkeit entsprechen dürfte. Blau und Gold (Gelb) sind die Lieblingsfarben in der mohammedanischen Malkunst, soweit diese überhaupt existiert. Man sieht diese beiden Farben überall in den Handschriftmalereien und Miniaturen[48].

So wäre zum Schluß noch die Symbolik der Zahl Vier zu erörtern, wobei ich mich im Hinblick auf die vielen Untersuchungen über Zahlensymbolik, die bereits vorliegen, kurz fassen kann. Übereinstimmend mit allen Richtungen hat die Zahl Vier weiblichen Charakter, und in der Jung'schen Psychologie deutet sie zusätzlich noch auf die Ganzheit eines Gegenstandes oder eines Problems hin, wobei sie auch auf die vier psychologischen Funktionen bezogen ist. Edinger[49], der ausführlich die Symbolik der Drei- und Vierzahl untersucht hat, weist darauf hin, daß die Vier mehr das Ziel oder den vollzogenen abgeschlossenen Individuationsprozeß beinhaltet. Die Zahl Drei dagegen wird nicht mehr als unvollständige Vier aufgefaßt, wie es bei Jung an einzelnen Stellen erscheint[50], sondern als der Archetyp, der dem Prozeßcharakter der Individuation zugrundeliegt. Das Märchen entspricht dieser Auffassung, da das Symbol der vier Fische in ihren vier verschiedenen Farben das Ziel des Befreiungs- und Entwicklungsprozesses enthält.

Zusammenfassend gesagt bringt also der Geist den Fischer zu dem Ort des Unbewußten, wo er die Motive zur Erneuerung und Wiedergeburt der Gesamtheit seiner Persönlichkeit finden kann, und diese Motive deuten gleichzeitig auf die Auseinandersetzung mit der Anima hin. Der Fischer seinerseits bringt das Motiv vor den König, der in übertragenem Sinne das bewußte Ich dieses Traumes sein soll.

Betrachten wir nun den ersten Abschnitt des Märchens noch einmal rückblickend, so fehlt noch die inhaltliche Deutung der ersten beiden vergeblichen Fänge, nämlich Sand und Schlamm als Inhalt des Topfes und der Scherben. Derartige Motive, in denen ein Traum einen Menschen vor altes, sinnloses Gerümpel führt, treten gehäuft zu Beginn einer Behandlung, insbesondere bei etwas älteren Patienten auf, die in ihrem Leben eine längere Stagnationsphase hinter sich haben. Um zu einer Neuordnung zu kommen, muß dieses alte Gerümpel zunächst weggeräumt werden. Auch im Sprachlichen kommt dem Sand eine ähnliche Bedeutung zu. So träumte eine 52jährige Patientin, daß sie in einem Meer von Sand, das ihr bereits bis zum Munde reicht, zu ertrinken droht. Es ist mit Sicherheit anzunehmen, daß ähnliche Erlebnisqualitäten bei einem Volk, das zu großen Teilen in der Wüste lebt, bzw. aus der Wüste kommt und immerwährend gegen Versandungen anzukämpfen hat, bei dieser Vorstellung ausgelöst werden müssen. Der alte Topf des Märchens weist, wie bereits ausgeführt, als cavum auf das weibliche Prinzip innerhalb des Träumers hin, das in diesem Fall einer drohenden Versandung anheimgegeben ist. Nur die Fähigkeit, sich diesem Problem zu stellen, die Tatsache, daß man mit der Versandung und den Trümmern seines Innern konfrontiert wird, ermöglicht eine spätere Wiederbelebung und Neuorientierung.

Noch einiges wäre außerdem zu der Figur des Fischers zu sagen. Sie ist ohne Zweifel in unserem Spiel eine dem Bewußtsein nähere Figur als die magische des Geistes, die dem Alltagsbewußtsein ferner liegt. Gedeutet auf der Subjektstufe, würde der Fischer eine Funktion des Träumers darstellen, mit deren Hilfe unbewußtes Geschehen näher zum Bewußtsein gebracht wird, um dort differenziert werden zu können. Der Fischer gehört zu den Figuren, die sich an der Grenze des festen Bewußtseins und dem Meer des Unbewußten befinden und ihre Stellung auf der Bewußtseinsseite gegenüber den in die Tiefe ziehenden Kräften des Meeres, in unserem Märchen als Ifrit, in vielen anderen als verführerische Nixe dargestellt, behaupten müssen. Als psychischen Faktor betrachtet, nimmt er eine Art Mittelstellung ein zwischen einem klar wissenden und rein bewußten Handeln und einer unbewußten, unkoordinierten Unwissenheit. Ohne zu wissen, was er damit eigentlich macht, tut er das im Augenblick Richtige und Notwendige und bringt das Problem in Form der vier Fische vor das bewußte Ich. In dem Gespräch zwischen Sokrates und Diotima[51] ist eine derartige Funktion von Plato als das τὸ ὀρθὰ δοξάζειν bezeichnet worden, als etwas, das noch nicht Wissen ist und Erleuchtung, aber auch nicht mehr Unwissenheit, da es mit der Realität in Übereinstimmung ist.

ἢ οὐκ ᾔσθησαι ὅτι ἐστι τί μεταξὺ σοφίας καὶ ἀμαθίας; τί τοῦτο, τὸ ὀρθὰ δοξάζειν ἀνεὺ τοῦ ἔχειν λόγον δοῦναι οὐκ οἶσθ᾽, ἔφη, ὅτι οὔτι ἐπίστασθαί ἐστιν. — ἄλογον γὰρ πρᾶγμα πῶς ἄν εἴη ἐπιστήμη; οὔτε ἀμαθία, τὸ γὰρ τοῦ ὄντος τυγχάνον πῶς ἄν εἴη ἀμαθία; ἔστι δε δήπου τοιοῦτο ἡ ὀρθὴ δόξα μεταξὺ φρονήσεως καὶ ἀμαθίας [1]

Deutsche Übersetzung (nach Schleiermacher):
>»Oder hast du nicht gemerkt, daß es etwas mitten inne gibt zwischen Weisheit und Torheit? – Was wäre das? – Wenn man richtig vorstellt, ohne jedoch Rechenschaft davon geben zu können, weißt du nicht, daß das weder Wissen ist – denn wie könnte etwas Grundloses eine Erkenntnis sein? – noch auch Unverstand, denn da sie doch das Wahre enthält, wie könnte sie Unverstand sein? Also ist offenbar die richtige Vorstellung so etwas zwischen Einsicht und Unverstand.«

Die Aufgabe dieser Funktion ist erfüllt, wenn sie das Problem vor das Ich gebracht hat, das seinerseits nun gezwungen ist, sich damit auseinanderzusetzen.

Wir sind nun am Ende der Betrachtung des ersten Teilabschnittes dieses Märchens. Die handelnden Figuren wechseln, und im Folgenden treten nun die Faktoren auf die Bühne des Psychodramas, die hinter den Fischen stehen. Der erste Teil erscheint als eine Art Prolog an der Grenze zwischen Bewußtsein und Unbewußtem. Es findet zunächst nur die Konstellation des zu lösenden Problems statt, und dieses wird in Bewußtseinsnähe gerückt und damit die Beziehung zur Ich-Figur geknüpft. Es hat gewisse Ähnlichkeit mit den Träumen, wo der Träumer nur eine sich abspielende Handlung in seinem Inneren ansieht, ohne eigentlich selbst dabei zu sein und daran teilzunehmen. Erst, wenn mir bewußt wird, daß das hier gestellte Problem mein eigenes darstellt, ist seine Auflösung möglich. Auch der Patient muß erkennen, daß er selbst in den Figuren und Symbolen seiner Träume enthalten ist. Dieser erste Teil des Märchens verkörpert, ins Intrapsychische übersetzt, zunächst eine Sichtung und Feststellung des unbewußten Materials und daran anschließend eine Problemstellung, die nach Lösung und Erlösung verlangt. Hierbei würde die in Duplizität auftretende Zahl Vier (vier Fischzüge, vier verschiedenfarbige Fische) gleichzeitig auf einen weiblichen Aspekt und dessen Bedeutung für die Ganzheit und Ganzwerdung der Persönlichkeit hindeuten. Topf, Scherben und Esel sind die alten Verdrängungsinhalte, die abgeräumt werden müssen, um zu der lebendigen geistigen Urkraft zu kommen, die nach Zerstörung der von den Vätern gegebenen Ordnung allein imstande ist, zu dem erlösenden Motiv zu führen. Dies ist aber nur möglich, wenn der blindwütige Affektriese durch Pakt und Schwur an eine ordinierte, ins Humane gehende Funktion gebändigt ist. Jetzt erst ist das Ich in der Lage, dieses Motiv aufzunehmen und es seiner Lösung handelnd entgegenzuführen. Mit dem Eintritt des Fischers in den Palast des Königs beginnt die zweite Phase, die Konfrontation des Ich mit seinen unbewußten Gegenspielern.

6. Kapitel

DIE KONFRONTATION DES ICH
MIT DEN FIGUREN
DER ANIMA UND DES SCHATTENS

Dieses Kapitel des Märchens, in dem erstmalig die Königsfigur auftaucht und die handelnde Hauptrolle vom Fischer übernimmt, soll den Abschnitt umreißen, der vom Eintritt des Fischers
mit seinen vier Fischen in den Palast bis zu dem Entschluß des
Königs zum Aufbruch in das Abenteuer reicht. In diesem Abschnitt erweist sich, daß hinter den farbigen Fischen ein merkwürdiges Rätsel steckt, mit dem der König konfrontiert wird und
das er zu lösen beschließt. Er verläßt mit diesem Entschluß seine
geordnete, übernommene Lebensbahn und begibt sich in ein
Wagnis, dessen Ende für ihn zunächst dunkel und ungewiß ist,
da er weiß, daß er es mit magischen Kräften zu tun hat. Es ist ein
Entschluß im Geiste des Ifriten, der den Bruch mit den Traditionen bedeutet. Ein gefährlicher Entschluß, aber gleichzeitig in der
Gestalt der schönen Hexe ein ungemein verlockender.

Als erstes der auftretenden Symbole wäre der Palast bzw.
das Haus des Königs zu nennen, in welches der Fischer sein dem
Unbewußten abgerungenes Geschenk trägt. Eingeschoben sei
noch kurz auf die Verhaltensform eingegangen, daß dieser Fischer
seine Beute verschenkt. Abgesehen davon, daß es auf Befehl des
Ifriten geschieht, gehört ein derartiges Verhalten im orientalischen Märchen durchaus zu dem Üblichen und ist ein stets wie-
derkehrendes Motiv. Das Geschenk wird immer mit einem Ge-
gengeschenk beantwortet, und letzteres zu unterlassen wäre, zumindest im arabischen Denken, eine grobe Unhöflichkeit. Auch
kann man sich darauf verlassen, daß man bei diesem Appell an
die Großzügigkeit des Mächtigen in der Regel weitaus besser
fährt als bei einem Verkauf des Gegenstandes. Es ist eine besondere Form des Handelns, die aber hier adäquat und der Selten-
heit des Gegenstandes entsprechend zu bezeichnen ist. Kehren

wir zurück zu dem Symbol des Hauses, so kann man u. a. sagen, daß es in Träumen gehäuft als ein Analogon für das gesamte Bewußtseinsmodell eines Menschen auftreten kann. Das ist wesentlich in seinem Sinn begründet. Das feste, eigene Haus, das ich von meinen Vorfahren übernommen habe oder mir selbst baue, enthält vorzugsweise meine Lebensform. Es ist in seiner äußeren Fassade der Welt zugewandt und spricht schon hier in Variation und Geschmack von der Persönlichkeit des Erbauers. Nicht umsonst ist dieses Wort der »Fassade« vom Haus her auch in das Psychische übernommen worden. Auch hier ist die Fassade der Teil der Persönlichkeit, welcher der Außenwelt und dem Umgang mit den fremderen Anderen zugewandt ist. Erst hinter der Fassade liegt die eigentliche Substanz. Die persönlichen Räume innerhalb des Hauses spiegeln so auch weit mehr noch den Charakter und die Lebensformen seiner Bewohner wider. Diese Räume stehen, so wie in übertragenem Sinne mein bewußtes Ich bzw. der bewußte Teil meiner Persönlichkeit, mir als dem Bewohner offen, d. h. ich bin in der Lage, über sie zu verfügen und sie meiner Kontrolle zu unterwerfen. Es gibt in diesem Bereich keinen Raum, der dem legitimen Besitzer verschlossen ist. Ist das Haus bereits von einer Reihe von Vorfahren übernommen – bei einem Palast scheint dies in der Regel der Fall zu sein – so beinhaltet es zusätzlich die tradierten Aspekte dieser Vorfahrensreihe.

Das kann bei einem entsprechenden Gebäude bis in die Frühzeit der menschlichen Geschichte hinabreichen. Ein klassisches Beispiel hierfür ist der bekannte Traum, der C. G. Jung zur Entdeckung der Archetypen führte[52]:

»Ich war in einem mir unbekannten Haus, das zwei Stockwerke hatte. Es war ›mein Haus‹. Ich befand mich im oberen Stock. Dort war eine Art Wohnzimmer, in welchem schöne alte Möbel im Rokokostil standen. An den Wänden hingen kostbare, alte Bilder. Ich wunderte mich, daß dies mein Haus sein sollte, und dachte, ›nicht übel‹. Aber da fiel mir ein, daß ich noch gar nicht wisse, wie es im unteren Stock aussehe. Ich ging die Treppe hinunter und gelangte in das Erdgeschoß. Dort war alles viel äl-

ter, und ich sah, daß dieser Teil des Hauses etwa aus dem 15. oder dem 16. Jahrhundert stammte. *Die Einrichtung war mittelalterlich, und die Fußböden bestanden aus rotem Backstein. Alles war etwas dunkel. Ich ging von einem Raum in den anderen und dachte: jetzt muß ich das Haus explorieren! Ich kam an eine schwere Tür, die ich öffnete. Dahinter entdeckte ich eine steinerne Treppe, die in den Keller führte. Ich stieg hinunter und befand mich in einem schönen gewölbten, sehr altertümlichen Raum. Ich untersuchte die Wände und entdeckte, daß sich zwischen den gewöhnlichen Mauersteinen Lagen von Backsteinen befanden; der Mörtel enthielt Backsteinsplitter. Daran erkannte ich, daß die Mauern aus römischer Zeit stammten. Mein Interesse war nun aufs höchste gestiegen. Ich untersuchte auch den Fußboden, der aus Steinplatten bestand. In einer von ihnen entdeckte ich einen Ring. Als ich daran zog, hob sich die Steinplatte, und wiederum fand sich dort eine Treppe. Es waren schmale Steinstufen, die in die Tiefe führten. Ich stieg hinunter und kam in eine niedrige Felshöhle. Dicker Staub lag am Boden, und darin lagen Knochen und zerbrochene Gefäße, die Überreste einer primitiven Kultur. Ich entdeckte zwei offenbar sehr alte und halbzerfallene Menschenschädel.«*

Jung interpretierte diesen Traum folgendermaßen: »Es war mir deutlich, daß das Haus eine Art Bild der Psyche darstellte, die meiner damaligen Bewußtseinslage entsprach, mit bis dahin unbewußten Ergänzungen. Das Bewußtsein war durch den Wohnraum charakterisiert. Er hatte eine bewohnbare Atmosphäre, trotz des altertümlichen Stiles. Im Erdgeschoß begann bereits das Unbewußte. Je tiefer ich kam, desto fremder und dunkler wurde es. In der Höhle entdeckte ich Überreste einer primitiven Kultur, d. h. die Welt des primitiven Menschen in mir, welche vom Bewußtsein kaum mehr erreicht und erhellt werden kann.«

Ins Psychische übersetzt entsprechen die bewußten Räume den übernommenen Verhaltensweisen einer Familie. Beim Überblicken entsprechender Krankengeschichten oder Lebensschicksale ist es immer wieder beeindruckend, wie gewisse Verhaltens- und Erlebnisformen, auch neurotischer Art, durch die Generationen hindurchgeschleppt werden. Sicher handelt es sich bei dem Symbol des Hauses um eine kollektive Gültigkeit, wenn auch hierbei breite Variationen zu beobachten sind. Schon der Südeuropäer, als Mensch der Agora, wie ihn Ortega y Gasset[53] bezeichnet, hat zweifellos rein akzentmäßig eine andere Einstellung zu seinem Haus als der Nordländer. Für den Araber als einem Menschen eines Nomadenvolkes wird das Moment des Festen, Unwiderruflichen und Geborgenen, aber gleichzeitig auch des Stagnierenden, Freiheitsberaubenden stärker sein als für uns. Dies aber sind Variationen der Form, nicht des Sinnes.

Das nächste auftauchende Motiv liegt in der Reaktionsweise des Königs den Fischen gegenüber. Es handelt sich um ein außerordentlich beliebtes Märchenmotiv, nämlich das des »nicht erkannten Wertes«. Der König, der sich zwar über die Seltsamkeit der vier Fische wundert, verhält sich doch so, als ob es sich hier um eine alltägliche Sache handelt und nicht um ein lebensentscheidendes Symbol. Die Fische werden in die Küche geschickt, um gebraten und gegessen zu werden, weil es eben üblich ist, so in der Welt mit gefangenen Fischen zu verfahren. Wiederum intrapsychisch ausgedrückt: Es wird vom Ich nicht erkannt, daß hier mit Hilfe eines merkurischen Psychopompos ein wesentliches Urerlebnis oder eine Grundproblematik aus den Wassern des Unbewußten in die Bewußtseinsnähe gebracht worden ist. Das Ich reagiert in Primitivität und Blindheit auf diesen Vorgang mit dem Versuch des Verschlingens und oralen Einverleibens, und nur die Eigendynamik des Symbols, der einmal angelaufene Vorgang der Aus- und Auflösung eines Komplexes, verhindert ein Beiseiteschieben des Problems. Der König erkennt ganz einfach das Urerlebnis zunächst nicht und macht deshalb mit den Fischen, was »man« macht. In den bereits anfangs erwähnten Geschichten der Kathasâritsagara taucht dieses gleiche Motiv noch etwas schärfer ausgearbeitet auf. Hier erscheint ein Fakir über Jahre hindurch auf jeder Audienz des Königs und überreicht dort eine Frucht, die der König jeweils unbesehen in einer Kammer ablagern läßt. Erst durch einen Zufall, das Spiel eines Affen, wird entdeckt, daß sich in jeder Frucht ein großer Edelstein befindet, und erst nach dieser Entdeckung ruft der König den Fakir zu sich und läßt sich mit ihm in die entscheidenden Abenteuer auf dem Leichenplatz ein. Hier wird das Zeichen aus dem Unbewußten so lange immer wieder verdrängt, bis schließlich der spielerische Zufall das Geschehen auslöst. Auch in den Märchen von 1001 Nacht taucht dieses Motiv wieder auf, z. B. im Märchen von Aladin und der Wunderlampe. Dieser Knabe überwindet den väterlichen Negativaspekt im Gewande des trügerischen Oheims und Fakirs durch List und Klugheit und erringt so die Zauberlampe. Im Bestreben, das Gewohnte und Nächstliegende zu erreichen, die Rückkehr zur Geborgenheit der Mutter, vergißt auch er, nach dem Sinn dieses Symbols zu fragen. Als es ihm endlich einfällt, ist es zu spät, und der dienstbare Geist gibt keine Auskunft mehr. Wieder erst der Zufall, diesmal die Putzwütigkeit der Mutter, die diese alte dreckige Lampe nicht so verstaubt in ihrem ordentlichen Haushalt stehenlassen kann, entdeckt den Mechanismus oder besser die innewohnende lebendige Dynamik des Gegenstandes, die dann das weitere Schicksal Aladins bestimmt. Ähnliche Motive treffen wir auch in deutschen Märchen, um ein Beispiel zu nennen: Im Märchen vom »Blauen Licht« der Gebrüder Grimm entdeckt der im Brunnen eingesperrte Soldat die Fähigkeit, den Lichtgeist des Feuerzeuges zu rufen dadurch, daß er sich an dem Licht seine Pfeife anzündet, als er sein Schicksal schon besiegelt glaubte.

In allen diesen angeführten Beispielen offenbart das Symbol auf einmal ein ganz anderes inneres Wesen, als man vermuten sollte, wenn man es einer spielerischen, natürlichen und üblichen Behandlung zuführen will. Die Frucht entpuppt sich, bei dem Versuch sie zu essen, als ein Edelstein, die geputzte Lampe und das zum Anzünden benutzte Licht rufen einen Geist auf den Plan, und die Fische des vorliegenden Märchens endlich, die gebraten und verspeist werden sollen, locken die Hexe und den Neger herbei.

Das Hervortreten dieses »inneren Wesens« aus einem zunächst harmlos erscheinenden Symbol läßt sich auch in Träumen beobachten. Auch hierbei können, wie im Märchen, Vermenschlichungen aus einem Tierwesen heraustreten. Als Beispiel führe ich den Traum eines 33jährigen Patienten an, der sich mit einer erheblichen Anima-Problematik auseinanderzusetzen hatte. Dieser träumte:

»In meinem Wohnzimmer zu Hause befindet sich eine Gesellschaft. Es ist schon spät und ein Teil der Gäste ist gegangen. In der Mitte des Zimmers steht ein großer Holztisch und um ihn herum, recht ungeordnet, einfache Stühle, von denen auch einige umgeworfen sind. In den Gläsern sind noch Reste und in dem Raum hängt der kalte Rauch von Zigarren und Zigaretten. So im Ganzen ist es eine etwas morbide Atmosphäre. Ich gehe nach nebenan in mein Büro und finde dort eine Katze, die ich auf den Arm nehme und mit der ich in den anderen Raum zurückgehe. Ich setze mich auf meinen Stuhl am Kopfende des Tisches. Als ich die Katze streichle, wird sie zu einer Frau, die mich umschlingt. An den Händen und Füßen hat sie gefährliche lange, scharfe Krallen, aus denen ich mich mühsam lösen muß, damit sie mich nicht zerreißen.«

Hier ist die ganze Situation noch etwas näher herangerückt, gefährlicher und dramatischer. Die Animafigur entwickelt sich direkt aus dem Tier und steht in inniger Verstrickung mit dem Träumer. Die notwendige Abständigkeit zur Lösung des Problems ist hier noch weitgehend aufgehoben, während sie im Märchen gewahrt bleibt. Symbol und Animafigur bleiben getrennt und stehen nur in einer festen Abhängigkeitsbeziehung zueinander, wie auch der König die direkte Verstrickung mit dieser lockenden Weiblichkeit vermeidet und einen Abstand wahrt, der ihre Überwindung erst ermöglicht.

Das Hervortreten dessen, was sich nun eigentlich hinter den Fischen verbirgt, findet in einem Raume statt, der sich durch zwei Charakteristika auszeichnet: einmal ist es die Küche, und zum zweiten handelt es sich um einen Raum, der im Keller des Palastes liegt. Die Auseinandersetzung spielt jetzt also deutlich in Bereiche der Oralität hinüber. Die Küche ist gleichzeitig ein primitiver Ort, in dem die Bediensteten beschäftigt sind, und zeigt in seiner Symbolik, sowohl als geschlossener Raum wie auch als

Stätte der Nahrungszubereitung, mütterliche Züge. Gleichzeitig ist sie auch ein Raum der Wandlung, denn hier wird die ursprünglich natürliche Nahrung verändert in die genießbare und schmackhafte Form. Die »Alchimistenküche« ist ein Beispiel dafür, wie sich das Orale ins Geistige erweitert. In ihr fanden die Wandlungsprozesse statt, in denen der Mensch in der Beziehung zwischen Geist und Materie den Stein der Weisen, den lapis philosophorum, suchte. Wie Jung nachgewiesen hat[39], projizierten die Alchimisten die bewußtseinsbildenden psychischen Wandlungs- und Reifungsprozesse in diesen Alchimistenküchen in die Materie.

Wie stark das Besitzproblem, insbesondere das oral-aggressive, mit dem der Anima und der magna mater verknüpft ist, wird in so vielen Märchen, Mythen und auch in der Dichtkunst deutlich, daß hier nur an das überall und immer wieder auftauchende Motiv der Hexenküche erinnert sei. Für den Mohammedaner, zumindest den der damaligen Zeit, bekommt das Problem noch dadurch einen besonderen Akzent, daß die Ehefrau vom Schwiegervater durch entsprechende Brautgeschenke praktisch gekauft wurde, ohne daß der zukünftige Mann diese auch nur gesehen hatte, geschweige denn in der Lage war, sich ein Bild über ihren Charakter zu machen. Die Entschleierung der Ehefrau erfolgt beim Mohammedaner erst nach der Hochzeitszeremonie. Immerhin schützt auch unsere Methode der Brautwahl nicht vor derartigen oral-kaptativen Problemen innerhalb von Liebe und Ehe. Wieviele Beziehungen bei uns daran scheitern, daß der eine Partner den anderen bzw. beide sich gegenseitig zu sehr als Besitz und Eigentum betrachten und zu dieser Thematik in ihrer mitmenschlichen Beziehung keinen Ausgleich finden, ist noch nicht aufgezählt worden. Ich möchte aber annehmen, daß diese Zahl nicht die kleinste wäre. Die einfache orale Besitznahme der Frau muß scheitern. Sie wehrt sich hier mit Recht, als der König das versucht, und stürzt die Pfanne mit den Fischen um. Das zweite Detail des Raumes, die Tatsache, daß es sich um einen Keller handelt, akzentuiert wieder die Grenzsituation. Hier ist das Gebäude, welches wir mit dem Bewußtseinsmodell gleichgesetzt hatten, zu Ende, und hier stößt es auf den Grund, auf dem es errichtet wurde. Es ist der letzte Raum des Bewußtseins, schon eine Stätte des Oral-Animalischen, ein Raum, in den sich der König sonst üblicherweise kaum hinzubegeben pflegt. Unwillkürlich benutzen wir auch in der Sprache die Bezeichnung oben und unten für Bewußtes und Unbewußtes. Wir sprechen von den höheren Schichten des Bewußtseins und von den Tiefen des Unbewußten und übersetzen so die Psyche in ein räumliches Gebilde. Warum sollte das bei den aus dem Unbewußten aufsteigenden Bildern anders sein? Wir haben also ein gutes Recht, den Keller dieses Palastes als einen dem Unbewußten nahestehenden Raum zu bezeichnen, wenn wir ihn auf Innerseelisches beziehen, und die Weisheit des Märchens zu bewundern, das die folgenden Vorgänge eben gerade in diesem Raum sich abspielen läßt.

»*Eben als die Köchin die Fische auf die andere Seite in der Pfanne drehen wollte*«, so fährt das Märchen fort, »*öffnet sich plötzlich die Küchenwand, und ein schlank gewachsenes schönes Mädchen von lieblichem Gesicht und hoher Gestalt tritt heraus.*« Damit ist in den Raum der Handlung die eigentliche Gegenspielerin des Königs eingetreten, diejenige, mit der er sich einlassen und die er überwinden muß. Wiederum innerhalb des Raumes der Psyche gesehen, können wir diese Figur als die Anima des Königs auffassen. Sie trägt charakteristisch für alle archetypischen Figuren zunächst einmal in ihrer Funktion, durch geschlossene Wände gehen zu können, magische Züge, obwohl von ihrem dämonisch-hexenhaften Wesen an dieser Stelle noch nichts zu merken ist. Sie wird im Gegenteil von dem Erzähler als eine verlockende Schönheit geschildert, der die hohe Gestalt und die vornehme Kleidung (sie trägt eine blauseidene Kûfije und wertvollen Schmuck) beinahe edle Züge geben. Bei jedem ihrer zwei Auftritte begegnet sie der dienenden alten Frau, der Köchin, deren Bemühungen sie kraft ihrer Magie mit ruhiger Einfachheit zunichte macht. Diese Figur der sinnlich schönen Frau, der der Mann in tiefster Hörigkeit verfallen kann, taucht in den Erzählungen von 1001 Nacht in allen Variationen auf, die von den reinen Geisteswesen bis zu höchst irdischen Figuren reichen. Überall, wo diese Figur auftritt, trägt sie teils im Akzent der Beschreibung, teils in ihrem tatsächlichen Wirken den Schleier der Faszination, welcher der von ihr betroffene Mann, auch wenn es wie hier zunächst indirekt geschieht, mit zwanghafter Notwendigkeit folgen muß. So wie die Fische die Boten sind aus der Welt von draußen außerhalb des Palastes, der Welt des Verdrängten und Unerledigten, so wird jetzt die Animafigur die Führerin und Verlockerin, in diese Welt hineinzugehen. Mit ihrem Einbruch durch die festen Mauern der Palastküche zeigt sie an, daß das Bewußtseinsmodell hier einfach nicht mehr ausreichend ist und diese andere ausgesperrte Seite des Daseins über alle Barrieren hinweg ihr Recht verlangt. Ein dreimal wiederholter Ruf, eine dreimalige unüberhörbare Forderung aus dieser fremden Welt ergeht hier an den Helden der Erzählung, indem die archetypischen Figuren des Unbewußten die Verdrängungsdecke unter Zuhilfenahme des Symbols durchbrechen. Hier tritt mit der Dreizahl die Dynamik des Entwicklungsprozesses auf. Sie entspricht auch den im Märchen so häufigen drei Aufgaben (siehe auch H. v. Beit: Symbolik der Märchen[34]). Schließlich, als der König dem Neger gegenübersteht, begreift er, daß hier sein Rätsel an ihn gestellt wird, und er bricht auf, um es zu lösen.

Wenn ich jetzt hier auf das Spiel der Handlung zwischen Anima und Köchin einerseits und Wesir und Neger andererseits eingehe (der König selbst bleibt ja hier noch in der Rolle des nicht handelnden Betrachters), so bin ich mir darüber klar, daß bei der Deutung der Rolle der Köchin ein gewisser Raum des Spekulativen offenbleibt. Er bleibt insofern bestehen, als ich unterstelle, daß diese Köchin Mutteraspekte aufweist. Es könnte ja möglich sein, daß es sich um ein junges, höchst unbedeutendes Küchenmädchen handelt, aber die Wahrscheinlichkeit sultanischen Lebensstils spricht dagegen. Zunächst ist es auffällig, daß dieser Sultan eine Köchin hat und keinen Koch. Fast durchgehend in allen anderen Erzählungen von 1001 Nacht wird innerhalb dieses Milieus der männliche Koch bevorzugt. In dem Leser oder Zuhörer dieses Märchens wird unwillkürlich die Vorstellung einer älteren und erfahrenen Frau wach. Das gilt sicher nicht nur für uns Europäer, sondern auch für den Araber. Da nun aber für uns an dieser Stelle der Inhalt der Phantasie und die durch sie aktivierten Bilder innerhalb dessen, der sie erlebt bzw. anhört, das Maßgebliche sind, ist es berechtigt, diese in die Tiefe wirkende Köchin als eine gutartige, versorgende Mutterfigur anzusehen. Es findet hier also ein dynamisches Kräftespiel zwischen gutartiger, bewußter Mutterfigur und dämonischer, unbewußter Anima statt, welches eindeutig zugunsten der letzteren ausfällt. Während die eine versucht, dem Sohn auch diesen Happen mundgerecht und bequem einzuverleiben, verlockt die andere ihn in eine Welt des Abenteuers, der Gefahr und der Bewährung. Ebenso wie die Köchin der Anima im wahrsten Sinne des Wortes ohnmächtig unterliegt (in der ausführlichen Fassung fällt die Köchin beim Anblick der die Pfanne umstürzenden Frau in Ohnmacht), bleibt auch der zur Unterstützung gerufene Wesir, der Sachverwalter der »Persona« des Königs, hilflos. Auch in den Bereich der »Persona« paßt dieses Wesen aus dem Unbewußten nicht, und auch dieses bewußte Funktionsgefüge ist nicht imstande, die Anima zwanglos in ihre Ordnung aufzunehmen. Diese geht nämlich weit über deren Bereich hinaus und kann nur in persönlichstem Erleben an- und aufgenommen werden. An dieser Stelle muß der König selbst kommen, dieses Geschehen muß er persönlich sehen und erleben, denn anders ist es einfach nicht lösbar.

Rückblickend sei noch einmal auf die hilflose Ohnmacht der guten Mutterfigur gegenüber der Anima hingewiesen. In dieser Welt eines strengen Patriarchats, das die Frauen in gewissem Sinne als minderwertig klassifiziert und in den Harem verbannt, müssen naturgemäß die verdrängten Leidenschaften dieses Geschlechts einen heftigen und negativen Charakter bekommen. Die von allen äußeren Macht- und Geltungspositionen abgeschnittene Frau muß nolens volens über die Hintertreppe des Unbewußten versuchen, diese Positionen wiederzuerlangen. Derartige Äußerungen verdrängter Libido müssen ebenso naturgemäß archaischen, hexenhaften Charakter tragen. So schön das nach außen mit der absoluten Männerherrschaft aussieht – über das, was sich hinter den Kulissen abspielt, wird derjenige, der sich mit der Geschichte des Islam und seinen vielen Haremsintrigen beschäftigt, sicher einiges aussagen können. Wer sich ein Bild davon machen will, wie das im Romanhaft-Mythologischen aussieht, der lese den mittelalterlichen Ritterroman des Königs Omar en=Noomân und seiner Söhne[41] und verfolge, mit welcher verderblichen Arglist die alte Mutterhexe alle Pläne der Männer durcheinanderbringt und sie immer wieder zu täuschen weiß. Die gute, bewußte, aber bedeutungsentleerte Mütterchenfigur unseres Märchens, die in der Küche schuftet, ist natürlich der angereicherten Leidenschaftlichkeit des unbewußten weiblichen Bildes bei weitem nicht gewachsen und kann so das Bewußtsein vor dem Einbruch dieser Faszinationsfiguren nicht schützen. Dem nach E. Neumann[54] positiven Elementarcharakter des Mütterlichen im Bewußtsein entspricht hier ein gefährlich-dämonischer, negativer Wandlungscharakter der Anima im Unbewußten vom Typ einer Circe.

Mit der Übergabe des Symbols an einen Mann (beim dritten Versuch brät der Wesir die Fische selbst in Anwesenheit des Königs) tritt auch die weibliche Animafigur zurück und gibt ihren Platz an den Neger ab. Das Spiel geht jetzt nur noch unter Männern weiter, und die Dreizahl Neger – Wesir – König unterstreicht diesen männlichen Akzent noch. Berechtigterweise dürfen wir den Neger hier als den Prototyp einer Schattenfigur auffassen. Nicht nur, daß die Araber das Gros ihrer Sklaven aus den Negerstämmen Innerafrikas rekrutierten, denen gegenüber die zahlenmäßig geringeren weißen »Mameluken« auch im Wert höherstanden, projizierten sie wie auch wir eine größere Leidenschaftlichkeit der primitiveren Triebe, insbesondere der Sexualität, auf diese Rasse. Innerhalb des Märchens wird das deutlich gesagt, als der Neger an späterer Stelle seine Geliebte beschimpft. Auch der negative Schattenaspekt der schwarzen Farbe findet sich in vielen Analogien. So treten, wie bereits erwähnt, die bösen Djin mit Vorliebe in der Gestalt schwarzer Schlangen auf, während die guten weiß sind. Auch der Qûran empfindet das Schwarze als das Böse und Negative:

Qurân 3:107/108:

>»An dem Tage, da manche Gesichter weiß sein werden und manche Gesichter schwarz, wird zu jenen, deren Gesichter schwarz sein werden (gesprochen): >Wurdet ihr ungläubig, nachdem ihr geglaubt hattet: So kostet die Strafe für euren Unglauben.‹

Jene aber, deren Gesichter weiß sein werden (sie werden) in Allahs Gnade sein; darin werden sie verweilen.«

Hier kann man direkt davon sprechen, daß derjenige, der endgültig seinem irreligiösen Schatten verfällt, der Schwarze, damit auch aus dem Kreise der ewigen Seligkeit verstoßen wird. Es sei hier noch darauf hingewiesen, daß diese Auffassung auch für Europäer gilt. Auch bei uns wird der Schatten häufig durch die schwarze Farbe ausgedrückt, und die Träume, in denen Neger als Personifikation des Schattens eines Europäers auftreten, gehören durchaus zu den üblichen. Ich werde an späterer Stelle einen derartigen Traum anführen. Je mehr Verdrängtes sich innerhalb des Schattenbereiches befindet, desto unsympathischer, häßlicher, größer und gefährlicher wird dessen Personifikation im Traum. Im Märchen wird der hier auftretende Neger verglichen mit einem Menschen, der aus dem mythologischen Stamm herkommt. Der Stamm Ad ist ein riesenhaftes, alt-arabisches Volk, das Gott vernichtete, weil es dem zu ihm entsandten Propheten Hûd den Glauben verweigerte.

Qurân 54:19–22:

>»Die Ad verwarfen (die Wahrheit). Wie war dann meine Strafe und meine Warnung!

Wir sandten wider sie einen wütenden Sturmwind an einem unseligen, unvergeßlichen Tage,

der Menschen fortriß, als wären sie Schäfte von schon entwurzelten Palmen.

Ja, meine Strafe und meine Warnung.«

Warum tritt nun aber dem König der Neger entgegen und nicht wie vorher die Animafigur? Ein Blick auf den Ablauf des Individuationsprozesses gibt uns hierauf Antwort. Die Bewältigung des Schattenproblems ist nämlich die erste Stufe auf diesem

Weg. »Der Schatten steht sozusagen an der Schwelle zu den ›Müttern‹, zum Unbewußten«[55], und nur derjenige, der die Begegnung mit dem Schatten glücklich bestanden hat, kann in den Bereich der anderen archetypischen Figuren des Unbewußten eintreten. Das gleichzeitige Auftreten von Animafigur und Schatten und die Notwendigkeit, sich in dieser Situation zunächst mit dem dunklen, bösen Bruder in uns auseinanderzusetzen, finden sich dem Märchen entsprechend auch in Träumen wieder.

Der folgende Traum ist der Behandlung eines 27jährigen Patienten entnommen:

»Ich bin an den Hof einer Königin gerufen worden und soll dort einen Mann ausfindig machen, der einen verbrecherischen Anschlag gegen diese plant. Ich sehe die Königin, die sehr jung und schön ist, in einem großen Saal inmitten ihres Gefolges. Unter den Leuten ihres Gefolges fällt mir ein Mann auf, von dem ich ahne, daß es sich um den Gesuchten handelt. Etwas später komme ich mit diesem in einem kleinen Vorraum allein ins Gespräch. Während der Unterhaltung verwandelt er sich, und ich sehe, daß es Mephistopheles ist, mit dem ich spreche. Ich bekomme ein starkes Angstgefühl und erwache.«

Die Kollektivfiguren sind hier entsprechend der Eigenart des Träumers anders gewählt, anstatt Neger Mephistopheles und anstatt schöner Zauberin Königin. Die Konstellation aber und die Dynamik ist hier die gleiche. Die Anima wird gesehen, aber vor der direkten Auseinandersetzung mit ihr steht die Begegnung mit der Schattenfigur. Hierbei gehört auch das immer wieder auftretende Märchenmotiv, daß jeder Prinz zuerst den dunklen Nebenbuhler bekämpfen und besiegen muß, ehe er seine Prinzessin erringen kann. Auch kann die Anima als Figur des kollektiven Unbewußten in allen möglichen Variationen auftreten, seien es positive, wie Königin oder Prinzessin, oder negative, wie hier die junge Hexe und Zauberin.

Zum Abschluß will ich noch kurz darauf eingehen, daß der Neger in der Hand ein grünendes Holz hält. Die grüne Farbe gilt als die Farbe des Frühlings und der wiedererwachenden Naturkräfte[56]. Wenn man hier übersetzen will, so würde die Aussage lauten, daß diese Kräfte sich im Bereich des Schattens befinden und es notwendig ist, sie dem Bewußtsein zu integrieren. Gleichzeitig gilt der Stab als Phallussymbol, was in sublimer Übertragung auch wieder das zeugende und schöpferische Element bedeuten würde.

Mit dem Auftritt des Schattens und dem Entschluß des Königs, dieser Sache nachzugehen, ist der Abschnitt beendet. Der dreimalige »Ruf« aus dem Unbewußten hat das Bewußtsein erreicht, und dieses entschließt sich zur Handlung. Das Motiv des mehrfachen Rufes aus dem Unbewußten, welcher zunächst nicht gehört oder nicht beachtet wird, ist ein ebenfalls häufig auftauchendes und beliebtes mythologisches Motiv.

Eine der bekanntesten Darstellungen ist hier die Berufung des Gautama Buddha. Dieser wuchs in drei Palästen mit 40 000 Tänzerinnen, von seinem Vater in völliger Isolierung von Alter, Tod, Krankheit und Mönchstum gehalten, auf. Aber als seine Zeit gekommen war, traf er den Boten der Götter in seinen Gärten in Gestalt eines gebrechlichen Alten. Alle Verschärfung der Palastwachen und alle Erweiterung der Bewachung im Umkreis der Paläste durch seinen Vater, den König, war gegen ein weiteres Auftauchen der göttlichen Boten erfolglos. Der Bote erschien ein zweites Mal als ein siecher Mann, ein drittes Mal als Toter und endlich ein viertes Mal als Mönch. Jedesmal grübelte der junge Buddha über den Sinn dieser Gestalten, und nach dem Auftreten des Mönches erfolgte seine Abwendung von der Welt [57].

7. *Kapitel*

AUFBRUCH INS UNBEWUSSTE
(INTROVERSION)

Obwohl es sich im folgenden nur um eine kurze Phase des Märchens handelt, die sich vom Aufbruch aus dem Palast bis zur Auffindung des versteinerten Prinzen erstreckt, will ich dieser, wegen der relativen Wichtigkeit, einen eigenen Abschnitt widmen. Es sind hier vor allem zwei wichtige Momente, die einer Erörterung bedürfen. Einmal der Schwur des Königs, nicht eher in Stadt und Königreich zurückzukehren, bis er das Rätsel des Sees und der Fische gelöst habe, und zum zweiten das Motiv des »Alleingangs«; d. h., der König trennt sich von seinen Begleitern und begibt sich allein und unerkannt in einfachen Kleidern aus dem Lager fort. Bevor ich auf diese beiden Hauptmotive des Abschnittes eingehe, soll noch kurz in einem Satz etwas über den Charakter des Unbekannten der Landschaft, in die der König kommt, ausgesagt werden. Wie erinnerlich, weiß weder der König selbst noch seine Umgebung etwas von der Existenz dieses Sees, der nur eine halbe Tagesreise von der Hauptstadt entfernt liegt. Dieses Motiv der unbekannten Landschaft in nächster Nähe finden wir in vielen Märchen wieder, wie z. B. im deutschen Märchen von »Frau Holle«. Hier ist das unbekannte Gebiet durch Abstieg in den Brunnen zu erreichen, ein Motiv, das auch das arabische Märchen kennt, z. B. in der Geschichte der drei Prinzen von Samarkand mit dem Djin Marhagian und seinen Töchtern. Ob dieses Gebiet nun charakterisiert ist, indem es unter der Erdoberfläche liegt, ob es ein von Bergen umgebenes und bisher nicht erkanntes Land ist, immer stellt es die Parallele zu einem bisher unbewußten Teil der Persönlichkeit dar, eine Sphäre, in die der Held eindringen muß, um aus ihr den ersehnten und notwendigen Wert zu holen, oder sie sich zu eigen zu machen und dort eine Befreiungstat zu vollbringen[58]. Das Auftreten unbekannter

84

Landschaften in den Träumen ist ebenso häufig und kann unter Umständen diesem Märchenmotiv gleichzusetzen sein.

Zu dem Zeitpunkt, an dem der König am Ufer des aufgefundenen Sees seinen Schwur abgibt, komme, was da wolle, dieses Rätsel zu lösen, nimmt ein wichtiger Vorgang seinen Anfang, den wir als eine Umformung der Libido bezeichnen müssen. Es ist der Umschlagspunkt von der bisherigen Extraversion in die Introversion. An dieser Stelle stehen zunächst Schwur und unbedingte Festlegung auf den neuen Weg einer bisher unbekannten Erlebnisform. Es ist eine Situation, wie sie genauso durch das Kreuzwegmotiv oder das Überschreiten einer Brücke ausgedrückt wird. Bis hierher, bis an diesen Rand des Sees, besteht noch keine Gefahr. Noch sind alle Möglichkeiten offen, unter anderem auch der Rückweg, da man sein Ich noch nicht unwiderruflich in der Kommunikation mit den archetypischen Figuren verstrickt hat. Jeder Schritt weiter auf diesem Wege aber macht das Zurück unmöglich, und das Ich wird in ein Kräftespiel eingespannt, das es entweder lösen oder in dem es untergehen muß. Wie so ungemein häufig tritt an dieser Stelle noch einmal der Warner auf, der versucht, den Helden von dem einmal beschlossenen Wege im letztmöglichen Augenblick zurückzuhalten und ihn zu überreden, innerhalb seines alten, gewohnten Lebensweges zu bleiben. Es ist der Wesir, der versucht, den König umzustimmen. Er ist der Hüter der bestehenden Grenzen, in denen sich das ordentliche Leben abzuspielen hat und die auch von den meisten Menschen nicht übertreten werden. Den Raum, in dem übernatürliche Kräfte walten, zu betreten, ist nicht Jedermanns Sache, und der Durchschnittsmensch pflegt in der Regel noch stolz darauf zu sein, innerhalb dieser Grenzen bekannter und überlieferter Ordnung zu bleiben. So träumt ein Mann in mittleren Lebensjahren[59]:

»Ich will in einen wunderbaren Garten eindringen. Vor dem Garten steht ein Wächter und läßt mich nicht hinein. Ich sehe, daß sich Fräulein Else darin befindet. Sie will mir über das Gitter die Hand reichen, aber der Wächter verhindert das, nimmt mich beim Arm und führt mich nach Hause, wobei er sagt: »Seien Sie doch vernünftig! Sie wissen, daß Sie das nicht dürfen.«

Im Gegensatz zu diesem Mann aber hat sich der König des Märchens durch seinen Schwur festgelegt. Ein echter König kann seinen Schwur nicht brechen, das ist unmöglich, erst recht im Orient, und läßt sich dementsprechend auch durch die Warnungen des Wesirs nicht zurückhalten. Es ist nur folgerichtig, daß jede weitere Begleitung zurückgelassen werden muß. Dieses Wegstück gehört zu denen, die unbedingt allein gegangen werden müssen und bei denen keine weitere Hilfe von anderer Seite mehr möglich ist. Das Ich gelangt in das Gebiet, in dem es seinen eigenen Projektionen in der Auseinandersetzung begegnet. Diese sind nur zu bewältigen, wenn eben das Bewußtsein selbst nicht mehr in Deckung mit irgendeiner dieser Projektionen liegt. Solange ich meine fehlerhaften Eigenschaften in einen anderen projiziere und an diesem verurteile, ist es eben nicht möglich, daß ich sie an mir selbst erkenne und mich in mir selbst mit ihnen auseinandersetze. So ist es verständlich, daß das Ich hier allein gehen muß und keine andere Projektionsfigur mehr vorhanden sein darf, der ein Versagen in die Schuhe geschoben werden könnte. Heimlich, unerkannt und verkleidet verläßt der König sein Heer und seine bisherigen treuen Berater. Es ist der Augenblick der Lösungen von allen Bindungen und vor allem die Ablösung aus der Persona-Funktion. Die bisherigen Bindungen werden an dieser Stelle nicht nur nutzlos und überflüssig, sondern auch hinderlich. Das Ich ist jetzt von all dem befreit, was ihm vorher anhing. Er ist kein König mehr, kein Befehlshaber eines Heeres, und auch die tradierte Ordnungsfigur des Wesirs muß zurückbleiben, ein Zustand, den wir auch als die endgültige Ablösung der Fassade bezeichnen können. Nur der Kern des Menschen bleibt übrig, und auf diesen kommt es hier auch an. Denn nur von diesem Zustand her kann eine Neuorientierung erfolgen. Im Traum kann das ungefähr so aussehen (Traum eines 32jährigen Ingenieurs zu Beginn einer Analyse):

»Ich besteige ein Schiff, um eine Reise in ein fernes Land anzutreten. Am Ufer stehen alle meine Angehörigen und Freunde, von denen ich mich verabschiedet habe, und winken mir zu.«

Nach einem Weg von einer Nacht und einem halben Tag, so geht das Märchen weiter, taucht vor dem König das Pendant seiner eigenen Herrschaft im Unbewußten auf. Schloß und Herrscher, die sich im Zustand der Erstarrung und Lähmung befinden und der Befreiung harren. Wieder treffen wir hier auf die Vierzahl, indem der König viermal an das Tor dieses Schlosses klopft, ohne eine Antwort zu erhalten. Als er die Räume betritt, in denen alles menschlich Lebendige erstorben scheint, trifft er zunächst auf die Löwen (wieder in der Vierzahl) und kommt in den merkwürdigen Raum, in dem sich die gefangenen Vögel befinden. Der Löwe ist ein uraltes Königssymbol des Orients, der in diesem Kulturraum (Nordafrika – Vorderasien) bis auf die altägyptische Zeit zurückgeht. Von dem ägyptischen Gott-Tier, der großen Sphinx, bis zu den späten arabischen Bauten, wie dem Patio del leones der Alhambra in Granada, treffen wir immer wieder auf dieses Tier dort, wo Könige und Herrscher ihre Paläste oder Gräber bauten. Es ist hier nicht die Stelle, um dieses Symbol in extenso darzulegen. Ein solches Unternehmen würde den Rahmen dieser Arbeit sprengen, und ich möchte mich daher begnügen, darauf hinzuweisen, daß der Löwe im alchimistischen Prozeß eine der Wandlungsformen des Merkurius ist[38]. Wir treffen hier also auf den Bereich des gleichen Geistes, der uns in der Erscheinungsform des Ifriten gegenübergetreten ist. Der Löwe gilt als einer der gefährlichen Aspekte der »prima materia« und weist in Träumen, so wie alle wilden Tiere, auf latente Affekte hin[60]. Eben diese Rolle spielt er auch in der Alchimie. »*Er ist ein feuriges Tier, auch ein Sinnbild des Teufels und stellt die Gefahr, vom Unbewußten verschlungen zu werden, dar!*«[39] Die Vögel andererseits treten im Traum als Gedanken oder Gedankenflug auf. »*Es sind in der Regel Phantasien oder intuitive Ideen, die so dargestellt werden (der beflügelte Merkur, Morpheus, Genien und Engel).*« Der König des Märchens betritt also in diesem Palast einen Raum seines Unbewußten, der innerhalb der magisch-mythologischen Schicht liegt und in dem sich sowohl Affekte als auch Phantasien und Ideen befinden. In der Aufarbeitung dieser magisch-mythologischen Schicht des Unbewußten liegt dann gleichzeitig auch die Lösung des Komplexes und die Befreiung von der Animafixation.

Innerhalb dieses Raumes trifft der König auf die Figur des versteinerten Prinzen. Von diesem erfährt er Geschichte und Hintergründe, die zu der deletären Verfallenheit an den Negativaspekt der Anima geführt haben. Aus der Kenntnis und Erkenntnis dieser vor langer Zeit stattgefundenen Verstrickungen ergibt sich, wie genauso auch in einer sorgfältigen Therapie, die Möglichkeit für die Lösung und Erlösung aus der Komplexverfallenheit.

8. Kapitel

ENTSTEHUNGSGESCHICHTE
DES KOMPLEXES

*»Würde es mit Nadeln in die Augenwinkel geschrieben, es
wäre eine Lehre für alle, die sich belehren lassen.«*
Diese Einführung in die Erzählung vom versteinerten Prinzen, eine in den Geschichten von 1001 Nacht überaus gebräuch-
liche Floskel, unterstreicht hier noch einmal, daß es sich um
eine Erzählung handelt, die über eine allgemeine Gültigkeit verfügt. Sie ist nicht nur zutreffend für den Prinzen, der sie erlebt
hat, oder den König, der ihn erlösen soll, sondern sie enthält eine
Lehre, die für alle Gültigkeit besitzt. Diese kann sich der zueigen
machen, der den tieferen Sinn der Geschichte erfaßt.

Wir erfahren zunächst, daß der Vater des Prinzen der Herr
der schwarzen Inseln und der vier Berge war. Hierbei kann die
Farbensymbolik Schwarz unter anderem sowohl wieder auf eine
Schattenproblematik hinweisen, als auch auf unbewußte Vorgänge überhaupt, da das Dunkle bzw. die dunkle Farbe derartige
Vorgänge repräsentieren können. Die Insel gilt an sich als ein
Bewußtseinssymbol innerhalb der Analytischen Psychologie. Das
Bild der Insel des Bewußtseins, die vom Meere des Unbewußten
umgeben ist, tritt immer wieder als Traum oder Phantasiebildung auf. Diese Inseln sind zur Zeit verzaubert und in dem See
untergegangen, und wir werden bei dem Versuch einer Übertragung ins Intrapsychische folgern, daß sich hier Teile, die an
sich bewußtseinsfähig oder sogar bewußtseinsnotwendig sind, in
Deckung mit dem Unbewußten befinden. Hierbei kann es sich
sowohl um Verdrängtes aus dem persönlichen Unbewußten handeln, als auch um eine archetypische Konstellation aus dem
kollektiven Unbewußten, die eben gerade in einem bestimmten
Lebensabschnitt notwendigerweise dem Bewußtsein zu integrieren ist. Gleichzeitig und keineswegs dem widersprechend, kann,

wie bereits oben erwähnt, die schwarze Farbe auf den Archetypus des Schattens hinweisen, dessen Überwindung an dieser Stelle gefordert wird. Das Wort Überwindung gilt hier natürlich nicht in seiner vollen Bedeutung, da man von einer »Überwindung« des Schattens eigentlich nicht sprechen kann. Besser und richtiger würde man sagen, daß Energien, die unter dem negativen Einfluß des Schattens liegen, diesem entzogen und der bewußten Handlung zugeführt werden.

Auch hier begegnet uns die immer wieder auftretende Vierzahl in Form der vier Berge. So wie das Meer als ein Symbol des mütterlichen Unbewußten gilt, so liegt in dem Bild der Berge oder des Gebirges auch ein väterlicher Geist. Es ist ein bisexuelles Symbol, gleichzeitig Busen und Phallus, das aber hier mit dem »Herrn der schwarzen Berge« eher dem patriarchalischen Prinzip zuzuordnen ist. Auf dem Berge Sinai empfängt Moses die Gesetze Gottvaters, der Olymp ist der Herrschaftssitz des Zeus und der griechisch-patriarchalischen Götterwelt, und auf dem Berge Hira empfing Mohammed durch den Engel Allahs seine erste Offenbarung. Es ist eine geistige, transpersonale Vatergröße, die in diesem Symbol auftaucht. Dieser Vater wirkt als Geist-System, als Gesetz, als Religionsform, Gewissen, Tradition oder Moralsystem und ist der Gegenspieler des Ifriten aus dem ersten Teil, dem der Geist der Empörung inneward. In diesem Raum eines erdrückenden, übermächtigen väterlichen Geistes spielt sich nun die Geschichte des versteinerten Prinzen ab. Eine derartige transpersonale Vatergröße enthält zwar einerseits die Möglichkeit, daß sich das Ich an ihr positiv und produktiv orientiert, kann aber auf der anderen Seite durch ihr Übergewicht zu einer Negativbeziehung führen. Nach Neumann[61] existieren zwei Formen derartiger Fixierungen an eine negative Vater-Imago (er spricht hier von patriarchalischer Kastration): Auf der einen Seite die Gefangenschaft, auf der anderen die Besessenheit. In der Gefangenschaft ist es dem Ich unmöglich, sich aus den starren Formen überkommener Konventionen zu befreien, in der Besessenheit entsteht eine Bewußtseinsinflation mit Hybris und Vernichtung durch den Geist (Beispiel für letzteres: Ikarus). In unserer

Erzählung ist das junge Prinzen-Ich der ersten Form derartiger patriarchalischer Kastration verfallen, und das Motiv der Erstarrung in Gefangenschaft kommt in der Öde des Palastes und der Versteinerung der unteren Triebhälfte des Prinzen deutlich zum Ausdruck. Auf dem Hintergrund einer derartigen Vater-Imago werden auch das hilflose Ausgeliefertsein und das zaghafte Handeln des Prinzen verständlich, wenn er dem dämonisch-weiblichen Prinzip gegenübertreten muß.

Dieser Prinz lebt zunächst in einem ausgesprochenen Infantilparadies. Er hat die Herrschaft des Vaters übernommen, seine Base geheiratet und erfreut sich aller Vorteile, die diese Rolle für ihn einbringt. Er merkt es überhaupt nicht, daß er mit einer Hexe verheiratet ist, die ihn noch dazu jede Nacht mit dem Neger betrügt. Er merkt es nicht einmal, daß er jede Nacht ein Schlafmittel bekommt und morgens durch Räucherwerk geweckt wird. Nein, diese Welt ist für ihn immer glatt, gut und komplikationslos gewesen, und die Idee, daß man ihm, ausgerechnet ihm, Bosheit, Betrug und Haß antun könne, und dies von einem nächsten, geliebten Wesen her, liegt ihm unendlich fern. Wie es so häufig ist, weiß der ganze Palast um den Betrug, nur er nicht. Man kennt seinen nächsten Partner oft am wenigsten. Keiner wagt es, ihn aufzuklären, und erst die zufällige Situation, daß er einmal nicht schläft, er, der bisher mit Hilfe des Bendsch (Schlafmittel aus indischem Hanf) und seiner kindlichen Vertrauensseligkeit alles verschlafen hat, bringt sein bisheriges Weltbild zum Erschüttern und löst den Konflikt aus.

Zunächst verhält er sich der Situation ganz angepaßt. Er überlistet das betrügerische Weib und folgt ihr heimlich auf ihren nächtlichen Wegen. Da dieser Konflikt auf der Schattenseite und Nachtseite seines Wesens liegt, spielt er im Märchen ganz folgerichtig auch im Dunkel der Nacht, genau wie die spätere Erlösung am Beginn des Morgens erfolgen wird. Der Weg, den er nun gehen muß, führt ihn zu dem dunkelsten und schmutzigsten Ort, der nur denkbar ist, zu den Aasgruben. Wer es einmal gewagt hat, diese Ablagerungsstätten orientalischer oder nordafrikanischer Städte, die noch nicht allzu sehr von westlicher Zivilisation berührt sind, aufzusuchen, nimmt einen festen Begriff von Schmutz, Gestank und Verwesung mit nach Hause, einen Begriff, der den entsprechenden europäischen noch um einige Grade übersteigt. In der Nähe derartiger Orte können nur Unterweltsgeister hausen. Es ist das Wertloseste, Schmutzigste und Verachtetste, das hier angenommen werden muß, weil in ihm der Wert, wie hier die Wahrheit, liegt. Viele Märchen behandeln dieses Motiv wie »Allerleirauh« der Gebrüder Grimm oder das schwedische Märchen »Der Zottelpelz«[62]. Auch die Alchimie spricht von dem Stein, der »in stercore ejectus est« (in den Kot geworfen wurde) und der eines Tages der Eckstein der Welt sein wird.

In dieses Gebiet muß sich der Prinz hineinbegeben, weil hier sein Gegner steckt, mit dem er abzurechnen hat. Dieser Bereich der Aasgruben, in denen die Animafigur zusätzlich noch hungrig Mäuseknochen verzehrt und exzessive sexuelle Beziehungen mit dem Neger hat, wodurch Oralität, Analität und Sexualität mit einbezogen werden, ist in übertragenem Sinne nichts anderes als der dunkle, unbewußte animalische Triebbereich des Menschen. Hier mischt sich Anales, Orales und Sexuelles in wilder Zügellosigkeit der Triebbefriedigung, und hier trifft der wohlgebadete, ästhetische Prinz auf seinen dunklen Triebbruder, mit dem er die Frau teilt. Das Sexuelle tritt hier allerdings etwas in den Hintergrund, und der Akzent dieser Ortswahl liegt wesentlich mehr auf dem Praegenitalen. Eben diese Akzentuierung läßt ein Parallelmärchen noch deutlicher erscheinen, das ich an dieser Stelle anführen möchte. Es handelt sich um die Geschichte von Sidī Noomân, eine der Galland'schen Erzählungen, zu der bisher noch kein arabischer Text aufgefunden ist. Ich referiere sie nach der Übersetzung von Hennig, der die nach einem Hindustanitext angefertigte Burton'sche Übersetzung zu Grunde liegt.

Sie ist ebenfalls eingespannt in eine Rahmenerzählung über nächtliche Inkognitoabenteuer des Kalifen Hārûn er-Raschîd, die aber hier für uns unwesentlich ist. Ich erzähle kurz den Inhalt, soweit er für unser jetziges Motiv und die späteren Erlebnisse des Prinzen Bedeutung hat als eine Variation der Kollektivpsyche zu dem gleichen Thema: *Auch Sidī Noomân hat nach der Art aller*

Muselmanen eine Frau geheiratet, die er vor der Verehelichung nicht kannte. Als er nach der Hochzeit mit ihr zusammenlebt, bemerkt er zu seinem Erstaunen, daß sie die ihr vorgesetzten Mahlzeiten kaum anrührt. Sie ißt nur widerwillig hier einmal ein Körnchen Reis, dort eine Krume Brot. Alle Sorgfalt, die er auf die Qualität seiner Tafel legt, kann diesen Zustand nicht ändern. Eines Nachts bemerkt er nun, daß seine Frau sich heimlich vom gemeinsamen Lager erhebt und sich fortschleicht, im Glauben, daß er in tiefem Schlaf liege. Er gürtet sein Schwert um und folgt ihr bis zu einem Friedhof. Dort belauscht er zu seinem Entsetzen, daß diese, seine Frau, zusammen mit einem Ghûl* eine frischbestattete Leiche ausgräbt, worauf die beiden diese gierig verzehren und dabei freundlich und scherzend miteinander plaudern. Der gutmütige Sîdî tut nun genau das, was man mit solchen Hexen nicht tun sollte, er stellt sie am nächsten Tage freundlich und harmlos zur Rede. Sie gerät über die Tatsache, daß ihre dunklen Umtriebe entdeckt sind, natürlich in höchste Wut, besprengt ihn mit Wasser und verzaubert ihn in einen Hund. Diesen prügelt sie dann obendrein aus dem Haus. Sîdî, der jetzige Hund, findet zunächst Aufnahme bei einem Bäcker, bei dem er sich durch Anstelligkeit beliebt macht. Eines Tages entdeckt der Bäcker, daß sein Hund imstande ist, unechte Geldstücke von echten zu unterscheiden, und so wird er zu einer Sensation für die Umgebung. Wieder einige Zeit später taucht eine alte Frau auf, die ihm ein Zeichen gibt, ihr zu folgen. Als Sîdî nun hinter ihr herläuft, führt sie ihn zu ihrer Tochter, einer guten Zauberin, die ihm die menschliche Gestalt wiedergibt. Sie erzählt ihm, daß sie früher mit seiner Frau Amine befreundet war und auch bei dem gleichen Lehrmeister die Zauberei erlernt hat. Amine aber hätte später einen so bösartigen Charakter gezeigt, daß sie sich mit ihr entzweit hätte. Nun wolle sie diese für ihre Bosheit strafen. Sie gibt Sîdî einen Krug Zauberwasser mit, und dieser begibt sich in sein Haus zurück. Seine Frau erschrickt furchtbar, als sie ihn, den Verzauberten, in menschlicher Gestalt wiedersieht, und will fortlaufen. Er aber besprengt sie mit dem Wasser, und jetzt wird sie

* ebenfalls arabischer böser Geist

in eine Stute verwandelt, die er zunächst in den Stall führt, dort ankettet und auspeitscht. Von jetzt an tummelt er sie jeden Tag im Galopp rund um den Marktplatz, indem er das Tier dabei so grausam spornt und peitscht, daß es von Schweiß und Blut bedeckt ist und die Hexe so ihre gerechte Strafe hat.

Wir sehen in diesem Märchen zunächst die gleiche Sorglosigkeit, Instinktlosigkeit und Infantilität wie in der Erzählung des Prinzen. Sîdî erfreut sich seiner schönen Frau, was ausführlich geschildert wird, ohne sich überhaupt zu fragen, was für ein Charakter hinter der schönen Fassade steckt. Die Erkenntnis erfolgt über die gleiche Motivwahl: Nacht, heimliches Fortschleichen und Verfolgung. Am Ort des Ereignisses wird aber hier der orale Einschlag wesentlich deutlicher akzentuiert, der in diesem Fall bis zum Kannibalismus geht.

Wir wissen nicht, welches von beiden Märchen zuerst entstanden ist. Es bleibt aber für uns irrelevant, in welcher Erzählung wir die ursprünglichere zu suchen haben. Da wir von der Voraussetzung ausgehen, daß das Märchen ein Lösungsentwurf der Kollektivphantasie für eine bestimmte menschliche Grund-problematik ist, können wir annehmen, daß spätere Fassungen das Motiv nicht nur variieren und ausschmücken, sondern daß unter Umständen der Kern des Problems auch in schärferen Aspekten hervortreten kann. Das hat bereits Rank[63] erwähnt, der hier von dem Prinzip der Wiederkehr des Verdrängten im Märchen spricht. Das heißt, gerade die Variationen und Ausschmückungen, die später hinzutreten, können unbewußt das eigentliche Motiv deutlicher hervortreten lassen, anstatt es zu verschleiern.

Das orale Motiv, das in unserem Märchen in dem Verzehr von Mäuseknochen und Bier liegt, tritt in der Variation als krasse Form des Kannibalismus auf. Dies also ist die Problematik, um die es hier geht. Es ist die Stufe der praegenitalen Entwicklung, in der die menschliche Existenz sich um Hunger und Nahrung, sowie Gebären und Ausstoßen gruppiert. In diesen Bereich wird auch die Gegensatzspannung der Geschlechter einbezogen, wie wir so oft bei einer Fehlentwicklung innerhalb dieser Stufe orale und anale Motive in die unreife Sexualität mit einbezogen sehen. Symbolhaft ausgedrückt ist dieser dunkle, früheste Triebgrund menschlichen Erlebens innerhalb unseres Märchens durch Nacht, Aasgruben und widerliche Mahlzeit.

Hier der Traum eines 27jährigen Theologiestudenten, der seiner um neun Jahre älteren Frau in schwerer Mutterhörigkeit verfallen war und sich auch von ihr ernähren ließ:

»Wir, meine Frau und ich, sind im Kino gewesen, und ich habe meine Frau im Film gesehen. Sie war völlig entkleidet und dann lag sie mit einem Neger auf einer Couch. Der Schwarze griff mit einer Hand ihre linke Brust und legte sich mit dem Oberkörper über sie. Er lag auf der rechten Seite und sie auf der linken. Hinterher, als wir aus dem Kino heraus auf der Straße sind, frage ich meine Frau, wie sie das hat tun können. Ich bin aber nicht sehr skeptisch, da sie mir selbst den Film gezeigt hat. Ich frage sie dann, was sie dafür bekommen hat. Sie sagt, es wären über tausend Mark, und wenn ich Geld brauchte, brauchte ich es ihr bloß zu sagen. Ich sage: ›Auch für tausend Mark verstehe ich nicht, wie Du so etwas tun kannst.‹«

Die Parallele zwischen Märchen- und Traumsituation ist hier sehr deutlich. Im Traum wird die Gier der Beziehung zwischen Neger und Frau vertreten durch den Griff an die nahrungsspendende Mutterbrust, und das Ich des Träumers versucht über das Geld daran zu profitieren, indem er den Schatten gewähren läßt. Noch akzentuierter wird die Parallele, wenn wir die Assoziationen des Träumers hinzunehmen. Wir erfahren zunächst, daß seine Frau gerade geboren hat und in der Klinik liegt. Der Patient ist über die Norm neurotisch enttäuscht, daß er nicht mit dabei sein darf, während sein Kind gestillt wird. Auch leidet er an heftigen Eifersuchtsanfällen gegen den Stationsarzt, der gerade immer kommt, wenn seine Frau beim Stillen ist. Schließlich sagte er resigniert: »Na ja, meine Wünsche gehen eben nie in Erfüllung wie auch in dem Traum vom Fleisch und Kotelett.« Er hatte wenige Stunden vorher geträumt, daß er sich in einem großen Magazinraum befände und alles umsonst mitnehmen dürfte, was er wolle. Hier tritt also die hinter dem Motiv steckende Freßgier noch einmal ganz deutlich heraus.

Ich kehre zum Märchen zurück und betrachte den bisherigen Inhalt als Projektion des Träumers, d. h. des Königs, die auf der Subjektstufe zu behandeln ist. Wir müssen hierbei zunächst die Figur des Prinzen in das Psychodrama einordnen. Wir hatten, um es noch einmal zu wiederholen, angenommen, daß der Neger die Projektionsfigur des Schattens, die Hexe die der Anima sein sollte. Nun treffen wir innerhalb der Psyche sehr häufig auf die Tatsache, daß im Raum des Schattens nicht nur negative Eigenschaften, sondern auch verdrängte positive enthalten sind. Es liegen also in unserer dunklen Seite nicht nur die minderwertigen Eigenschaften, die man aus ethischen, religiösen, ästhetischen oder ähnlichen Beweggründen unterdrückt, sondern auch positive, bei deren Nichterfüllung man quasi unterhalb seines eigenen Niveaus lebt und die eigene vollwertige Persönlichkeit nicht erfüllt[21]. Das geht zu einem gewissen Anteil in den Bereich der von Jung so bezeichneten minderwertigen Funktion hinein[6]. Hier liegen einerseits die minderwertigen infantilen Tendenzen und Abhängigkeiten, aber andererseits auch die noch unentwickelten oder, wenn man will, zum Teil gehemmten (soweit sie sich auf das persönliche Unbewußte beziehen) Möglichkeiten positiver Entwicklung. Erlebt der Träumer nun derartige positive Entwicklungsmöglichkeiten innerhalb seines Schattenbereiches in der Projektion auf eine Traumfigur, so stehen hierfür zwei Möglichkeiten zur Verfügung: Einmal können beide Anteile, sowohl die negativen als auch die positiven, in einer Figur vereinigt werden. Wir erleben dann eine Schattenfigur, z. B. einen Neger, einen Mephistopheles, einen Vagabunden o. ä., der unter anderem recht positive wertvolle Eigenschaften aufweist. Es kann sich eine derartige positive Eigenschaft z. B. auch nur auf große Stärke oder Mächtigkeit beziehen. Die andere Möglichkeit ist die, daß beide Anteile in getrennten Figuren auftreten. Dann erscheinen die positiven Entwicklungsmöglichkeiten in der Figur eines guten Projektionsträgers und werden in Gegensatz gestellt zu dem bösen. Diese Möglichkeit der Verdoppelung des Schattens in einen guten und einen bösen Anteil des Projektionsträgers zeigt auch unser Märchen. Der Prinz würde also einen positiven Schattenanteil darstellen, ein alter ego des Königs, der sich in der Macht einer negativen dunklen Triebwelt befindet und dem Ich nicht zur bewußten Verfügung steht. Diesen Anteil gilt es zu befreien, das heißt zu entwickeln oder aus der Verdrängung zu heben und dem Ich anzugliedern, damit die vorhandenen Möglichkeiten der ganzen Persönlichkeit erfüllt werden. Um dies aber zu erreichen, ist es notwendig, über das ehemals abgelaufene Geschehen informiert zu sein, damit man erfährt, wo und wie man die Verstrickung lösen kann. Es ist, in Parenthese gesagt, die genetische Frage, die hier aufgeworfen wird, dieselbe, die wir uns stellen, wenn wir nachforschen, wo und wie und wann der Patient in seine Neurose hineingeraten ist.

Verfolgen wir aber zunächst den weiteren Verlauf unseres Märchens. Was nun passiert, ist der typische Verlauf einer mißlungenen Auseinandersetzung innerhalb des Schattenbereiches mit anschließender Verdrängung und Hemmung. Der Prinz, dieser so beschaffenen Sachlage gegenübergestellt, erlebt zunächst den der Situation zugehörigen Affekt. Er beschließt, ohne Aufschub diesen in die Handlung umzusetzen, und schleicht sich in das Haus, in dem inzwischen der Neger mit seinem Liebchen in Schlaf verfallen ist. Hier geschieht nun wieder etwas Auffälliges. Das zu dieser Auseinandersetzung benötigte Mittel, das Schwert, muß er sich von seiner Base nehmen, die es vorher umgebunden hatte. Wir treffen an dieser Stelle wieder an der Base das phallische Symbol, dem wir schon einmal in Form der Gerte begegnet sind. Dem Prinzen selbst mangelt dieser Gegenstand, und in Übersetzung der Aspekte des Symbols ins Charakterliche mangelt ihm damit die Eigenschaft männlicher Verteidigungs- und Aggressionsfähigkeit. Psychologisch gesehen entspricht das Schwert mit seiner Fähigkeit, zu zerschneiden und zu trennen, auch der als männlich erlebten Ratio und dem Intellekt, also der Denkfunktion. Mit dieser Funktion versteht der so stark gefühlsbetonte Prinz offenbar nicht umzugehen, da dort, wo das Fühlen praevalent ist, das Denken stört und nicht ausgebildet wird bzw. unter der Herrschaft des Gefühls steht. Wie ein vertrauensseliges Kind hat er sich waffenlos in ein höchst zweifelhaftes Unternehmen begeben, von dem er doch a priori ahnen mußte, daß die Möglichkeit, in Kampf, Verteidigung oder Angriff verstrickt zu werden, recht groß war. Dies entspricht aber seiner noch auf infantiler Stufe stehenden Persönlichkeit. Er und seine Base bilden hier ein Gespann, wie wir es jederzeit auch in unserer persönlichen Umgebung beobachten können, wo eine Frau für ihren schwachen oder infantilen Ehepartner die männliche Rolle übernimmt. Diese männliche Rolle versucht der Prinz jetzt seinerseits an sich zu nehmen. Er nimmt der Base das Schwert ab und schickt sich an, durch einen Streich den Neger zu töten. Hier an dieser Stelle setzt die Impotenz ein, die Unfähigkeit, sich männlich entscheidend und aggressiv in der Welt durchzusetzen. Der Schlag geht fehl, durchschneidet dem Neger nur einen Teil des Halses, und als die Base sich jetzt regt und aufzuwachen beginnt, gibt er das Schwert an sie zurück und sucht das Weite. Der unbewußte Komplex, gebildet aus Schatten und Anima, ist stärker als er. Obwohl er sein Problem sieht, obwohl er hinter dem Vorhang seiner so glückseligen Liebesfaszination die nackte und brutale Wirklichkeit der Hexe gesehen hat, ist er nicht in der Lage, dieser wach und hart gegenüberzutreten. Er muß sich ungesehen wieder fortschleichen, gerade in dem Moment, wo die Anima erwacht und er allen Grund hätte, zu bleiben, um mit dieser Hexe abzurechnen. Er scheint das alles als eine Art bösen Traum anzusehen, mit dem er nichts weiter zu tun hat. Er geht nach Hause und legt sich wieder schlafen. Dieses Motiv einer gehemmten, unvollständigen aggressiven Auseinandersetzung infolge der gefühlsmäßigen Ambivalenz trifft man vielfach auch in Träumen. Ein Beispiel hierfür sind die Träume, in denen der Träumer zwar mit aller Kraft versucht, einen Gegner zu schlagen, dieser Schlag aber wegen einer Schwäche im Arm unwirksam bleibt. Agonisten und Antagonisten (Beuger und Strecker) der Armmuskulatur werden auf der Basis der Ambivalenz gleichzeitig innerviert, woraus natürlich eine mehr oder weniger starke Lähmung resultiert. Ich zitiere einen derartigen Traum eines 35jährigen Patienten, der ebenfalls eine Auseinandersetzung mit einem Neger enthält:

»Ich verlasse ein Gebäude bei Nacht und merke, daß ich auf

der Straße von einem Neger verfolgt werde, der hinter mir her-
schleicht. Ich drehe mich um, und als er an mich herankommt
und auf mich losgeht, will ich mit ihm boxen. Ich merke aber,
wie mein rechter Arm nicht gehorchen will, es ist ein eigentüm-
liches Schweregefühl in ihm, und meine Schläge sind matt. Ich
bekomme Angst und erwache.«

Hinter derartigen Träumen steckt auch das Problem der la-
tenten Homosexualität, bei der es zu einer Abspaltung der chthonischen Männlichkeit, der »unteren Hälfte«, kommt. Die Gefühls-
ambivalenz: Soll ich dem anderen kämpfend gegenübertreten
oder mich zu ihm liebevoll hingebend verhalten, damit ich von
ihm geschützt werde oder von ihm sogar profitiere, diese Ambivalenz lähmt die Entschlußkraft. Ebenso liegt dieses latent Homo-
sexuelle in der Motivwahl der Frau, die gleichzeitig zwei Männer
hat. Auch der Prinz des Märchens entscheidet sich nicht. Die
Frau bleibt wie vorher beiden zugehörig, wenn auch das sexuelle
Element zunächst ausgeschaltet wird. Von ihrem Gatten zieht
sie sich unter dem Vorwand der Trauer zurück, und der Neger ist
infolge seiner Verletzung nur noch zum Füttern empfänglich, was
bedeutet, daß hier der männliche Schattenanteil in ein ganz frü-
hes, hilfloses und abhängiges Stadium regrediert.

Es folgt ein Zeitraum von zwei Jahren, in dem alles stagniert und nichts anderes geschieht, als daß der verwundete Neger von der Hexe in ein Mausoleum gebracht wird, das sie im
Zentrum des Palastes hat anlegen lassen. Das Ganze macht den
Eindruck einer Latenzperiode, so wie sie zwischen dem Setzen
einer Hemmung und dem Ausbruch einer endgültigen Erkrankung zu vergehen pflegt. Der Prinz treibt eine Art Vogel-Strauß-
Politik: Indem ich so tue, als ob ich nichts weiß und sehe, existiert
das ganze Problem nicht, und ich kann hoffen, daß es sich in der
Zwischenzeit auch ohne mein Zutun von alleine wieder auflöst.
Der Versuch, mit seinen Lebensproblemen auf diese einfache Art
fertig zu werden, lohnt sich aber erfahrungsgemäß nicht. Es ist
ein sinnloses Unterfangen, vor sich selbst oder seinen Problemen
fortlaufen zu wollen, da diese mit zwingender Notwendigkeit
hinterherkommen und in anderer Form wieder auftauchen. Es ist

im Gegenteil recht gefährlich, da durch ein derartiges Verhalten Kräfte, die zunächst noch einer bewußten Auseinandersetzung zur Verfügung stehen, ins Unbewußte absinken und den Komplex verstärken. So auch hier. Mitten im Bereich des eigenen Hauses wird der Störenfried und Krankheitserreger untergebracht, und es hilft gar nichts, daß er sich in dem Mausoleum unterhalb der Erde befindet. Dieses Motiv des lebendigen Begrabenseins kann man in übertragenem Sinne als den Versuch einer Verdrängung auffassen. Zunächst spricht wieder dieses »sich unterhalb der Erdoberfläche befinden« dafür, daß es sich hier um etwas handelt, was nach unten ins Unbewußte abgeschoben werden soll. Aber nur das, was wirklich erledigt und gelöst ist, das Tote, kann Ruhe halten, im Unbewußten absinken und der Vergessenheit anheimfallen. Alles andere dagegen, das den noch unerledigten starken Affekt in sich trägt, das eben noch lebendig ist, läßt sich so nicht erledigen. Es bleibt auch im Unbewußten wirksam und lebendig und lähmt so die Bewegungsfreiheit des Bewußtseinsträgers, von dem ständig Kräfte aufgebracht werden müssen, um diesen Komplex in der Verdrängung zu halten. Zwischen bewußter und unbewußter Figur pendelt die Anima hin und her. Die Beziehung zwischen ihr und dem Prinzen ist lahmgelegt, und ihre Kräfte und Möglichkeiten, die diesem zur Verfügung stehen könnten, fließen jetzt dem Schatten zu, der von ihr genährt wird. Als der Prinz nach zwei Jahren einsieht, daß dieser Zustand keine Dauerlösung ist, als er versucht, den aufgeschobenen Affekt zu realisieren, da tut er es falsch, unvorsichtig und unüberlegt. Jeder, der von Hexen etwas versteht, weiß, daß man nicht so einfach mit dem Schwert gegen sie losgehen kann, um sie zu erschlagen, sondern daß es notwendig ist, ihre dämonisch überirdischen Kräfte zuerst zu binden, sie außer Spiel zu setzen oder sie zu überlisten. Auch im Bereich des Seelischen wird jedes plumpe, direkte Angehen eines Gefühlskomplexes diesen nur verstärken. So erreicht auch den blindwütig und unvorsichtig vorgehenden Prinzen sein Schicksal. Er wird vollends gelähmt, seine untere Hälfte zu Stein verwandelt, und zusätzlich wird er noch für seinen frevelhaften Leichtsinn täglich durch Geißelhiebe gemartert.

Das Motiv der Versteinerung ist wieder eines der Märchen- und Mythenmotive vieler Völker. Wenn wir nach der Sinnbedeutung der Versteinerung des Prinzen fragen, so müssen wir hier zunächst zwei Anteile voneinander trennen und besonders untersuchen. Unsere erste Frage könnte etwa so lauten: Was bedeutet das Motiv der Versteinerung überhaupt? Und die zweite: Warum wird gerade die untere Hälfte des Prinzen verändert? Zusätzlich würde dann an dieser Stelle noch die Frage nach der Motivation der täglichen Geißelung auftauchen. Wenden wir uns aber zunächst der ersten der gestellten Fragen zu.

Die Verzauberung in Stein findet sich nicht nur in verschiedenen Märchen aller Kulturkreise, sondern vor allem auch in deren Mythologie wieder. Eine der bekanntesten mythologischen Figuren unseres Kulturraumes, die jeden versteinerte, den sie erblickte, ist die Tochter des Phorkys, Medusa. Sie gehört zu den Gorgonen, ihrer Zahl drei: Stheno, Euryale und Medusa, die in der Richtung der Nacht über Okeanos hinaus wohnen, wo die hellsingenden Hesperiden weilen. Sie gelten als Meergöttinnen. Medusa war die sterbliche der drei Schwestern, und ihr Liebhaber war Poseidon, der Gott des Meeres und der Tiefe. Sie steht in enger Beziehung zu Persephone, die auch von einem dunklen Gott geraubt und in die Unterwelt geführt wurde. Persephone schickte das schreckliche Gorgonenhaupt all denen entgegen, die zu ihr in die Unterwelt eindringen wollten:

Odyssee XI 633–35[64]:

... ἐμὲ δὲ χλωρὸν δέος ᾕρειν, μὴ μοι Γοργείην κεφαλὴν δεινοῖο πελώρου ἐξ Ἀΐδεω πέμψειεν ἀγαύη Περσεφόνεια.

Deutsche Übersetzung nach J. H. Voss:

> *Bleiches Entsetzen ergriff mich. Fürchtend, es sende mir jetzo die strenge Persephoneia tief aus der Nacht, die Schreckengestalt des gorgonischen Unholds ...*

So ist Medusa hier der negative Aspekt, das andere Gesicht der Persephone. Persephone oder Kore ist an sich eine Tochterfigur, aber als Gemahlin des Hades gleichzeitig die Königin und große Mutter der Unterwelt. So würde auch das Haupt der Medusa, das versteinernde, das Bild einer negativen Mutter-Imago enthalten. Medusa selbst reicht als Tochter des »Alten des Meeres« in direkter Linie zu dem Urelternbild der Weltentstehungsmythe zurück. Phorkys, Chronos und Rhea sind nach den heiligen Büchern des Orpheus die ältesten Kinder des Okeanos und der Thethys, die ihrerseits von der Erde und dem Himmel oder von den beiden Hälften des Ur-Eies abstammen[65].

Es wäre nun zu fragen, ob sich das Motiv der Versteinerung gehäuft an den Stellen im Märchen findet, wo es sich um eine Begegnung mit der bösen Mutter oder mit der negativen Mutter-Imago handelt. Dieses ist sicherlich der Fall. Eines der bekanntesten Märchen ist das von den zwei Brüdern, von denen der eine nach Drachentötung und glücklicher Verheiratung mit einer Prinzessin im Wald von einer alten Hexe versteinert wird. Sein Bruder erkennt an einem vorher ausgemachten Zeichen die Gefahr, eilt ihm zu Hilfe, tötet die Hexe und rettet ihn. Dieses Märchen existiert bei den verschiedenen Völkern in unzähligen Variationen. Es ist im deutschen Märchengut enthalten (Gebrüder Grimm) wie auch in den türkischen Volksmärchen[66] und in 1001 Nacht. In diesem Märchen sind, ähnlich der Variationserzählung von Sîdî Noomân, die beiden Aspekte der Mutter-Animafigur, der gute und der böse, schärfer voneinander getrennt. Die gute Prinzessin wird geheiratet und die Ehe nach Überwindung der bösen Mutterhexe glücklich weitergeführt. Aber auch hier ist es die Begegnung mit der negativen Mutter-Imago, die zur Versteinerung des Helden führt, und erst nach deren Tötung erfolgt die Erlösung. Es ist aber nicht nur das dämonische Mutterbild, das den Menschen versteinern läßt, sondern auch der zürnende große und übermächtige Vater.

In der Geschichte von Ābdallāh bin Fâdils, des Gouverneurs von Basra, mit seinen Brüdern, fällt eine ganze Stadt dem Los der Versteinerung anheim. In einer Art Nachbildung der Qurânszene zwischen Moses und Pharao mißt sich hier der Prophet Mohammed mit den Götzen dieser Stadt und überwindet sie. Als der König sich dennoch nicht zum Islam bekehren will, verflucht er ihn, seinen Anhang und die Bewohner der ganzen Stadt, die unter diesem Fluch zu leblosem Stein erstarren.

Auch in der alttestamentarischen Geschichte erstarrt Loths Weib zu einer Salzsäule, als sie sich umblickt und in das furchtbare Strafgericht des zürnenden Vatergottes sieht. Im deutschen Märchen vom treuen Johannes liegen hinter den Symbolen der drei Raben, des Zauberpferdes, des Brautgewandes aus Pech und Schwefel und den drei Blutstropfen aus der Brust der ohnmächtigen Prinzessin die magischen Kräfte beider Ureltern-Imagines, die mit Erstarrung und Versteinerung demjenigen drohen, der sich in ihre Sphäre vorwagt.

Der Zustand der Erstarrung, gleichsam wie von Stein, tritt immer da im Leben auf, wo Schreck und Angst vor einem übermächtigen, unerklärlichen Geschehen den Menschen ergreifen. Auch das Staunen kann es sein, das erstarren macht, aber immer liegt in der Emotion, die diesen Zustand hervorruft, das Motiv des Übermächtigen, dem man hilf- und wehrlos ausgeliefert ist und demgegenüber nur noch so etwas zustandekommen kann wie ein Totstellreflex im Bereich der Tierwelt. Gleichzeitig werden durch das Erlebnis des Übermächtigen grenzenlose latente Hingabesehnsüchte mobilisiert, und in dieser Ambivalenzsituation zwischen Flucht und Hingabe kommt es zu der Erstarrung. Verfolgt man also hier das Motiv zurück, so wird der Vordergrund dieser beiden magischen Figuren, des Negers und der jungen Hexe, gleichsam transparent und läßt hindurchschimmern, was den Jüngling in Furcht und Schrecken versetzt und ihn zu Stein erstarren läßt. Es sind die Archetypen der verschlingenden Urmutter und des zornigen großen Vaters. Damit klingt hier der Elternkomplex und im Hintergrunderlebnis das Inzestmotiv an. Ich möchte hierzu einen Traum berichten, den ein 30jähriger Mann in der Behandlung schildert. Er hatte ein Verhältnis mit einer älteren Frau, die ihm ihrerseits aber untreu geworden war. Sie lebte in einer anderen Stadt als er. Der Traum lautet:

»Ich fuhr mit meinem Wagen zu Käte. Wir waren dann zu einem Picknick in die Umgebung der Stadt gefahren, und mein Rivale war auch dabei. Ich hatte eine furchtbare Wut auf ihn, und während wir im Gras lagen, fing ich aus einem nichtigen Grunde Streit mit ihm an. Er war dann auf einmal nicht mehr

Herr M., sondern eine Mephistopheles-Figur. Ich hatte plötzlich zwei Degen in der Hand und warf ihm den einen zu. Er wollte zunächst nicht mit mir kämpfen, aber ich sagte zu ihm, ich würde ihn erschlagen, wenn er sich nicht wehrte. Wir hatten dann ein Duell zusammen, das schon kein Duell mehr war, sondern eine Schlacht, die alle Formen verlor, und in der jeder bis zum Äußersten kämpfte. Aus den zwei Degen wurden dabei zwei lange Peitschen, die wir uns gegenseitig mit voller Kraft um die Ohren schlugen. Als es zu Ende war, blieb ich zwar der Stärkere, aber mein Gegner war nicht endgültig besiegt. Ich hatte mehrere Verletzungen am Kopf. Wir saßen dann wieder alle an einem Tisch zusammen und tranken Tee. Der Mephistopheles war auch wieder dabei. Er sagte zu mir: ›Ich habe doch einen stärkeren Zauber.‹ Er blies dann in meinen Tee, und der Tee verschwand aus der Tasse. Er blies wieder, und der Tee war wieder da. Ich fühlte mich hilflos und konnte nichts dagegen machen. Er grinste mich dann an und begann, mir ins Gesicht zu blasen. Ich fühlte, wie an den Stellen, auf die er blies, eine Starre eintrat wie eine Versteinerung, und ich konnte mich nicht dagegen wehren. Als ich schon fast ganz versteinert war und dachte: jetzt ist es aus mit dir, sagte eine Stimme in mir: ›Nimm alle Kraft zusammen und sprenge den Bann. Ich werde dir helfen.‹ Ich machte eine furchtbare Kraftanstrengung, und es war, als ob da noch eine starke fremde Kraft in mir war. Da fühlte ich, wie die steinerne Schale von mir abbrach und barst, und ich war wieder lebend. Der Mephistopheles aber war fort, und ich war mit meiner Freundin allein.«

Verglichen mit dem Märchen ist hier die dämonische Zauberkraft der Schattenfigur anhängig, und die Erlösung erfolgt durch eine tief im Unbewußten sitzende Funktion, die nur als Stimme auftritt und nicht in einer Personifikation. Interessanterweise ist auch in diesem Traum das Motiv der Geißelung enthalten in Form des Peitschenduells. Der heilige Qurân, der nicht nur religiöse Offenbarung, sondern auch Gesetzbuch ist, kennt nur an einer Stelle die Strafe der Geißelung:

Qurân 24 : 5 :

»Und diejenigen, die züchtige Frauen verklagen, jedoch nicht
vier Zeugen beibringen – geißelt sie mit 80 Streichen und
laßt ihre Aussage niemals gelten, denn sie sind es, die ruch-
lose Frevler sind.«

Man fragt sich nach dem Vers unwillkürlich: Ist das eine
bösartige Ironie des Märchens, daß hier der Jüngling gegeißelt
wird, obwohl der Betrug offensichtlich war, oder ob hinter diesem
noch ein anderer tieferer Sinn steht. Wenn hinter der Hexe eine
Mutterfigur zu vermuten ist, dann ist sie ihm zu Recht mit einem
anderen Mann untreu, nämlich mit dem Vater, und derjenige verfällt ebenso zurecht einer qualvollen Strafe, der in seine Frau die
Mutter hineinprojiziert, da er damit laufend einen unbewußten
Inzest begeht.

Es bleibt noch die Erörterung der Frage, warum hier nur die
untere Hälfte des Prinzen von den Hüften abwärts versteinert
wird. Eine Figur, die ein ähnliches Schicksal erleidet, taucht meines Wissens nur noch einmal in dem Geschichtenkomplex von
1001 Nacht auf. Es handelt sich hierbei um einen Djin, der in
dem Märchen von der »Messingnen Stadt« seine Geschichte erzählt. Hier treffen wir wieder auf die omnipotente Vaterfigur des
Königs Salomo. Dieser Djin, mit Namen Dâhisch, ist ein Mischwesen aus Tier und Mensch und steckt bis zu den Achseln in
einer schwarzen steinernen Säule. Einstmals war er der Herr
eines Meerkönigs und weissagte diesem aus einem roten kar-
neolen Götzen heraus. Dieser Meerkönig hatte eine Tochter, die
das schönste Mädchen ihrer Zeit war, und als man dem König
Salomo ihre Schönheit schilderte, begehrte er sie zur Frau. Er forderte den Meerkönig auf, mit seinem Volk zum Islam überzutreten und ihm seine Tochter zur Frau zu geben. Der Djin aber riet
dem König, sich gegen Salomo zu empören, und es kam zu einer
gewaltigen Schlacht, in der, wie nicht anders zu erwarten, Salomo
siegte. Der Djin aber wurde gefangen und, zur Strafe für seine
Empörung, mit seiner unteren Hälfte in diese Steinsäule eingelassen, in der er bis zum jüngsten Tag verbleiben muß.

Hier ist es wieder der zürnende große Vater, der die Versteinerung zur Strafe gegen die Rebellion vollzieht. Da sich diese

Strafe auf den unteren Körperabschnitt bezieht, der die Sexual-
organe enthält, liegt es nahe, hierin zunächst einen Ausdruck des
Kastrationskomplexes zu sehen. Auf der anderen Seite kann es
allein dieses nicht sein, denn in unserem Märchen, ebenso wie in
der Parallelerzählung von Sîdî Noomân, ist das weibliche Prinzip
der Hexe, welches die Versteinerung bzw. Umwandlung vollzieht. Vielleicht kommen wir hier etwas weiter, wenn wir einmal
andersartige Veränderungen der unteren Hälfte des menschlichen
Körpers in unsere Untersuchungen mit einbeziehen.

Da gibt es die große Gruppe der mythologischen Mischwesen, die auch der islamischen Kultur bekannt sind. Eines der
bekanntesten und auf Miniaturmalereien häufig dargestellten
Motive ist die mythische Himmelfahrt des Propheten auf der
Stute Burak, die einen menschlichen Kopf hat. Ähnliche Figuren
sind auf Darstellungen von Salomo und seinem Gefolge zu sehen. Mit diesen Figuren kommen wir in den großen Bereich des
Theriomorphismus. Diese theriomorphen Symbole beziehen
sich nach C. G. Jung[60] stets auf unbewußte Libidomanifestationen, wobei die Mischwesen einer Regression in die vorbewußte,
praenatale Phase entsprechen. Es handelt sich hierbei nicht mehr
um Individualerinnerungen, sondern um ererbte Vorstellungs-
möglichkeiten. Diese Mischwesen repräsentieren in ihrem tierischen Anteil nicht nur die Instinkte, sondern entsprechen als
göttliche Wesen auch gleichzeitig den Eltern-Imagines, so wie die
Sphinx eines der bekanntesten Mutterderivate darstellt. Hierbei
sei erwähnt, daß es in Ägypten auch männliche Sphinxe gibt, ein
Zeichen dafür, wie stark diese beiden Urbilder ineinander über-
gehen können. Sie tragen oben die menschlich liebenswerte und
anziehende Hälfte, die den Bereich des Rationalen und Geistigen
umfaßt, und unten die animalische Triebhälfte, die durch das
Verbot der Moralgesetze häufig schrecklich und angsterregend
umgewandelt ist. Nicht nur der Sexualtrieb und der Wunsch
nach dem Inzest wird in dieser unteren Hälfte betroffen, sondern
die gesamte Triebnatur des Menschen, wie auch rein anatomisch
nicht nur das Genitale, sondern ebenso Motorik und Analität
innerhalb dieses Bereiches betroffen werden. Rückwirkend über

das Anale wird auch das Orale einbezogen, das aber zu einem Teil im oberen Mundbereich erhalten bleibt.

So stellt sich allmählich der Sinngehalt dieser zur Hälfte versteinerten Prinzenfigur dar. Die Versteinerung umfaßt einen breiten Bereich der animalischen Triebnatur, ursächlich hervorgerufen durch das Scheitern im Konflikt mit den großen Eltern-Imagines, einem Konflikt, der als Ambivalenz zwischen Furcht- und Hingabeimpulsen aufgefaßt werden kann. Beziehen wir den praenatalen Akzent des Mischwesens mit in die Deutung ein, so würde er besagen, daß es sich nicht nur um den persönlichen Konflikt handelt, sondern um den, der sich in der durch die Generationen gehenden Kollektivpsyche abspielt. Vor dieser Hemmung steht jetzt das Ich des Träumers in der Figur des Königs, und wir müssen zurückfragen, ob sich Anzeichen einer solchen Gehemmtheit vorher schon in der Figur dieses Ich, d. h. nicht im Traum-Ich, sondern in dem des Träumers nachweisen lassen. Beziehen wir auf den zurück, der in unserer Konzeption als der eigentliche Träumer gilt, so läßt sich diese Frage wohl bejahen. Was ist das für eine Art des Trieberlebens, dem dieser König Scharirar vor den Erzählungen Schehersads huldigt oder besser gesagt, von dem er beherrscht wird? Das ist kein Verfallen in das rein sinnliche Wesen, keine Umänderung auch der oberen Hälfte in Animalisches, so wie Sîdî Noomân zum Hund wird oder Circe die Männer in Schweine verwandelt. Das ist überhaupt keine lebendige animalische Sinnlichkeit mehr. Dieser König versinkt nicht in Haremsfreuden, in denen sich seine geistige menschliche Existenz auflöst in rein animalische Triebnatur. Das ist etwas anderes, diese mörderisch kalte Vernichtung der Frau, ausgeführt von einem Mann, der vom wirklichen lebendigen Eros nicht mehr berührt wird. Hier haben zwei Elementarkräfte sich aus der Ganzheit der Person losgelöst, die Raserei der gierigen Sinne und ihr Gegenspieler, der kalte satanische Verstand. Das ist nicht mehr aus der Mitte heraus vom Herzen her geeint und von der Wärme echten Erlebens erfüllt, sondern dieser tragende Grund des echten Eros unterliegt der Starre, Hemmung oder Versteinerung. Die kalte emanzipierte oder rationalisierte Sexualität mit ihrer Entwertung des anderen zum reinen Sexualobjekt verdrängt die als psychische Realität vorhandenen tieferen Implikationen des Eros. Hier ist das, was Plato unter dem beseelten Körper verstanden hat, versteinert und harrt seiner Erlösung.

Vom Standpunkt der Finalität aus gesehen sind so in der Figur des Jünglings die ersten frühen Versuche zur Befreiung des Erosprinzips zu sehen, die infolge der noch mangelhaften Reife steckengeblieben, d. h. versteinert sind. Es ist das recht häufige Märchenmotiv der mangelhaft vorbereiteten oder unwissenden Vorläufer des Heros, die im negativ dämonischen Bereich der Elementarmutter zur Erstarrung gebracht werden. Ein typisches Beispiel dieses Motivs findet sich in dem bereits erwähnten Märchen der »Zwei Brüder« von den Gebrüdern Grimm. Auch hier ist es eine Hexe, die den ersten Bruder, der in den Wald eindringt, versteinert, als dieser ihr zuliebe seine hilfreichen Tiere (d. h. psychologisch ausgedrückt: seinen gesunden animalischen Instinkt) mit der Zaubergerte berührt.*

Da der Versuch der Assimilation dieses Prinzips mit dem Bewußtsein einen Schritt auf dem Wege zur Herstellung einer psychischen Ganzheit darstellt, erhält die Figur des Jünglings so den Aspekt einer Symbolik des Selbst, d. h. jener zentralen Kraft, die auf Vereinheitlichung und Ganzheit der Persönlichkeit hinsteuert. Eine Amplifikation zu der Symbolik des Selbst als Figur eines Jünglings aus dem Bereich der mohammedanischen Kultur stellt die Vision des Mohammed dar, in der das Götterbild als Jüngling auftritt: »J'ai vu mon Seigneur sous une forme de la plus grande beauté, comme un Jouvenceau à l'abondate chevelure, siégeant sur le Thrône de la grâce; il était revêtu d'une robe d'or (ou d'une robe verte, selon une variante); sur sa chevelure, une mitre d'or; à ses pieds des sandales d'or.«[68]

* siehe auch M.-L. Franz: »Das Problem des Bösen im Märchen[67].«

9. Kapitel

DIE LÖSUNG DES
GEFÜHLSBETONTEN KOMPLEXES

In dem jetzt folgenden Abschnitt des Märchens drängt sich in dramatischer Kürze ein Geschehen zusammen, das im Ablauf einer innerseelischen Entwicklung häufig eine lange Zeit allmählicher Reifung erfordert. Das Motiv der Dauer, der Zeit, um das Geschehene zu verarbeiten, taucht erst anschließend auf, als dem König klar wird, wie lang der Weg ist, der zwischen diesem Land und seinem Land liegt. Der König begibt sich in das Mausoleum, wo der Neger bereits zwischen Leben und Tod liegt. Wieder, wie im Beginn der Erzählung, spielt das Geschehen sich innerhalb der Grenzsituation ab. Dort am Anfang waren es die großen Elemente der Erde und des Meeres, an deren Grenze das Spiel zwischen Fischer und dem Ifriten ausgelöst wurde, hier ist es die Zeit zwischen Nacht und Tag und zusätzlich der Bereich, in dem der Tod in das Leben eintritt. Nur hier über diese Grenze hinweg kann Neues, Lebendiges zum Werden gelangen, dadurch daß anderes stirbt und vergeht. So wird denn hier auch getötet, oder anders gesagt, Libidomanifestationen, die sich in den Figuren von Krankheit, Erstarrung und quälendem Sadismus verkörpert haben, vergehen, werden verändert, und die hier frei werdende Kraft fließt wieder in das lebendige Leben ein.

Die erste Handlung des Königs ist ein Vollzug dessen, was wir als eine Assimilierung des Schattens bezeichnen würden. Die noch lebendige, gegen das Ich gerichtete Kraft, die der Schattenfigur innewohnt, wird getötet. Der König, das Ich, indem er die Kleider des Schattens anlegt, seinen Platz annimmt und sich seiner Stimme bedient, bezieht so die diesem innewohnende Energie in sich selbst ein. Der entseelte Körper, die Personifikation einer bösartigen, entgleisten animalischen Triebwelt, kann endgültigem Vergessen anheimfallen und wird in der Tiefe des

Brunnens auf immer versenkt. Der Schatten, dieses Konglomerat verdrängter und darum negativer Eigenschaften, ist bewußt geworden und wird auch vom Ich akzeptiert. Er wird nun nicht mehr auf den anderen projiziert, der dann böse ist und schlecht und Neger, sondern die Projektion ist in das Ich zurückgenommen. Alle diese negativen Eigenschaften, die bisher am anderen gesehen wurden, habe ich selbst in mir, in meinem Unbewußten entdeckt. Gleichzeitig aber ist ein erstarktes, wissendes Ich in der Lage, diese Situation zu ertragen und die dämonischen Kräfte des eigenen Schattens unter die Kontrolle zu bekommen. Oder wieder anders gesagt, ein Stück gehemmten Erlebens, das sich als Krankheit manifestiert hatte, ist frei geworden, nicht in einem zerstörerischen Durchbruchsgeschehen, sondern in einer gelungenen Einordnung in die bewußte Persönlichkeit. Der König hat jetzt die Rolle des Negers übernommen und verfügt damit gleichzeitig über die Kräfte und Möglichkeiten, dem verstrickenden, bezaubernden Einfluß der Animafigur zu widerstehen und, wie Jung sagt, »seine eigene schlimmste Schwäche« zu überwinden.

So sind Voraussetzungen geschaffen für die Ausführung dieser Tat. Wieder aber tritt hier eine Funktion ins Spiel, der wir bereits einmal in der Auseinandersetzung zwischen Fischer und Ifriten begegnet sind. Es ist dies die List, diese Tochter der Intelligenz, die überall dort einspringen muß, wo der Held gegen übermächtige Gegner anzutreten hat. Man denke an die List des Herakles gegenüber Atlas, als er die Äpfel der Hesperiden holte, man denke an Odysseus oder an den Kampf zwischen David und Goliath. So auch hier. Die Anima in ihrer hexenhaften weiblichen Tücke, mit ihrer Beherrschung eines ganz anderen dämonischen Wissens, ist dem König überlegen. Sinnlos gefährlich ist es, das weiß er jetzt, dieser Figur offen gegenüberzutreten und versuchen zu wollen, sie in direktem, brutalem Zugriff zu überwinden. Auch hier verfügt er nicht über ihre Fähigkeiten. Diese zu erwerben, auch die Animafigur in das bewußte Ich einzufügen, ist ein langer, mühsamer und gefährlicher Weg, der hier offenbar nicht möglich ist. Hier ist schnelle Hilfe nötig. Nur durch kluge List ist diese Figur zu bewegen, die vom Ich erwünschten und für die Ganzheit der Persönlichkeit notwendigen Funktionen der Entzauberung und Erlösung auszuüben. Hier leuchtet kurz, sozusagen wider Willen, die andere Seite der Anima auf, die der Erlöserin aus den Gebundenheiten unbewußter Komplexe[69]. Häufig wird, wie bereits erwähnt, diese Figur nicht in eins verdichtet, sondern zusätzlich in dem guten Mädchenbild, das ihre Zauberkräfte zur Erlösung des Mannes benutzt, dargestellt. Es sei hier als Beispiel wieder auf das Märchen von Sīdī Noomân verwiesen. In unserem Märchen ist das nicht so. Hier bleibt auch die Erlöserin böse und muß vernichtet werden. Erst viel später taucht die gute weibliche Figur wieder auf in der Tochter des Fischers. Wenn wir diesen als eine Mitverkörperung der intuitiven Funktion angesehen haben, so hat auch die Tochter dieses intuitive Denken, das anders ist, als das rein rationale und logische. Es ist die seltsame Art des anschaulichen, fast unbewußten Denkens, das die Zusammenhänge und Beziehungen der Objekte zueinander und in sich selbst erfaßt, so daß durch den gestaltlichen Vordergrund hindurch die Möglichkeiten des Objektes auftauchen und mit ihnen Erkenntnisse, so rasch, so präzise und richtig, wie sie eine »ahnungslose« Ratio allein nicht erfassen kann.

Noch eines: Wir hatten im vorigen Abschnitt doppelt determiniert. Wir hatten hinter dieser Personifikation der Anima und der des Schattens Eltern-Imagines aufleuchten gesehen, die den Archetypen der verschlingenden Mutter und des zürnenden großen Vaters entsprechen. Der Negativaspekt dieser Archetypen muß überwunden werden. Es muß für das Ich die Ablösung von diesen Bildern erfolgen, die es erstarren lassen, es lähmen und der Handlungsfreiheit der individuellen selbstgewählten Entscheidung berauben. So müssen diese beiden Figuren fallen und getötet werden, um den Bann zu brechen, den die hinter ihnen drohenden Bilder ausüben.

Es liegt aber noch weiteres in der Beziehung Prinz–Anima. Wie wir uns aus dem Anfang des Märchens erinnern, ist die Anima die Base des Prinzen, und es handelt sich um eine Verwandtschaftsehe ersten Grades. Es liegt also das vor, was Jung in »Psychologie der Übertragung«[70] ausführlich unter der endogamen Libidoform beschrieben hat. Diese Verwandtschaftslibido wird durch das Eintreten des Königs aufgelöst und damit die exogame Libidoform befreit. Im Extremfall führt diese endogame Libido zum Bruder-Schwester-Inzest, der als königliches Vorrecht den Pharaonen vorbehalten war. Hierzu möchte ich als Amplifikation ein Märchen aus Simalur[71] anführen, in dem auch die Motive der Versteinerung und des Fisches enthalten sind. Simalur ist eine zu Indonesien gehörige Insel, und die Bewohner gehören der islamischen Religionsgemeinschaft an.

In einem Dorf gab es einmal zwei Kinder, einen Jungen und ein Mädchen, die gingen jeden Tag zum Angeln an den Fluß. Eines Tages hatten sie viele große Fische gefangen, so daß ihr Korb bereits voll war. Gegen Mittag sagte die Schwester: »*Wir wollen heimgehen, Bruder!*« *Er antwortete:* »*Noch nicht, denn die Fische beißen gerade gut an!*« *Als es gegen ein Uhr war, sprach das Mädchen:* »*Wir wollen heimgehen, Bruder!*« »*Noch nicht, denn die Fische sind sehr zahlreich!*« *Als dann ein Lebo'-Lebo'-Fisch (Flußfischart) anbiß, zog er ihn an Land. Er nahm ihn und warf ihn seiner Schwester zu. Dabei traf er ihre Scham. Sofort kam ein Blitz und ein lauter Donner. Als sie beide deshalb fortliefen, fiel ein Donnerstein vom Himmel und traf sie beide so, daß sie starben und zu Stein wurden. Das sahen Leute, die sich dort ganz in der Nähe aufhielten. Die Eltern suchten lange klagend nach den Kindern, bis ihnen endlich diese Leute erzählten, daß sie zu Stein geworden wären. Als sie heftig an den Steinen weinten, kamen alle ihre Familienangehörigen aus dem Dorfe. Sie waren bestürzt und sagten:* »*Wenn es so ist, dürfen wir auf keinen Fall nach unseren Schwestern werfen. Es ist strengstens verboten, weil sonst Unheil entsteht.*« *Schließlich sprach ein sehr alter Mann:* »*Mädchen, die noch keine Kleidung tragen, binde man ein Schamplättchen um, damit ihre Scham nicht immer zu sehen ist!*« *Deshalb tragen kleine Mädchen bis jetzt ein Schamplättchen.*

In der alten Zeit, als die Kinder noch bis zum Alter von neun bis zehn Jahren nackt umherliefen, bedeckte man die Scham kleiner Mädchen mit einem Plättchen, das aus Silber angefertigt war.

Es wurde mittels einer langen dünnen Kette um die Hüften befestigt. Heutzutage tragen die Kinder um den Unterkörper den Sarong.

Wie Jung ausführt, wird zwischen der endogamen Tendenz, die den Zusammenhalt der Verwandtschaftsgruppe festigt, und der exogamen Tendenz, ohne die keine Entwicklung nach außen hin möglich ist, bei den primitiven Völkerstämmen meistens ein Kompromiß gesucht. Dieser findet z. B. in der Form der cross-cousin-marriage statt, indem die Schwester an den Bruder der Frau verheiratet wird. Ich verweise hier auch auf das von Jung erwähnte russische Volksmärchen »Fürst Daniel hat befohlen«.[70]

Ein Fürstensohn erhält von einer Hexe ein glückbringendes Ringlein, dessen Zaubermacht an die Bedingung geknüpft ist, daß er kein anderes Mädchen heirate, als dasjenige, an dessen Finger der Ring passe. Wie er nun erwachsen ist, geht er auf Brautsuche, aber vergeblich, keiner will der Ring passen. Er klagt sein Leid seiner Schwester, die den Ring ausprobieren will. Er sitzt wie angegossen. Da will der Bruder sie heiraten; sie hält das aber für Sünde und sitzt weinend vor dem Haus. Alte Bettler, die vorbei wandern, trösten sie und geben ihr folgenden Rat: »Mache vier Puppen und setze sie in die vier Ecken des Zimmers. Ruft dich dein Bruder zur Trauung, so gehe, ruft er dich ins Schlafgemach, so lasse dir Zeit. Hoffe auf Gott und folge unserem Rat!« Nach der Trauung ruft der Bruder sie ins Bett. Da singen die vier Puppen:

> *»Fürst Daniel hat's befohlen,*
> *Will seine Schwester zur Frau sich holen,*
> *Erde tu dich auf*
> *Nimm sie auf.«*

Die Erde springt auf und verschlingt die Schwester. Der Bruder ruft sie dreimal, beim dritten Mal aber ist sie in der Erde verschwunden. Sie geht unter der Erde weiter und kommt zur Hütte der Babayaga (die russische Hexe par excellence), deren Tochter ihr freundlich Herberge gibt und sie zunächst vor der Hexe versteckt. Bald aber entdeckt diese den Gast und läßt den

Ofen heizen. Die beiden Mädchen stecken nun die Alte in den Ofen und entkommen der Verfolgung durch die Hexe. Sie gelangen in das Fürstentum des Bruders, wo die Schwester vom Diener ihres Bruders erkannt wird. Dieser kann aber die beiden Mädchen nicht unterscheiden, so gleich sehen sie aus. Der Diener rät nun dem Fürsten eine Probe an: er solle eine Haut mit Blut gefüllt unter den Arm nehmen. Er (der Diener) werde ihm dann ein Messer in die Seite stoßen, und der Herr solle wie tot hinfallen, dann werde sich die Schwester schon verraten. So geschieht es auch: die Schwester wirft sich klagend über ihn. Er aber springt auf und umarmt seine Schwester. Das magische Ringlein paßt auch an die Finger der Hexentochter, der Fürst heiratet diese und gibt seine Schwester einem rechten Mann zum Weibe.

Setzen wir nun in unserem Märchen die Heirat Prinz–Base gleich mit endogamer Libidotendenz und diese wiederum mit Tendenz zum Geschwisterinzest, dann wird diese Inzestgefahr ebenso wie in dem obigen russischen Märchen gelöst durch die Ersetzung der zwei durch vier. Der Heiratsquaternio, der im russischen Märchen symbolisch in den vier Puppen auftaucht, wird im arabischen durch die vier Fische dargestellt. Nach der Erlösung des Prinzen aber bilden König und Prinz durch Verehelichung mit den zwei Töchtern des Fischers den endgültigen Quaternio, der noch durch die allerdings hier nur ideelle Verschiebung der Verwandtschaftsbeziehung auf das Verhältnis König–Prinz gleich Oheim–Neffe verstärkt wird. Vermutungsweise sei hier an dieser Stelle geäußert, daß die Zweiteilung der Base (der König ersticht sie zunächst mit seinem Schwert und spaltet sie dann in zwei Hälften) nicht ganz ohne Grund geschieht und diese zwei Hälften später in Form der zwei Schwestern wieder auftauchen. Da aber der exogamen Tendenz in dieser Form ausreichend Genüge getan ist, entbehren diese beiden Schwestern auch des hexenhaften Fascinosum, das die Base des Prinzen auszeichnet und hinter dem der inzestuöse Wunsch steht.

Es sind an sich zwei Vierergruppen, die in dieses Spiel verwickelt sind. Zunächst besteht folgende Konstellation:

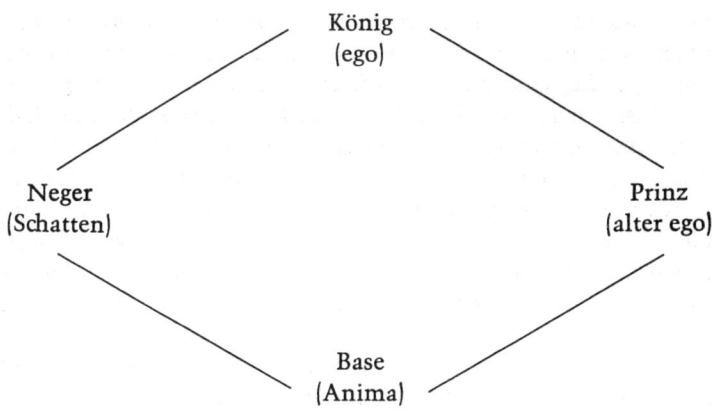

König
(ego)

Neger
(Schatten)

Prinz
(alter ego)

Base
(Anima)

Aus dieser entwickelt sich dann, nach Eliminierung des Schattens und Zweiteilung der Anima in einen dem bewußten Ich zugehörigen und einen in das alter ego projizierten Anteil, die nachfolgende endgültige Konstellation:

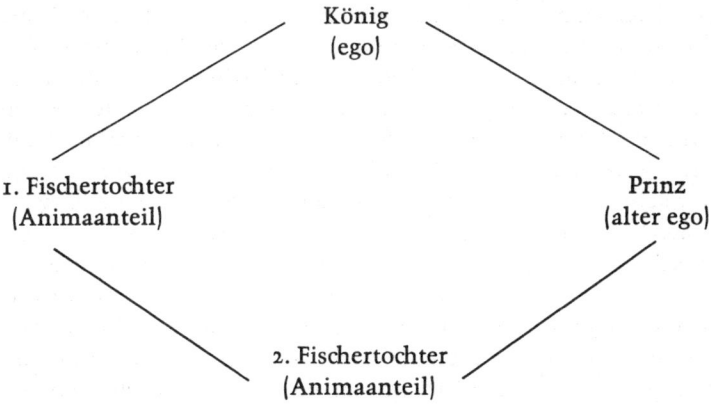

König
(ego)

1. Fischertochter
(Animaanteil)

Prinz
(alter ego)

2. Fischertochter
(Animaanteil)

Hierbei wird der in den Neger projizierte Schattenanteil (man muß sich dessen allerdings bewußt bleiben, daß die gesamte Schattenpersönlichkeit nicht dem Bewußtsein angegliedert werden kann und der Neger als Projektionsfigur auch nur einen Schattenanteil beinhaltet) dem Ich assimiliert, was durch das Anlegen der Kleidung und die Nachahmung dieser Figur symbolisiert wird. Durch die Bewußtmachung des Schattens und ebenfalls die bewußte Auseinandersetzung mit der Animafigur wird ein Teil des Unbewußten dem Bewußtsein angegliedert und gleichzeitig der Inzestkomplex gelöst, bzw. auf eine Basis verschoben, die der exogamen Tendenz Genüge tut. Ganz folgerichtig tritt als Ergebnis dieser Entwicklung eine starke Verlebendigung der Gesamtpersönlichkeit auf. Gebiete, die bisher im Komplexbereich festgefroren waren, können jetzt wieder frei und lebendig wirken. Außer dem versteinerten Prinzen entsteht eine ganze Stadt voller Leben und Bewegung aus dem See des Unbewußten. Der König, das Ich unseres Spieles, wird durch die enge Verbindung zu seinem alter ego, dem Prinzen, zum Herrn über die zwei Welten: der einen des Bewußtseins und der dunklen, aus der Verzauberung gehobenen Welt des Unbewußten.

An dieser Stelle ist die der Introversion gestellte Aufgabe gelöst, und folgerichtig muß jetzt eine Richtungsänderung der Libido erfolgen und eine erneute Extraversion eintreten. Diese muß berücksichtigen, daß der Gewinn der abgelaufenen Entwicklung nicht wieder verlorengeht, bzw. erneuter Verdrängung anheimfällt, sondern dem Ich angegliedert bleibt. Daß dieser Vorgang ein geraumes Maß an Zeit erfordert und erhebliche Gefahren in sich birgt, bringen viele Märchen zum Ausdruck. In dem unsrigen ist es charakterisiert durch die große Zeitspanne (eine Jahresreise zurück zur Stadt des Sultans anstatt einer Reise von zweieinhalb Tagen), die für diesen Vorgang erforderlich ist, und die sorgfältige Vorbereitung zur Rückreise. Das Hängenbleiben im Zustand der Introvertiertheit, dieses Nicht-mehr-loskommen von der Faszination durch die eigenen inneren Bilder, ist ein gar nicht so seltenes Vorkommnis. Ein Beispiel aus dem Bereich der Mythologie ist hier die Perseus-Mythe. Ähnliche Zeitverhältnisse wie in unserem Märchen kennt die Geschichte des irischen Helden Oisin[57]:

Oisin traf auf der Jagd die Tochter des Königs der Jugend, zog mit ihr in ihr Land und heiratete sie. Eines Tages wollte er seine Heimat Erin wiedersehen, und da fragte ihn seine Frau, wie lange er wohl meine, daß er schon in ihrem Lande verweile? »Etwa drei Jahre«, antwortete Oisin, erfuhr dann aber zu seinem Erstaunen von ihr, daß bereits dreihundert Jahre vergangen waren. Er könne nur auf dem Rücken eines weißen Rosses zurückkehren und dürfe bei diesem Ritt niemals den Fuß auf den Boden setzen. Wenn er das täte, würde das Roß allein zurückkehren, und er bliebe als armer alter Mann zurück. Als er zu Hause in Erin auf einer Weide einen Stein umwandte, weil er ein darunter liegendes Horn blasen wollte, rutschte er mit dem einen Fuß auf die Erde und fiel sofort als blinder alter Mann nieder.«

Auch in vielen Märchen von 1001 Nacht taucht dieses Motiv der ungeheuren Entfernung zwischen dem Unbewußten und der Rückkehr ins Bewußtsein auf. Ein Beispiel hierfür ist das bereits früher erwähnte Edelsteinschloß Takni, dessen Entfernung zur Welt nur auf dem Rücken hilfreicher Djin zu überbrücken ist.

Am Abschluß des Märchens erfolgt die endgültige Stabilisierung. Die bisherigen Projektionsfiguren im Unbewußten sind aufgelöst, und der brauchbare positive Anteil, das alter ego, wird in das bewußte Leben mit hinübergenommen. Der König trennt sich nicht mehr von dem Prinzen. In den Bereich der neu aus dem Unbewußten gehobenen Fähigkeiten und Möglichkeiten wird die Ordnungsfunktion eingesetzt, indem der Wesir die Statthalterschaft über das erlöste Gebiet übernimmt.

Hiermit schließt das erste Märchen. Die vorliegende Betrachtung seines Sinngehaltes zeigt, daß in dem Stoff eine Fülle von Bedeutungen und Möglichkeiten steckt, die hier bei weitem nicht erschöpft worden sind. Es bewahrheitet sich an ihm ein Satz der Schehersad, die in einer Nacht dem über ein derartiges Märchen nachdenklich gewordenen König antwortet: »Oh König! Solche Legenden sind voll geheimer Bedeutung, die nur die Eingeweihten wissen.«

ZWEITER TEIL

DIE GESCHICHTE DES LASTTRÄGERS
UND DER DREI DAMEN

Im zweiten Teil dieses Buches wird der Versuch unternommen, einen Märchenzyklus zu deuten. Es handelt sich um »Die Geschichte des Lastträgers und der drei Damen«, die ebenfalls im ersten Band der Inselausgabe von 1001 Nacht[72] enthalten ist. Der Zyklus besteht aus einer Rahmenerzählung, in der insgesamt fünf Geschichten enthalten sind. Von diesen haben vier, die drei Geschichten der drei einäugigen Bettler und die Geschichte der ersten Dame, den ausgesprochen typischen Charakter von Märchen. Die fünfte Geschichte ist mehr eine Art historischer Novelle. Es fehlen in ihr die Motive der magischen Welt, die das Märchen charakterisieren und in denen die Symbolik eines psychischen Reifungs- und Entwicklungsprozesses zu sehen ist[73]. Aus diesem Grunde habe ich auch darauf verzichtet, diese Geschichte psychologisch zu deuten. Auch ist die wenige in ihr enthaltene Symbolik bereits an anderen Stellen dieses Buches besprochen.

Im Gegensatz zum ersten Teil, wo die einzelnen Symbole eines Märchens ausführlich besprochen und amplifiziert werden, soll hier der Hauptakzent auf der Herausarbeitung einer bestimmten Entwicklungslinie liegen, die alle Geschichten dieses Zyklus durchzieht. Es ist ein erstaunliches Phänomen, mit welcher psychologischen Folgerichtigkeit die kreative kollektive Phantasie ein solches Gewebe vieler, scheinbar in sich unabhängiger Märchen zusammenfaßt. Ich bin hier der Linie gefolgt, verschiedene im psychischen Reifungsprozeß aufeinanderfolgende Stadien der Ich-Entwicklung von der männlichen Psychologie her gesehen darzustellen. Im psychischen Raum sind diese Stadien in der Regel nebeneinander enthalten. Das letzte Märchen, die Geschichte der ersten Dame, bietet dann die Ansätze zu einer parallel verlaufenden Differenzierung der Animafigur. Diese im Märchen beschriebene Differenzierung ist für unseren heutigen Zeitgeschmack etwas unbefriedigend und verbleibt im Raum dessen, was für die damalige Kultur, in der die Märchen entstanden sind, möglich war. Die Individuation der heutigen Frau und damit auch der Anima des Mannes sieht im Einzelfall, wie ich es an anderer Stelle beschrieben habe[74][75], in vielem unterschiedlich aus.

Ich bin mir natürlich darüber klar, daß man auch von einer anderen Seite her einen Einstieg[76] in diesen Märchenzyklus finden kann und sich von daher eine unterschiedliche psychodynamische Linie verfolgen läßt. Symbolketten, ein Symbos nach Sandner und Jongeward[77], sind vielfach determiniert und lassen sich dementsprechend auch von anderen Ansatzpunkten her deuten. So soll diese Deutung auch weder den Anspruch auf Vollständigkeit noch auf Vollkommenheit erheben.

1. Kapitel

DAS NYMPHIDIDIUM

Die Geschichte des Zyklus beginnt mit der Rahmenerzählung:

In der Stadt Bagdad lebte einstmals ein lediger Lastträger, zu dem eines Tages auf dem Markt eine Dame trat und ihn anredete: »Nimm deinen Korb und folge mir.« Sie ging mit ihm zunächst zu einem Christen, dann zu einem Obsthändler, zu einem Fleischer, zu einem Zuckerbäcker, zu einem Dörrobsthändler und schließlich zu einem Parfumeur und erhandelte überall reichlich Waren, mit denen sie seinen Korb belud. Da sagte der Lastträger: »Wenn du mir das vorher gesagt hättest, dann hätte ich ein Maultier für alle diese Sachen mitgenommen.« Sie aber lächelte, und nachdem sie alles in seinen Korb gepackt hatte, sagte sie: »Lad' deinen Korb auf und folge mir!« Er tat so und folgte ihr, bis sie zu einem hohen, schönen, auf Säulen ruhenden Haus kamen. Auf ihr leises Pochen hin wurde sogleich die Tür durch ein anderes Mädchen »von schlankem Wuchs und schwellendem Busen, voll Schönheit und Liebreiz« geöffnet. Hierauf sagte die Pförtnerin zur Einkäuferin: »Willkommen«, und sie traten in einen schönen, reich dekorierten Saal ein, in dessen Mitte sich ein marmornes, mit Gold und Edelsteinen besetztes und mit einem Mosquitonetz aus rotem Satin behangenes Sofa befand. Auf diesem saß wieder ein Mädchen mit babylonischen* Augen und schlank wie ein Alif**, deren Antlitz das strahlende Sonnenlicht beschämte. Nun nahmen die drei Mädchen dem Lastträger seine Waren ab, und nachdem alles an seinen Platz gestellt war, gaben sie ihm Dinare und sagten zu ihm: »Du kannst ge-

* Babylon gilt bei den Arabern als der Ursitz der Zauberei.
** Der erste Buchstabe des arabischen Alphabets. Er hat die Form einer geraden senkrechten Linie.

hen, Lastträger.« Dieser aber war so in die Betrachtung ihrer
Schönheit versunken, daß er ganz vergaß, fortzugehen und nach
wiederholter Aufforderung sagte: »Bei Gott, meine Herrinnen,
ihr lebt hier allein und ohne einen Mann, wo ihr doch wißt, daß
ein Minarett vier Grundmauern benötigt und das Glück der
Frauen erst durch die Männer vollkommen wird. Ihr seid nur drei
und entbehrt des Vierten, der ein gescheiter und scharfsinniger
Mann sein muß und Geheimnisse bei sich zu behalten versteht.«
Die Mädchen aber, denen der so beredte Mann gefiel, einigten
sich nach einigem Hin und Her, daß er bleiben durfte. Sie stellten
an der Seite einer Fontäne einen Tisch auf, brachten Wein und
alles das, was sie bedurften, und pokulierten fröhlich miteinander. In dieser Weise verbrachten sie die Zeit, bis die Nacht hereinbrach. Sie tanzten, sangen und genossen die Wohlgerüche, und
der Lastträger umarmte und küßte sie, während die eine mit ihm
redete, die andere ihn zupfte und die dritte ihn mit duftenden
Blumen schlug. Sie beschlossen, ihn auch über Nacht zu behalten,
und sagten infolgedessen: »Steh auf und lies, was über der Tür
geschrieben steht!« Er trat an die Tür und fand dort in Gold-
schrift geschrieben: »Sprich nicht über Dinge, die dich nichts angehen, damit du nicht Dinge hörst, die dir nicht gefallen.« Er
sagte, nachdem er es gelesen hatte: »Ich bezeuge es und werde
über das, was mich nichts angeht, nicht sprechen.« Als sie nun
weiterhin noch eine Zeit beisammengesessen hatten, klopfte es
an die Türe, und draußen standen drei Fremde mit geschorenen
Bärten, die alle auf dem linken Auge blind waren. Sie waren
gerade erst aus dem Lande Rûm angelangt und trugen fremde
Trachten. Sie wurden unter der gleichen Bedingung eingeladen
wie der Lastträger, und als sie nun zu sechst eine Weile weiter-
geschmaust und gezecht hatten, klopfte es wiederum an die Tür,
und die Pförtnerin ging, um nachzusehen, wer draußen wäre. Mit
diesem Pochen aber verhielt es sich folgendermaßen: Der Chalife
Hārûn er-Raschîd war in dieser Nacht nach seiner Gewohnheit
als Kaufmann verkleidet, begleitet von seinem Wesir Dschaafar
und Mesrûr, dem Träger des Schwertes seiner Rache, durch die
Straßen der Stadt gegangen. Als er die Musik aus dem Hause

hörte, begehrte er, die Inhaber der Stimmen kennenzulernen, und ließ Dschaafar an die Tür pochen und der Pförtnerin sagen, daß sie Kaufleute seien, die sich auf dem Heimweg von einem Gastmahl verirrt hätten und nun um Unterkunft bäten. Auch ihnen wurde nun die Bedingung gestellt, nicht über Dinge zu sprechen, die sie nichts angingen, damit sie nicht Dinge hörten, die ihnen nicht gefielen. Nun setzten sie sich zu ihnen. Als sie aber dem Chalifen Wein anbieten wollten, sagte dieser: »Ich bin ein Hādschi*« und sonderte sich von ihnen ab. Die Pförtnerin aber ging zu ihm, legte ein Tuch von Goldbrokat vor ihn, goß Weidenblütenwasser hinein, schmolz etwas Schnee darin und vermischte es mit Zucker. Der Chalife bedankte sich und dachte bei sich: »Ich muß sie morgen für ihr gutes Werk belohnen.« Nach einiger Zeit nun erhob sich die Hausherrin und sagte zu ihr: »Steh auf, Schwester, daß wir unsere Pflicht erfüllen!« Sie erhoben sich, forderten den Lastträger auf, ihnen zu helfen und schleiften nun zwei schwarze Hündinnen an Ketten herein. Während der Lastträger sie halten mußte, streifte die Hausherrin ihren Ärmel zurück, ergriff eine Peitsche und peitschte erst die eine, dann die andere Hündin trotz ihres Geheuls so lange, bis ihr der Arm erlahmte. Dann drückte sie die Hündinnen an die Brust, bedeckte ihre Köpfe mit Küssen und wischte ihnen die Tränen ab. Hierauf wendete sich die Hausherrin zur Wirtschafterin und befahl ihr: »Steh auf, deine Pflicht zu erfüllen!« Diese antwortete: »Gut«, und brachte aus dem Nebenzimmer eine Laute. Dann trug sie ein Lied vor, und nachdem die Hausherrin es vernommen hatte, zerriß sie ihre Kleider und sank in Ohnmacht. Die Pförtnerin sprengte ihr Wasser ins Gesicht, bis sie wieder zu sich gekommen war, und brachte ihr ein anderes Kleid. Nun nahm die Wirtschafterin die Laute ein zweites Mal, und nachdem sie ihr Lied beendet hatte, zerriß sich das zweite Mädchen ihre Kleider und fiel ohnmächtig zu Boden. Als nun so ihr Körper entblößt wurde,

* Einer, der die Pilgerreise nach Mekka vollzogen hat, die nach dem Qurân vorgeschrieben ist. Dort werden unter anderem Gelübde für die Zukunft abgelegt, Fehltritte zu vermeiden, wozu auch der Genuß von Wein gehört.

wurden an ihm die Narben von vielen Geißelhieben sichtbar. Der Chalife aber, der schon vorher unruhig geworden war und von Dschaafar nur durch Hinweis auf die Bedingung zurückgehalten werden konnte, wollte nun unbedingt den Sinn dieser Vorgänge erfahren. Sie sprachen untereinander und alle meinten: »Wir sind sieben Mannspersonen, sie aber nur drei Frauen, wir wollen sie zur Rede stellen, und wenn sie uns nicht willig Antwort geben, so wollen wir sie zwingen.« Nur Dschaafar kam hierin nicht überein und sagte allein, daß der Rat nicht gut sei, da sie als Gäste zum Einhalten der Bedingung verpflichtet wären und man sie überdies am Morgen vor den Chalifen rufen könnte, um sie dort nach ihrer Geschichte zu befragen. Der Chalife aber konnte es nicht aushalten, so lange zu warten. Als die Mädchen aber sahen, daß sie untereinander verhandelten, fragten sie: »Ihr Leute dort, worüber redet ihr!« Da trat der Lastträger vor und sprach zur Hausherrin: »Meine Herrin, ich befrage dich und beschwöre dich bei Gott, gib mir Auskunft, weswegen du die beiden Hündinnen gestraft und dann wieder geküßt hast, ferner warum deine Schwester Geißelhiebe empfangen hat! Das ist meine Frage. Frieden sei mit dir!« Als das Mädchen aber diese Worte vernahm, war sie schwer gekränkt, daß sie die gestellte Bedingung nicht einhielten, und sie streifte ihren Ärmel übers Handgelenk zurück und stampfte dreimal mit dem Fuß auf die Erde. Darauf taten sich die Türen eines Seitengemachs auf, und sieben Sklaven mit bloßen Schwertern in der Hand traten heraus. Sie warfen sich auf die sieben Männer, knebelten sie und fesselten ihnen die Hände. Als sie das vollzogen hatten, sagten sie: »O, Verschleierte, erlaub' uns, ihnen den Kopf abzuschlagen.« Sie antwortete: »Gebt ihnen noch eine Gnadenfrist, daß ich sie frage, wer sie sind, bevor ihnen der Kopf abgeschlagen wird.« Nun bat der Lastträger: »Um Gott, meine Herrin, töte mich nicht um die Schuld der anderen willen! Unsere Nacht wäre so angenehm verlaufen, wenn wir von diesen Bettlern verschont geblieben wären, die selbst eine bevölkerte Stadt zur Einöde machen könnten. Dann sang er:

»Wie gut steht's einem Mächtigen an zu verzeihen,
Besonders einem, der keine Helfer hat!
Bei der Heiligkeit unserer Liebe beschwör ich dich,
Töte nicht einen für fremde Schuld.«

Bei diesen Versen des Lastträgers lachte das Mädchen und forderte sie auf, über sich Auskunft zu geben. Sie trat zunächst zu den drei Bettlern heran und fragte sie: »Seid ihr Brüder?« Sie aber antworteten: »Nein, bei Gott, wir sind fremde Fakire.« Jeder von ihnen erklärte, daß es mit dem Verlust ihres Auges eine wunderbare Bewandtnis habe. Infolgedessen sagte das Mädchen zu ihnen: »Jeder von euch soll seine Geschichte erzählen und weshalb er in unser Haus kam; dann mag er mit der Hand über den Kopf fahren und seines Weges gehen.«

Der erste, der nun vortrat, war der Lastträger: »Meine Herrin«, erzählte er, »ich bin ein Lastträger; die Wirtschafterin da hat mich beladen und mich hierher geführt, dann erlebte ich mit euch, was ihr wißt. Das ist meine Geschichte: Frieden sei mit euch!« Sie erwiderte: »So streich mit der Hand über den Kopf und geh deines Weges!« Er sagte jedoch: »Bei Gott, ich gehe nicht eher fort, als ich die Geschichten meiner Gefährten vernommen habe.«

Der Beginn dieses Märchens, das Zusammenfinden des Lastträgers mit den drei Mädchen und das Fest, das sich aus diesem Finden entwickelt, ähnelt in der Atmosphäre und dem Sinngehalt einem der Anfangsträume aus dem von C. G. Jung in »Psychologie und Alchemie[39]« veröffentlichten Individuationsprozeß. Dort ist der Träumer (4. Traum) umgeben von vielen unbestimmten Frauengestalten, die Jung als eine Belebung der psychischen Atmosphäre durch, wie man mittelalterlich sagen würde, »succubi« kommentiert. Faßt man diese Frauengestalten im Sinne einer Subjektstufendeutung auf, dann handelt es sich um die verborgene weibliche Wesensseite des Mannes, die Anima, die hier mit ihrer untergründigen Verlockung – denn hinter dem Sinnlichen liegt ja das andere, die verwandelnde Erfahrung – an den Lastträger herantritt und ihn in das Geschehen und Erleben verstrickt. Diese Mädchen ähneln mittelalterlichen Wasserfrauen, die unvorsichtige Männer zu sich herabzogen, die aber andererseits auch demjenigen, dem sie wohlwollten, mit Rat und Hilfe zur Seite standen oder ihm große Schätze und Kostbarkeiten schenkten. Unter dem Namen der »Melosinae« spielten sie in den alchimistischen Schriften des Paracelsus[78] eine große Rolle, wo sie als eine Art Anima vegetativa ihren Stammsitz im menschlichen Blut haben. »Die Melosina« ist in der ursprünglichen altfranzösischen Sage die »mère Lusine«, die Stammutter der Grafen von Lusignon. Als ihr Gatte sie einmal überraschte, wie sie eben ihren Fischschwanz hatte, welchen sie nur zeitweise, nämlich am Samstag, d. h. Saturnstag, tragen mußte, war sie gezwungen, wieder im Wasserreich zu verschwinden, da ihr Geheimnis zerstört war. Sie erschien nur wieder von Zeit zu Zeit als unheilverkündendes Praesagium. Diese »Nymphididia«, das Nymphenreich, als die ursprüngliche Wohnstätte derartiger Wesen, würden wir mit unserer heutigen Terminologie als das Unbewußte bezeichnen.

Die Anima hat hier noch Züge eines Naturwesens, eine Erscheinungsform dieser Funktion, die ausführlich von Emma Jung[79] beschrieben worden ist.

Auch das arabische Märchen kennt das Motiv der guten und der gefährlichen Meerfrau. In der bereits erwähnten Erzählung von Dschullanar, der Meermaid, ist die Mutter-Königin und Gemahlin des Königs Schârimân von Persien eine solche Meerfrau und Zauberin, die ihre Kräfte hilfreich den Menschen zuwendet. Den Doppelcharakter des Nixenwesens vertritt dagegen die Prinzessin Dschauhare, die Tochter des Königs el Salamandal, indem sie ihren Bewerber Bedr Bâsim, den Sohn Dschullanars, zunächst in einen Vogel verzaubert und auf einer Insel aussetzen läßt.

Wie E. Neumann in seinem Buch »Die große Mutter[54]« ausführt, entspricht die hier charakterisierte Wesensseite, deren Faszination das »Männliche« verfällt, dem sogenannten »Wandlungscharakter« der magna mater. Dieser kann sowohl nach der negativen, auflösenden Seite hin den Mann beeinflussen, indem er ihn in Wahnsinn, Ekstase oder Ohnmacht und Betäubung führt, als auch andererseits ihn zu einer Steigerung in Weisheit, Schau und Inspiration führen. In der Mythologie sind diese Seiten charakterisiert durch die negative Figur der jungen Hexe, wie Lilith, Circe oder Astarte, und die positive Figur der inspirierenden Jungfrau, wie Sophia, die Musen oder Maria.

So schön und säuberlich der Mythos diese Gestalten voneinander trennt, so unklar und bitter sind sie in der inneren Realität der menschlichen Seele, die die Vollständigkeit wohl mindestens ebensosehr liebt, wie sie auf der anderen Seite Vollkommenheit erstrebt. Je voller und lebendiger die inspiratorischen Kräfte sind, desto tückischer und frecher pflegt auch die junge Hexe im Menschen zu rumoren. E. T. A. Hoffmann oder der französische Maler Utrillo wären lebendige Beispiele solcher Vermischung zwischen der musischen Inspiration und dem dämonisch-hexenhaften Rausch, die so ineinander verwebt sind, daß man gar nicht recht weiß, ob das eine ohne das andere überhaupt möglich ist. Der Kampf, den der Mensch mit seinen aus dem Unbewußten aufsteigenden Faszinationen zu führen hat, wird wohl immer ein recht bitteres Handgemenge bleiben, in dem er leider nur allzuoft unterliegt. Diesen Tatbestand hat bereits Freud so formuliert, daß »der Mensch noch nicht einmal Herr im eigenen Hause sei«[80].

Die Märchenfigur der jungen Zauberin ist ein relativ häufiges Traummotiv, und man findet es auch bei Menschen, von denen man derartiges auf Grund einer gewissen äußeren Nüchternheit und Trockenheit nicht so ohne weiteres annehmen würde. Da träumt ein 30jähriger Techniker, der an einer Zwangsneurose und einer Ejaculatio praecox leidet: »*Ich bin in Amerika in einem Zirkus. Das Podium ist etwas erhöht, und ich sitze unten in den ersten Reihen. Es tritt eine junge, hübsche Zauberin auf, die einige Kunststücke vollführt. Ich versuche immer, ihr unter die Röcke zu gucken. Die Leute neben mir erzählen, daß sie Menschen in Hunde verwandeln kann. Nach der Vorstellung gehe ich eine dunkle Straße entlang. Ich bekomme furchtbare Angst und flüchte in einen Hausflur und halte die Tür fest zu.*« Der Patient bezeichnete sich selbst als einen ausgesprochen trockenen Realisten, für den Gefühle nichts bedeuten. Er hatte seine Affektivität so weitgehend verdrängt, daß selbst seine Sprache monoton, trocken und ohne jede klangliche Modulation dahinfloß. Obwohl verheiratet, hatte er doch zu seiner Frau praktisch keine Gefühlsbeziehung. Die Zauberin, welche ihm da begegnet, ist gerade die weibliche Seite als Eros und Beziehung in ihm, die ihm fehlt und die er zu seiner Gesundung annehmen müßte. Gleichzeitig zeigt der Traum aber auch eine noch berechtigte Angst, denn ein Verfallen an dieses Circe-Wesen würde bei der Übermacht dieser Figur einer Inflation entsprechen.

In unserem Märchen haftet den drei Frauengestalten dieser zauberisch-hexenhafte Charakter nur noch hintergründig an. Eine gewisse Beziehung zum Wasser ist durch den großen Springbrunnen´in dem Gemach, wo sich die Geschichte abspielt, gezogen. Allerdings ist dieser in reichen orientalischen Häusern nicht etwas besonders Auffallendes. Gefährlich aber bleibt die Begegnung mit ihnen, die im übrigen etwas an die Begegnung des Scharirar mit Schehersad und ihrer Schwester erinnert, für die beteiligten Männer doch: Nur durch die Erzählung ihrer Geschichten entrinnen sie der Überwältigung der durch ihre Neugierde heraufbeschworenen Schattenfiguren. Beschäftigen wir uns aber zunächst mit der Figur des Lastträgers.

Der Beruf des Lastträgers ist bei uns fast ausgestorben, und wir besitzen von ihm nur noch ein gewisses Relikt in den seltenen Gepäckträgern der großen Bahnhöfe. Noch um die Jahrhundertwende gehörte dagegen der »Dienstmann« oder der »Ecksteher« zum Straßenbild aller großen Städte. In den weniger technisierten Städten des Orients steht dieser Beruf noch heute in Blüte, und von der Einkaufstasche der Dame bis zum gesamten Hausrat werden die Dinge dieser Welt von diesen Männern von hier nach dort und auch wieder zurück von dort nach hier getragen. Ein recht niederer Beruf ist es, der etwa an der untersten Sprosse der sozialen Leiter steht. Nicht viel besser als ein Esel ist solch ein Mensch, und er hat vor diesem oft nur den Vorteil, daß er billiger ist. Dieser Lastträger spielt in unserem Märchen eine recht sonderbare Rolle. Er ist zunächst die persona grata, die Hauptfigur oder der Held, durch dessen Existenz und Pfiffigkeit das Geschehen ausgelöst und in Gang gesetzt wird. Eigentlich rettet er durch letztere Eigenschaft nachher den ganzen Männerclan, der an dem Fest partizipieren will, vor der Vernichtung, und später wird er dann stillschweigend zur Seite geschoben. Sein Dasein wird über den Geschichten der anderen so bedeutungslos, daß man ihn gar nicht mehr erwähnt. An der glücklichen Lösung aller Verstrickungen nimmt er schon gar nicht mehr teil und wird ohne Dank und Lohn aus der Geschichte verstoßen. Das hat einige Übersetzer offensichtlich verbittert, und man hat in den Kinderausgaben die Geschichte so verkürzt, daß man nur die Erzählung des einen Bettlers (das Märchen vom Magnetberg) stehenließ und die Figur des Lastträgers mit der des Bettlers einfach zusammenzog. Zum Schluß ließ man diesen dann aus Weisheit über die Erfahrungen seines Höhenfluges auf dem Zauberpferd auf irdische Güter und Ruhm verzichten, um im Dasein eines Lastträgers Glück und Zufriedenheit zu finden. Aber diese Lösung entspricht kaum dem Geist der Märchensammlung von 1001 Nacht. Zwar kennt der Mohammedaner auch die Existenz des auf das äußere Leben verzichtenden Derwisches, der Parallele zum indischen Saddhu, der seine ganzen Energien auf die Introversion richtet[81]. Auch in den Märchen von 1001 Nacht erscheinen solche Lebensformen. So geht z. B. im Märchen von Prinz Ahmed und der Fee Peri Bânû der älteste Königsohn aus Zorn und Kummer darüber, daß sein jüngerer Bruder die Hand der von allen drei Brüdern geliebten Prinzessin Nur erhält, in den Wald und wird ein Derwisch. Er schlägt es auch ab, als ihm am Schluß des Märchens sein jüngster Bruder Herrschaft über Stadt und Land, das er bestimmen möge, anbietet, denn »er war völlig mit seinem Derwischleben zufrieden und glücklich, und es lag ihm nichts an Reich und Herrschaft und sonstigem irdischen Tand«. Daß aber ein Märchenprinz freiwillig zu einem Lastträger wird und auch in dieser Existenz verbleibt, findet sich nicht in dieser Sammlung. Solche Konstruktionen scheinen eher einem Schuldkomplex zu entstammen.

Es könnte nun naheliegen, diesen Lastträger mit einem depressiven Ich in Beziehung zu setzen, das sich in Sünde und Selbstanklage als das niedrigste Wesen dieser Welt erlebt. Aber genau so, wie sich das Ich einer Inflation anmaßen würde, wenn es wie in der Paranoia den Archetypus des Königs mit sich selbst identifiziert, so unterliegt es hier einer Deflation in eine Figur mit archetypischen Zügen, die in diesem ärmlichen Gewande auftritt. Unterlegt man dem Märchen (zunächst als eine Arbeitshypothese) den Sinn, daß es sozusagen die Symbolsprossen vorbaut, an denen sich ein späterer Reifungsprozeß emporzuranken vermag, dann muß man von einer solchen »neurotischen« Interpretation seiner Figuren oder Handlungen absehen. Der archetypische Gehalt aber, der dieser Figur des Lastträgers innewohnt, ist einmal der eines Mittlers und eines Zusammenführers, eine Art Psychopompos, und auf der anderen Seite ist er derjenige, der die Sinnlichkeit und die Sexualität in die Geschichte hineinbringt. Was in der Hennig'schen Reclam-Ausgabe[41] schamvoll verschwiegen bzw. übergangen wird, das enthalten andere Ausgaben[72] in deutlich unverhüllterer Form. Das Fest der drei Mädchen mit dem Lastträger artet nämlich noch vor dem Eintreffen der anderen Personen zu einer Orgie aus. Es kommt zu einem lebhaften sexuellen Verkehr à quatre, wobei der Lastträger die beneidenswerte Potenz entwickelt, alle drei Frauen in befriedigende Lösung und Erlösung zu versetzen. Mit diesen Eigenschaften, der Mittlerfunktion und der heftigen Leidenschaftlichkeit, hat dieser Lastträger Beziehungen zu dem in der Alchimie bekannten dunklen Merkurius, der nach den alten Texten »in sterquilinis invenitur« (in den Abtrittgruben gefunden wird). Hier tritt er nicht wie in dem vorigen Märchen als Fischer auf, sondern in dem ärmlichen Gewand des Letzten auf der sozialen Stufenleiter. Jung schreibt im »Mysterium Conjunctionis«[82]: Die Conjunction (d.h. die Verbindung der Gegensätze des Männlichen und Weiblichen in der menschlichen Seele) stellt insofern nicht immer eine unmittelbare und direkte Vereinigung dar, als sie eines gewissen Mediums bedarf, bzw. in einem solchen stattfindet, nach dem Grundsatz: »Non fieri transitum nisi per medium« (nur durch das Mittlere kann ein Übergang stattfinden). »Mercurius est medium conjungendi« (der Merkurius ist das Medium der Verbindung). In der Symboltabelle des Penotus sind dem Merkurius die Nymphen zugeordnet, und im Trupus Sendivogianus wird er auf einem mit Hahn und Henne bespannten Wagen abgebildet, hinter dem sich ein nacktes umarmendes Liebespaar befindet. Merkurius ist auch die beständige Cohabitation, wie in den Shiva-Shakti-Vorstellungen. Diese nach Jung zitierten Parallelen aus der Alchimie mögen zunächst hier ausreichen, den merkurialen Charakter des Lastträgers zu verdeutlichen. Er ist allerdings nur ein Teilaspekt des Merkurius, nämlich der, der seine Anteile an unpersönlicher Sexualität vertritt und aus dem sich das Schöpferische erst entwickeln muß. Es ist eine erste Stufe des Merkurialen und entfällt auch im weiteren Verlauf der Geschichte eben deshalb, weil er nur über diese sexuelle Note verfügt. Genau wie der Geist aus der Flasche verschwindet er nach Erfüllung seiner Funktion. Wenn man die Vorstellung unterlegt, daß das Unterste des Anfangs als ein Symbol des Höchsten aufgefaßt werden muß und das Höchste auch als Symbol des Unteren, dann gehen seine Eigenschaften der Mittler- und Erlöserfunktion im Verlauf des Märchens auf den zuletzt auftretenden Chalifen Hārûn er-Raschîd, den Herrscher aller Gläubigen, über.

Es würde kaum der Lebendigkeit und Fülle des Geschehens gerecht werden, wenn man dieses ziemlich orgiastische Element des Beginnes allein reduktiv auf den Sexualtrieb beziehen würde. Ebenso verfehlt man den Sinn primitiver Riten und Kulte, wenn deren orgiastische und obszöne Elemente als reine Reduktion auf die Befriedigung eines Triebes hin gedeutet würden. Hier wie dort steht die Sexualität als eine Chiffre, die auf Transpersonales hinweist und die schöpferisch-zeugenden Kräfte im Menschen versinnbildlicht. Sinn und Ziel beider wäre, den Individuationsvorgang auszulösen und die Energien und Triebkräfte des Unteren und Oberen miteinander zu verbinden. Immer wieder stößt sich der Mensch bedauerlicherweise wund, wenn er merkt, daß zwischen dem, was er möchte, und dem, was ist, erhebliche Lükken klaffen. Das trifft sowohl für die äußere Welt zu, dem Weg in die Extraversion, als auch für den Weg in die eigene Innenwelt, die Introversion, deren innerpsychische Realitäten, sofern man sich echt mit ihnen auseinandersetzt, dem Wunsch nach Harmonie und Glück ebenso große Schwierigkeiten entgegensetzen, wie es das Außen auch tut. Sowohl im Freud'schen Begriff der Sublimation als auch in der Individuation C. G. Jungs wird deutlich – wenn auch sehr unterschiedliche Vorstellungen der Libidotransformationen bestehen –, daß psychische Energien, denen eine einfache Triebbefriedigung versagt bleibt, auf eine andere Ebene überführt werden sollen. Der psychische Aufwand, den der Mensch für diese Libidotransformation aufbringen muß, ist riesengroß, und der reine Kausalitätsstandpunkt, der den Menschen nur von seiner Hilflosigkeit, seinem Sicherheitsbedürfnis, der unbefriedigten Inzestsehnsucht und anderen Faktoren her interpretiert, ist ihm bis heute immer unbefriedigend erschienen. Gleichzeitig mit seinem Bedürfnis, Grund und Ursache der Dinge zu suchen, existiert in ihm als eine psychische Tatsache auch die Suche nach einem Sinn und einer Zielvorstellung der Individuation, die er dem Geschehen unterlegen will und die seine Ausdrucksformen im alchimistischen lapis philosophorum, im adam kadmon, in den Gottesvorstellungen der verschiedenen Religionen, im Tao oder im Selbst der Jung'schen Psychologie gefunden hat. Da eine solche Sinnerfassung rational immer etwas Unbeweisbares bleiben wird – wie z. B. die Unmöglichkeit des Gottesbeweises zeigt –, orientiert sich dieses Erleben vorwiegend in der Welt des bildhaften Hintergrundes der eigenen Seele, geht nicht abstrahierend, sondern amplifizierend vor und hat seinen extremen Endpunkt in dem Mystiker, der um Gott, das Atman oder das Tao eben mit Sicherheit weiß, weil er es selbst in sich erlebt hat.

An einer solchen Welt bildhafter Sinnvermittlung hat neben den Mythen und Riten auch das Märchen großen Anteil. Würde man es seiner Bildgewandung entkleiden und rein reduktiv betrachten, dann blieben relativ einfache Schematismen menschlicher Verhaltensnormen übrig, die den mißlichen Eindruck einer Prokrustesoperation erwecken. Über solche bildhafte Sinnerfassung einer Situation verfügt auch das menschliche Unbewußte in seinen Träumen nicht nur bei differenzierten und gebildeten, sondern auch bei einfachen Menschen. Eine Analogie zu der Initiation unseres Märchenzyklus mit dem Nymphididium zeigt so der Initialtraum eines Postboten, der wegen einer schweren Schlafstörung mit Würgegefühlen am Hals und einer Impotenz zu mir in die Analyse kam[83]: »*Im Wasser geschwommen mit mehreren Frauen. Immer etwas gesucht.*« Als Assoziation gab er dazu ein Kindheitserlebnis an: Er war mit seiner Mutter an der Havel baden gegangen, hatte dort die Absperrbalken der Badeanstalt übersprungen und war auf ein Floß geklettert, von wo er der Mutter, die am Ufer saß, zuwinkte. Interpretiert man diesen Traum nur reduktiv nach dem Antriebserleben, dann enthält er einerseits die gehemmte Motorik, andererseits den Inzestwunsch nach der magna mater, dem Meer, und nach erotischer Promiskuität. Das entspricht zwar auch den bei diesem Patienten vorliegenden Problemen. Mit der gleichen Berechtigung enthält dieser Traum aber auch eine bildlich symbolhafte Erfassung eines Erlebens, das dem Bewußtsein dieses Mannes noch nicht bzw. überhaupt nicht rational erfaßbar sein wird, sondern nur geahnt oder als Bild ausgedrückt werden kann. Es handelt sich ja hier um einen Initialtraum, um die erste Reaktion des Unbewußten auf den analytischen Prozeß und versinnbildlicht die Kontamination der starren Bewußtseinseinstellung mit der lösenden Kraft der unbewußten Bilder. Es sind wieder die »succubi«, die Feen, Sirenen oder Lamien, die das Traum-Ich in die Wasser des Unbewußten locken. Es wird das Beziehungssystem zwischen Bewußtsein und Unbewußtem angesprochen, die Animafunktion, die in der männlichen Psyche unter dem Bild der verführerischen Frau erscheint. Damit entspricht dieses individuelle Bild eines Analysenbeginns auch der kollektiven Phantasie, mit der unser Märchen und die Rahmenerzählung von 1001 Nacht beginnen.

Nach dieser Phase der Auflösung im Bereiche des Sinnlichen, bei der das weibliche Element mit 3 : 1 in einer deutlichen Überzahl steht, setzt nun eine rückläufige Stabilisierung ein. Der männliche, oder wenn wir es hier so gleichsetzen wollen, der bewußte Anteil des Geschehens (bei einer Interpretation nach der männlichen Psyche hin) erhält eine erhebliche Verstärkung. Zweimal wird an die Tür geklopft, und jedesmal treten drei Männer, zunächst die einäugigen Bettler, dann der Chalife mit seinen beiden Begleitern in die Geschichte ein. So haben wir jetzt im Gegensatz zum Beginn ein ganz umgekehrtes Kräfteverhältnis von 7 : 3. Ohne hier näher auf die Zahlensymbolik eingehen zu wollen, sei doch darauf hingewiesen, daß in der Tiefenpsychologie die ungeraden Zahlen in der Regel männlichen Charakter haben, die geraden weiblichen. Es fällt bei unserer Kombination nun auf, daß die einzelnen Verhältniszahlen jeweils männlich sind (3, 1, 7, 3), ihre Addition, wie es den Gesetzen der Mathematik entspricht, dagegen gerade, d. h. weiblich ist (3+1=4; 7+3=10). In einer tiefenpsychologischen Übersetzung würde das heißen, daß hier die einzelnen aktiven und bewußten Personen oder Figuren auf einem weiblich-mütterlichen Untergrund agieren, der seinerseits dem Unbewußten angehört bzw. dieses symbolisiert. Diese geraden Zahlen geben so den notwendigen Ausgleich zu den immer wieder im Vordergrund stehenden Trinitäten, der drei Mädchen, der drei Bettler und des Chalifen mit den zwei Begleitern.

Mit dem Auftreten dieser Männer verschwindet nun zunächst der orgiastische Zug aus der Geschichte. Man ißt und trinkt zwar noch und ist fröhlich beisammen, in der Person des Chalifen tritt aber nun bereits der andere Teil eines Gegensatzpaares auf, die Askese, die den Gegenpol zur Wollust bildet. Es ist eine bekannte Tatsache, daß sich das Verbot des Propheten gegen Alkohol in den mohammedanischen Ländern nicht recht durchgesetzt hat. Er hat den Wein ja ausdrücklich verdammt: Qurân 5:91, 92:

> *»O die ihr glaubt: Wein und Glücksspiel und Götzenbilder und Lospfeile sind ein Abscheu und ein Greuel, ein Werk Satans. So meidet sie allesamt, auf daß es euch wohl ergehe. Satan will durch Wein und Glücksspiel nur Feindschaft und Haß zwischen euch erregen, um euch so vom Gedanken an Allah und vom Gebet abzuhalten. Doch werdet ihr euch abhalten lassen?«*

Trotzdem wird, wie in der Realität auch, in den Geschichten von 1001 Nacht recht kräftig pokuliert, und der Fromme, der den Wein zurückweist, ist eher die Ausnahme wie die Regel. So ist in diesem Verhalten des Chalifen eine Betonung der »ausgezeichneten Persönlichkeit«, die aus dem Allgemeinen, dem Gewöhnlichen herausgehoben ist, zu sehen, ein Verhalten, das seiner königlichen und religiösen Rolle entspricht.

Wir kennen in der Zeit, in der dieses Märchen spielt, keine der christlichen Traditionen entsprechende Teilung der Gewalten in Kaiser und Papst, sondern der Chalife, als Herrscher aller Gläubigen, verkörpert insofern noch das »Gotteskönigtum«, indem er zwar nicht mehr selbst Gott ist, aber doch weltliche und geistliche Macht gleicherweise in seine Hände gelegt sind. C. G. Jungs Auffassung[82] über die Rolle der Königsfigur ist, daß das vorderasiatische Königtum mehr auf theologischen Voraussetzungen als auf politischen beruhe. Der König ist selbstverständlich die magische Quelle der Wohlfahrt und des Gedeihens seines ganzen Volkes – der Menschen, der Tiere, Pflanzen und Äcker. Diese Bedeutung des Königtums ist als ein psychisches Apriori aufzufassen, als natürliche Offenbarung einer ins Prähistorische reichenden seelischen Struktur.

Eine solche »ausgezeichnete« Persönlichkeit würde sich aber ihrer magischen Kräfte beheben, wenn sie auf die Stufe des Gewöhnlichen zurücksinken würde. Selbst wenn der menschliche Träger der »Königsmagie« einmal sündigt, als Symbol ist das völlig unmöglich. So wird auch im Märchen der unerkannte Chalife sofort aus diesem Geschehen herausgehoben. Manifestationen dieses Archetyps einer »erhabenen männlichen Figur«, die mit göttlichen Attributen ausgerüstet ist, des alten Weisen, tauchen ebenso oft wie in den Märchen auch in den Träumen auf. Oft ist der Eindruck der innerseelischen Begegnung mit dieser Figur ein außerordentlich nachhaltiger, und die Figur ist mit der Gottes-Imago identisch[84]. Hierfür ein Beispiel aus der Behandlung einer 28jährigen Patientin: »*Ich saß mit meiner Mutter auf dem Balkon unserer alten Wohnung. Der Balkon lag im Traum nach Südosten. Herr X. (der Verlobte) saß auch bei uns. Es war Nacht, und* am Himmel stand ein sehr helles Licht. Ich war wie erstarrt. Es war so hell, daß man lesen konnte. Ich konnte beobachten, wie das Licht am Himmel gen Südosten wanderte. Es wurde dabei immer heller. Endlich schien das Licht im Horizont zu versinken, aber plötzlich war es an einer Stelle heller als taghell. Der ganze Horizont war so hell, daß es in den Augen schmerzte. Zweimal leuchtete es so für längere Zeit auf, und beide Male sah ich einen alten Mann dort, wie auf einer Wolke, stehen. Ich war erstarrt und konnte mich nicht bewegen. Meine Mutter schien auch beeindruckt zu sein. Nach kurzer Zeit aber hatte sie sich gefaßt und sagte zu mir: ›Hast du den alten Mann gesehen‹ Er sah genauso aus, wie man sich als Kind den ›lieben Gott‹ vorstellt. Und nun hole zwei Kristallgläser und eine Flasche Wein. Wir wollen auf diesen einmaligen Augenblick in unserem Leben trinken.‹ Als meine Mutter anfing zu sprechen, erwachte ich aus meiner Erstarrung. Ich bekam jetzt so etwas wie Schüttelfrost. Ich hatte das Gefühl, eine zentimeterdicke Gänsehaut zu haben, meine Zähne schlugen aufeinander, ich mußte fortwährend stöhnen, und mein Körper bebte so, daß ich mich nur mit aller Macht aufrechthalten konnte.«

Der Traum enthält das charakteristische Lichtphänomen, das wir sowohl aus der abendländischen als auch aus der orientalischen Mystik bei der Begegnung mit dem Göttlichen kennen, und erinnert in der Kraft der Erschütterung an die Bedrohung, die von der direkten Ansicht des Gottesbildes ausgeht. Semele, die Mutter des Dionysos und die Geliebte des Zeus, zwang den Gott durch Versprechen, sich ihr in seiner wahren Gestalt zu zeigen, und verbrannte daraufhin unter seinen Blitzen. Mir erscheint daher dieser Traum als ein besonders gutes Beispiel, wie hochgradig ein derartiges inneres Traumerlebnis mit Affektivität und Emotionalität aufgeladen sein kann. Die »ergriffene« menschliche Persönlichkeit kann sich der Wirkung eines derartigen Bildes, das ihr begegnet ist, meist nur schwer entziehen. Natürlich ist es möglich, sich zu verhalten wie Parsifal, der nicht fragte und damit den Gral wieder verlor, was in unserem Falle auf der psychologischen Ebene heißen würde, daß ein derartiges inneres Erlebnis so schnell wie möglich wieder verdrängt wird. Diese Patientin tat das aber nicht, sondern es erfolgte innerhalb ihrer Analyse eine sehr lange und tiefgreifende Auseinandersetzung mit den Sinnbezügen ihres eigenen Seins und dem transzendentalen Hintergrund, auf dem wir alle leben. Gott erscheint hier in seiner Geist-Natur, d. h. als spirituelles Luftwesen, auf einer Wolke in der Figur des alten Weisen, einer anthropomorphen Gestalt, die, wie die Mutter im Traum richtig sagt, durchaus auch die Züge eines Kinderbilderbuch-Gottes hat. Dies ändert allerdings nichts an seinem numinosen Affekt auf die Patientin. Sie wurde sich dann auch in der Folgezeit darüber klar, in welchem Umfange sie unbewußt und zum Nachteil ihrer eigenen Individuation an eine sehr kindlich und naiv aufgefaßte kollektiv-christliche Hintergrundsethik gebunden war. Die analytische Auseinandersetzung mit diesem Bild führte bei ihr zwar nicht dazu, daß aus einem Saulus ein Paulus wurde, aber doch dazu, daß sie eine neue und andere Beziehung und Beachtung der Religio in weiterem Sinne, d. h. verstanden als Rückbindung an die Transzendenz, bekam, nachdem sie vorher alles Religiöse und Transzendente als Unsinn abgetan hatte.

Doch weiter zum Märchen: »Sprich nicht über Dinge, die dich nichts angehen, damit du nicht Dinge hörst, die dir nicht gefallen.« Mit diesen Worten, auf die jeder Besucher des Hauses vorher hingewiesen wird, wird eine Grenze gezogen zwischen dem Bereich des Wissens oder der eKnntnis von Männlichem und Weiblichem, von Bewußtsein und Unbewußtem. Vor dieser Grenze liegt die Begegnung im Bereich des Bekannten und Gewohnten, in der Welt von Geselligkeit und Konvention und der gefügten immanenten Ordnung von Dingen und menschlichen Beziehungen. In diese Welt hinein aber ragt beunruhigend und verwirrend das Geheimnis, das hier hinter der unverständlichen Handlung des Auspeitschens der Hunde zum Vorschein kommt. Es ist eine Grunderfahrung menschlichen Lebens, die hier angesprochen wird. Zur Bewältigung dieser Erfahrung werden bestimmte bildhafte Vorstellungen benötigt, deren Material erst die Erfahrung einer anderen Seite der Welt ergibt.

So ist in den alten Mysterienkulten wie auch in den Riten der Primitiven das jeweils Verborgene ein an sich belangloses Bild oder Zeichen, das aber durch seine Symbolfunktion auf einen wichtigen psychischen Inhalt hinweist, der die Numinosität eines Archetypus enthält. So weist das Geheimnis auf die Gegenwart eines Unbewußten hin, das eine immer wiederkehrende Berücksichtigung und Beobachtung von seiten des Bewußtseins fordert. Innerhalb dieser an sich vielleicht bedeutungslosen bildhaften Vorstellungen steckt sogar häufig die Glaubensgrundlage des Individuums oder einer Kultur. Diese ist aber von höchster Existenzwichtigkeit, wie das Zugrundegehen von Primitivkulturen gezeigt hat, wenn durch voreilige Missionare ihr Ritus zerbrochen und das Geheimnis »entlarvt« wurde. Dieser Gefahr einer Destruktion durch einen voreiligen Einbruch unbewußten Materials ins Bewußtsein ist auch das einzelne Individuum ausgesetzt, womit die Geheimnisbildung eine Notwendigkeit gesunder psychischer Funktion für den einzelnen darstellt. Auf der anderen Seite ist Wandlung und Reifung nur dann möglich, wenn bisher unbewußte Inhalte zum Bewußtsein zugelassen bzw. erfahren werden, und so wird diese Situation, in der ein bisheriges »Geheimnis« dem Bewußtsein bekannt werden muß, ein notwendiger Reifungsschritt. So ist auch jede Psychotherapie, deren Heilerfolg auf die innere Reifung und Wandlung angewiesen ist, ausdrücklich und von Anfang an ein Eingriff in das Geheimnis des Menschen. Diese zentrale Stellung des Geheimnisses ist von Freud schon sehr früh betont worden. In einem Seminarvortrag über Tatbestandsdiagnostik und Psychoanalyse aus dem Jahre 1906 [85] stellt er eine Analogie zwischen dem Verbrecher und dem Hysteriker her. Bei beiden handelt es sich um ein Geheimnis, um etwas Verborgenes, das beim Verbrecher bewußt ist, beim Hysteriker unbewußt. Bei Letzterem sind es die stark affektbesetzten psychischen Komplexe, die verdrängt werden und aus dem Unbewußten heraus die somatischen und psychischen Symptome erzeugen. Nach Freud enthalten diese Komplexe aber nur persönliche Vorstellungen, Erinnerungen und Wünsche. Jung hat dann diese Vorstellungen dahingehend erweitert, daß es nicht nur die verdrängten Komplexe des persönlichen Unbewußten sind, die Krankheitserscheinungen hervorrufen können, sondern auch eine ungenügende Verarbeitung der aus dem kollektiven Unbewußten auftauchenden Inhalte[86]: das noch nicht Gewußte, aber im Reifungsablauf der verschiedenen Lebensphasen notwendigerweise zu Wissende[87]. Es ist weiterhin unter Bezug auf das am Beginn des Buches über den Symbolbegriff Gesagte einzufügen, daß es sich keineswegs um eine einfache rationale Aufklärungsarbeit handelt. Entsprechend der unausschöpfbaren Fülle des Sinngehaltes kollektiver Symbolik, bleibt bei allem »Wissen um« das Geheimnis gewahrt und wird nicht reduktiv abgewertet und zerstört. Der ärztliche Eingriff in die »Geheimwelt«, das Unbewußte des Patienten, ist, wie in unserem Märchen auch, immer mit starken Erschütterungen und Gefahren für die psychische Situation des Individuums verbunden, an deren extremen Endpunkten als Gefahren auch Suizid und Psychose stehen können, eben gerade dann, wenn der Arzt so handelt wie der voreilige Missionar und die bisherige Symbolbildung zu frühzeitig abwertet und zerstört.

Analog zu diesen Überlegungen verhält sich die Symbolik unseres Märchens. Mit dem Eindringen in das Geheimnis der Mädchen wird zunächst eine gefährliche Schattenproblematik auf den Plan gerufen. Die Türen eines Seitengemachs öffnen sich, und heraus tritt der schwarze Sklave. Die Bedeutung des Negers als Schattenfigur ist bereits im ersten Teil erörtert worden. Der paradiesische Zustand ist durch die Frage nach der anderen Seite des Daseins zerstört, und diese äußert sich zunächst in einer höchst unangenehmen und bedrohlichen Form. Die Konfrontation mit dem Schatten, der als der dunkle Bruder in uns unter individuellem Aspekt alle die verworfenen, nicht gelebten und verdrängten Eigenschaften unserer Psyche enthält, oder, auf kollektiver Basis, die strukturelle Bereitschaft des Menschen zum Dunklen und Abgründigen, ist immer eine gefährlich unangenehme Angelegenheit. Freud, der als erster auf diese dunkle Seite der menschlichen Natur stieß und leider zu sehr nur sie sah, schrieb daher zu Recht vor sein Traumbuch[141] den Satz: »Flectere si nequeo superos, acheronta movebo.« Gleichzeitig setzt der Mut zur Frage nach dem Geheimnis aber auch den Erkenntnisprozeß in Gang, die ganze Märchenhandlung mit all ihrem dämonisch Abgründigen und heilsam Rettenden. Die schicksalhaften Verknüpfungen der handelnden Personen werden hierdurch offenbar und können einer Lösung entgegengeführt werden.

Charakteristisch für die orientalische Geisteshaltung ist auch in diesem Märchen der Wert, der einer Geschichte beigemessen wird. Die Errettung aus der Todesgefahr erfolgt dadurch, daß jeder seine Geschichte erzählt, und nur der, der sein eigenes Schicksal gegen die Bedrohung durch den Schatten setzt, entgeht dem Tode. Dieser Wert, der auf eine Erzählung gelegt wird, findet sich im indischen Märchen gleicherweise wie im arabischen. So schreibt v. d. Leyen: »Wie im Indischen ist die Liebe und der Glaube an diese Geschichten etwas Unbedingtes. Die Erzählungen können den, der sie hört, vor Unheil behüten, durch Geschichten fristen oder retten Verurteilte ihr Leben, sie sind die größte und reinste Freude der Monarchen und erleichtern ihnen die Schwere ihres Berufes, und der geringste Lastträger will lieber von allem irdischen Glück ausgeschlossen sein, als eine dieser Erzählungen vermissen. In einem indischen Märchen wird ein Erzähler, weil er eine Geschichte unterbrach und nicht zu Ende führte, von zuhörenden, empörten Geistern mit drei furchtbaren, lebensgefährlichen Strafen bedroht. Im Arabischen wird eine Reise nach einem Märchen unternommen, es wird teurer bezahlt, als die kostbarsten Edelsteine. Wenn eine Geschichte bevorsteht, ist keiner, der sich etwa fortschleicht, auch Geister schütteln sich vor Freude, wenn sie ein Märchen hören dürfen. Jedes soll wunderbar und seltsam sein, und eine bekannte Wendung lautet: ›Meine Geschichte ist so, daß, würde sie mit Sticheln in die Augenwinkel gestichelt, sie würde eine Warnung sein für jeden, der sich warnen ließe.‹ – Wie kritisch, wie gefahrdrohend, wie drängend zum raschen Handeln eine Lage auch sein mag, für eine Geschichte vergißt der Araber das ganze andere Leben, seine ganze Gefahr und seine ganze Ehre.«[10]

Wie bereits in dem Satz von den Augenwinkeln angedeutet wird, liegt der Geschichte oder dem Märchen ein tieferer Sinn zugrunde als bloß der eines erfreulichen und spannenden Zeitvertreibs. »Sie sollen eine Warnung sein für jeden, der sich warnen ließe« und damit enthalten sie hier das Motiv der lebensrettenden Erkenntnis, das wir auch in anderer Form aus vielen Mythen und Märchen kennen.

Als Theseus nach seiner Fahrt über den gefährlichen Peloponnes unerkannt am Hofe seines Vaters Aigeus eintrifft, trachtet ihm Medea, die dort als Zauberin dem König wieder Jugendkraft verschaffen sollte, nach dem Leben. Sie überredet Aigeus, dem Jüngling beim Willkommensmahl einen vergifteten Wein vorzusetzen, weil dieser angeblich einen Mordanschlag auf ihn plane. Der mißtrauische König geht darauf ein. Theseus aber zieht beim Mahl das Schwert seines Vaters aus der Scheide, das dieser vor seinem Weggang von Aithra unter einem Felsblock für den Sohn verborgen hatte, um mit ihm das Fleisch zu zerteilen. Aigeus erkennt daran den eigenen Sohn und stößt den Giftbecher um[88].

Ein weiteres schönes Beispiel kennt das orientalische Märchen vom Prinzen »Fünf Waffen«, das ich hier etwas ausführlicher zitieren will:

Der Prinz hatte gerade seine militärische Unterweisung bei einem weltberühmten Lehrer beendet. Nachdem er mit dem Titel Prinz Fünf Waffen ausgezeichnet worden war, nahm er die fünf Waffen entgegen, die sein Lehrer ihm gab, verbeugte sich und begab sich, ausgerüstet mit den neuen Waffen, auf die Straße, die zur Stadt seines Vaters führte. Der Weg führte ihn durch einen bestimmten Wald. Leute am Eingang des Waldes warnten ihn. »Herr Prinz, betretet nicht diesen Wald«, sagten sie, »ein Dämon lebt hier, mit Namen Klebhaar, der tötet jeden Menschen, den er zu sehen bekommt.« Aber der Prinz war zuversichtlich und furchtlos wie ein Mähnenlöwe. Ohne Zögern drang er in den Wald ein, und als er die Mitte erreicht hatte, zeigte sich der Dämon. Er hatte seine Gestalt so groß gemacht wie einen Palmbaum und sich einen Kopf gemacht so groß wie ein Sommerhäus-

chen mit glockenförmiger Spitze, Augen so groß wie Almosenschalen, zwei Stoßzähne so groß wie riesige Äste oder Wurzeln; er hatte den Schnabel eines Habichts; sein Bauch war von Beulen bedeckt und seine Hände und Füße waren dunkelgrün. »Wo willst du hin?« herrschte er den Prinzen an. »Halt! Du bist meine Beute!«

Prinz Fünf Waffen antwortete ohne Furcht, aber mit großem Vertrauen auf die Künste und Geschicklichkeiten, die er erlernt hatte. »Oger«, sagte er, »ich wußte wohl, woran ich war, als ich diesen Wald betrat. Du tätest gut, es dir zu überlegen, ob du mich angreifen willst; denn mit einem giftgetränkten Pfeil werde ich dein Fleisch zerreißen und dich auf der Stelle niederstrecken!«

Nachdem er so dem Dämon gedroht hatte, legte er einen giftgetränkten Pfeil auf seinen Bogen und schoß ihn ab. Am Haar des Dämons blieb er kleben. So schoß er nacheinander fünfzig Pfeile ab. Alle blieben am Haar des Dämons kleben, und dieser schüttelte sie ab, so daß sie zu seinen Füßen niederfielen, und er ging auf den jungen Prinzen los.

Wieder drohte Prinz Fünf Waffen dem Oger, zog sein Schwert und führte einen meisterhaften Streich. Das Schwert, dreiunddreißig Zoll lang, blieb am Haar des Ogers kleben. Dann warf der Prinz einen Speer. Auch dieser blieb am Haar des Ogers kleben. Als der Prinz sah, daß der Speer kleben geblieben war, schlug er mit der Keule zu. Auch diese blieb am Haar kleben.

Als er sah, daß die Keule kleben geblieben war, sagte er: »Meister Oger, du hast noch nie von mir gehört. Ich bin Prinz Fünf Waffen. Als ich diesen Wald betrat, in dem du dein Wesen treibst, verließ ich mich nicht auf Bogen und dergleichen Waffen; als ich diesen Wald betrat, verließ ich mich nur auf mich selber. Nun werde ich nach dir schlagen und dich zu Staub zermalmen!« Nachdem er so seine Entschlossenheit kundgetan hatte, schlug er mit einem Schrei den Oger mit der rechten Hand. Seine Hand blieb am Haar des Ogers kleben. So schlug er mit der linken Hand, und auch diese blieb kleben. Er trat ihn mit dem rechten Fuß, und auch dieser blieb kleben. Er trat ihn mit dem linken Fuß, und auch dieser blieb kleben. Da dachte er: »Ich werde dich mit dem Kopf stoßen und dich zu Staub zermalmen!« Er stieß ihn mit dem Kopf, und auch dieser blieb am Haar des Ogers kleben.

Fünfmal auf den Leim gegangen, fünffach angeklebt, hing Prinz Fünf Waffen am Körper des Riesen. Aber trotz allem war er ohne Furcht und unverzagt. Der Dämon aber dachte: »Das ist ein Löwe von einem Menschen, ein Mann von vornehmer Geburt – kein bloßer Mensch! Denn obwohl er von einem Dämon wie mir gefangen ist, scheint er weder zu zittern noch zu beben! Solange ich an dieser Straße hause, habe ich noch keinen Menschen zu Gesicht bekommen, der ihm zu vergleichen wäre! Warum nur fürchtet er sich nicht!« Er wagte nicht, ihn zu fressen, und fragte: »Jüngling, warum fürchtest du dich nicht! Warum bist du nicht erschrocken in Todesfurcht!«

»Oger, warum sollte ich mich fürchten! – wo doch in einem Leben ein Tod ganz gewiß ist. Und was mehr ist, ich habe in meinem Bauch als Waffe einen Donnerkeil. Die Waffe wirst du nicht verdauen können, wenn du mich frißt. Sie wird dich von innen in Stücke und Fetzen zerreißen und wird dich töten. In diesem Fall gehen wir beide zugrunde. Das ist's, weshalb ich mich nicht fürchte!«

Der Leser muß wissen, daß Prinz Fünf Waffen von der Waffe des Wissens sprach, das in ihm war. Und er war niemand anders, als der werdende Buddha in einer früheren Inkarnation.

»Was dieser Jüngling sagte, ist wahr«, dachte der Dämon, erschrocken in Todesfurcht. »Vom Körper dieses Löwen von einem Menschen würde mein Magen noch nicht ein Stückchen Fleisch von der Größe einer Bohne verdauen können. Ich werde ihn laufen lassen!« Und er ließ Prinz Fünf Waffen los. Der zukünftige Buddha aber verkündete ihm die Lehre, besänftigte ihn, führte ihn zur Selbstverneinung und verwandelte ihn dann in einen Geist, der das Recht hatte, in jenem Wald Opfer zu empfangen. Nachdem er ihn zur Aufmerksamkeit ermahnt hatte, verließ der Jüngling den Wald, und an dessen Ausgang erzählte er seine Geschichte menschlichen Wesen. Dann ging er seiner Wege.[57]

Hier ist es der Rückgriff auf das transzendente Prinzip, das Wissen, welches der werdende Buddha in sich trug, das die Welt der Formen und Normen, verkörpert durch den Dämon Klebhaar, überwindet. Dieses Wissen und die Erkenntnis, die hinter der Welt des Scheins (Sansara) liegen, vermittelt dem Menschen erst das Gefühl der Befreiung von aller formhaft materiellen Abhängigkeit. Auf diesen Weg hin, den Weg zur Erfahrung des größeren Selbst, weist auch der arabische Märchenzyklus, indem durch die Erfahrung der verschiedenen Schicksale der Rahmen einer engen Ich-Erfahrung gesprengt wird.

2. Kapitel

DAS ICH IM STADIUM
DES JÜNGLINGSGELIEBTEN
DER MAGNA MATER

Die Geschichte des ersten Bettlers lautet:

Wisse, meine Herrin, mein Vater war ein König und hatte einen Bruder, der über eine andere Stadt als König herrschte. Nach einer Gewohnheit besuchte ich diesen Oheim, der einen gleichaltrigen Sohn hatte, von Zeit zu Zeit. Als ich wieder einmal zu Besuch war, bat mich der Vetter, ihm ein Anliegen zu erfüllen, und ließ mich schwören, nichts zu fragen und nichts zu verraten. Dann führte er eine verschleierte Dame herein, angetan mit kostbaren Kleidern und forderte mich auf, mit ihr auf den Totenacker voraus zu gehen. Als wir dort angekommen waren, erschien auch mein Vetter mit einer Schale Wasser, einer Axt und einem Sack voll Mörtel. Darauf schritt er zu einem Grab mitten auf dem Totenacker, öffnete es und grub dann mit der Axt so tief, bis eine Falltür zum Vorschein kam, unter welcher ein Treppengewölbe lag. Dann wandte er sich zu dem Mädchen und sagte: »Auf, tue, was du gewählt hast!« Während das Mädchen die Stufen hinunterschritt, wandte er sich zu mir und bat mich: »Verschließe dieses Grab mit dem Mörtel, sobald ich auch hier herab gestiegen bin, so daß keiner es merken kann, daß dies eine neue Öffnung in einem alten Grab ist. Ich habe ein ganzes Jahr daran gearbeitet und innen etwas geschaffen, das Gott allein weiß.« Nach diesen Worten stieg er die Treppe hinunter und entschwand meinen Augen. Ich aber tat, wie er geheißen hatte, und kehrte dann in das Schloß meines Oheims zurück. Am nächsten Morgen aber ergriff mich eine Unruhe, und ich bereute, was ich getan hatte. Die Unruhe trieb mich auf den Totenacker, aber trotz vielen Suchens gelang es mir nicht, das Grab wiederzufinden. Sieben Tage durchsuchte ich verzweifelt den Platz, bis ich vor Angst fast von Sinnen kam und in der Heimreise zu meinem Vater das ein-

zige Heil sah. Kaum aber war ich in der Nähe von meiner Heimatstadt angekommen, als mich eine Schar Leute überfiel, unter denen ich die Diener meines Vaters erkannte und die mir die Hände auf den Rücken fesselten. Erst nach langem Fragen wurde mir die Antwort zuteil, daß die Zeit meinen Vater im Stich gelassen habe, seine Truppen hatten ihn verraten, und der Wesir hatte ihn hinrichten lassen. Dann führten sie mich vor diesen Wesir, zwischen dem und mir eine alte Feindschaft bestand. Mit dieser verhielt es sich so: Mein größtes Vergnügen bestand darin, mit der Armbrust zu schießen, und als ich eines Tages auf dem Dache des Palastes stand und nach einem Vogel schoß, verfehlte der Bolzen sein Ziel und traf das Auge des Wesirs so unglücklich, daß es auslief. Da er aber der Diener meines Vaters war, konnte er hierzu nichts sagen. Solches war die Ursache unserer Feindschaft. Als ich jetzt gefesselt vor ihm stand, zeigte er auf sein ausgelaufenes Auge und rief: »Was du unabsichtlich getan hast, tue ich jetzt mit Absicht.« Dann stieß er mir mit seinem Finger in das linke Auge, daß ich von Stund an blind ward, und befahl dem Scharfrichter, mich vor die Stadt zu führen und hinzurichten. Dieser aber, der auch der Scharfrichter meines Vaters gewesen war, und dem ich mich stets gütig gezeigt hatte, sagte draußen vor der Stadt zu mir: »Rette dein Leben und kehre nie mehr in dieses Land zurück, damit du nicht dich und mich ins Verderben stürzest.« Ich küßte ihm die Hände und glaubte nicht eher an meine Errettung, als bis ich mich davongemacht hatte. Dann wanderte ich in einem fort, bis ich wieder zu der Stadt meines Oheims kam. Als ich ihm mein und meines Vaters Schicksal erzählt hatte, weinte er laut und sagte: »Nun hast du meinen Kummer und Gram noch vermehrt, denn siehe, dein Vetter wird seit einigen Tagen vermißt und niemand weiß, was ihm widerfahren ist.« Nun war es mir nicht mehr möglich, über das Tun meines Vetters weiter zu schweigen, und ich erzählte ihm alles, was ich wußte. Mein Oheim war über diese Nachricht hocherfreut und sagte: »Zeige mir das Grab.« Wir gingen nun beide zusammen noch einmal auf den Totenacker, und wie ich nach rechts und links sah, siehe, da erblickte ich es wieder. Erfreut gingen wir hin, hoben die Platte und stiegen die Stufen hinab. Unten am Ende der Treppe jedoch stieg uns ein Rauch entgegen, der uns die Aussicht verfinsterte. Mein Oheim sprach jedoch das Wort, das jeden, der es ausspricht, vor Furcht bewahrt: »Es ist keine Macht und keine Kraft, außer bei Gott dem Hohen und Erhabenen!« Dann schritten wir weiter und kamen in einen Saal, der mit Mehl, Korn und Speisen angefüllt war und in dessen Mitte ein von einem Vorhang verhülltes Lager stand. Dort sah mein Oheim seinen Sohn und das Mädchen eng umschlungen liegen, aber zu schwarzer Kohle verbrannt. Als mein Oheim sie so daliegen sah, spie er seinem Sohn ins Gesicht und rief: »Dir ist Recht geschehen, du Verruchter! Dies ist die Strafe der Welt, aber die Strafe im Jenseits wird noch größer und dauernder sein.« Dann schlug er seinen Sohn, obgleich er schwarz war wie Kohle, mit seinen Sandalen, und als ich mich über sein Verhalten verwunderte, sagte er zu mir: »O, mein Neffe, siehe, dieser mein Sohn hatte von Kindheit an eine leidenschaftliche Liebe zu seiner Schwester gefaßt. Ich verbot es ihnen, aber als sie erwachsen waren und die Schande doch von ihnen begangen wurde, wollte ich es erst nicht glauben, tadelte sie dann jedoch streng und trennte sie voneinander. Die gemeine Dirne liebte ihn aber zu heftig, und der Teufel hatte sie bereits in seiner Gewalt. Er machte sich heimlich hier diesen unterirdischen Ort, schaffte, wie du es siehst, die Speisen hierher und benutzte meine Unachtsamkeit während eines Jagdausflugs, um sich mit ihr hierher zurückzuziehen. Aber der Wahrhaftige, Lob sei ihm, dem Erhabenen, eiferte wider sie beide und verbrannte sie.« Nachdem er mir das erzählt hatte, stiegen wir wieder hinauf, legten die Steinplatte an ihren Platz zurück und verschlossen den Ort. Kaum waren wir jedoch in den Palast zurückgekehrt, als wir Trommelwirbel und Trompetengeschmetter hörten und die Welt von den Hufen der Rosse mit Staubwolken erfüllt war. Wir waren wie angedonnert, da wir nicht wußten, was es zu bedeuten hatte, und als mein Oheim danach fragte, erklärte man ihm, daß der abtrünnige Wesir seines Bruders mit seinen Truppenmassen die Stadt überfallen habe, und da das Volk ihm nicht widerstehen konnte, habe es sich ergeben. Da sah ich *nun keinen anderen Weg zu meiner Rettung, als daß ich meinen Bart schor, meine Kleidung wechselte und die Stadt heimlich verließ. Hätte mich das Volk oder die Truppen meines Vaters erkannt, so hätte man mich auf der Stelle erschlagen. Ich nahm dann meinen Weg zu dieser Stadt des Friedens, um dem Fürsten der Gläubigen und dem Chalifen, dem Herrn aller Welt, meine Geschichte zu erzählen und meine Erlebnisse vorzutragen. Als ich in dieser Nacht hier ankam und ratlos auf der Straße stand, sah ich plötzlich jenen Bettler. Ich begrüßte ihn und sprach zu ihm: »Ich bin ein Fremder.« Er antwortete: »Auch ich bin hier fremd.« Während wir noch miteinander sprachen, trat unser dritter Gefährte hinzu, begrüßte uns und sagte: »Ich bin hier fremd.« Wir antworteten ihm: »Auch wir sind hier fremd.« So gingen wir zusammen weiter, bis uns die Dunkelheit überfiel und wir an dieses Haus kamen.*

Als er seine Erzählung beendet hatte, sagte das Mädchen zu ihm: »Streich mit der Hand über deinen Kopf und geh deines Weges!« Er antwortete jedoch: »Ich gehe nicht eher, als ich die Geschichte der anderen vernommen habe.«

Das zentrale Motiv der ersten Erzählung ist offensichtlich die Vater-Sohn-Problematik auf dem Hintergrund einer tiefen Abhängigkeit des Sohnes von der magna mater. Der Held, dieser Königssohn, ist ein negativer Held, ein Mensch, der immer wieder in das schicksalsmäßige Spiel überlegener Kräfte hineingerät, denen gegenüber er versagen muß. Seine Rettung erfolgt nie durch eigene männliche Tat und Leistung, sondern durch Gnade oder Flucht. Nun dürfte es eine allgemein bekannte Tatsache sein, daß Leben und Schicksal des Menschen nicht nur durch heroisch-juvenil erfochtene Siege über den Drachen draußen oder drinnen bestimmt werden, sondern in ebenso großem Maße durch eine Kette von Niederlagen und Verlusten, die einfach zu bestehen sind. Oft hat man im Überblick eines Lebensschicksals den Eindruck, daß gerade die letzteren viel wichtiger und bestimmender für die Persönlichkeit sind als die errungenen Erfolge. Siegen ist immer viel einfacher, als eine Niederlage hinnehmen zu können, sie zu verarbeiten und aus ihr einen produktiven Erfahrungsgewinn zu schöpfen. Auch Krankheit und besonders die Neurose werden in der Regel als eine solche Niederlage erlebt. Der Mensch, der an ihr leidet, erlebt, daß er in einen solchen Konflikt übermächtiger Kräfte geraten ist und an ihm scheiterte.

Die Jünglingsfigur dieses Märchens ist eine unausgereifte Vorform jenes in orientalischen Märchen und Mythen so häufigen »passiven Heros«, dessen Aufgabe im Ertragen von ihm vom Schicksal zugedachten Leid und Qual besteht. Seine reifste und höchstentwickelte Form finden wir in der Christusfigur. Dieser Figur liegt das Wissen zugrunde, daß der Erwerb jeder neuen Reifungsstufe nur über Schmerz und Leid zu gewinnen ist. Eine Analogie hierzu sind die von Jung interpretierten Visionen des Zosimos[89] oder die von M. Eliade beschriebenen Initiationsriten der Schahmanen[90]. Auch das europäische Märchen kennt solche Figuren, wählt aber hierfür leider meist weibliche Hauptgestalten. Ein besonders schönes Beispiel ist »Das Mädchen ohne Hände« der Gebrüder Grimm. Ich habe an anderer Stelle beschrieben, wie dieses Märchen sich als Lieblingsmärchen einer Patientin durch deren Analyse zog[91]. Die Grausamkeiten der Märchen enthalten so einen tieferen und notwendigen Sinn und können nicht einfach als Sadismen deklassifiziert werden.

Das Schicksal des Königssohnes in unserem Märchen wird in gewissem Sinne durch den unglücklichen Pfeilschuß, mit dem er als Knabe statt eines Vogels das Auge des Wesirs traf, bestimmt. Hier hat etwas stattgefunden, was wir in psychoanalytischem Sinne als eine Fehlhandlung auffassen würden. Seit Freud seine »Psychopathologie des Alltagslebens«[92] verfaßt hat, ist die Zielgerichtetheit solcher Fehlleistungen allgemein bekannt. Es liegt ihnen eine der bewußten Absicht entgegengesetzte unbewußte Strebung zu Grunde, deren Libidointensität so groß ist, daß sie in der Lage ist, erstere zu durchkreuzen. Die unbewußte Tendenz kann hierbei unter Umständen vernünftiger und sinnvoller sein als das Bewußtsein, das diese nicht zulassen will. Dieses Wissens haben sich die Märchen sehr oft bedient. So steht auch z. B. am Beginn des bekannten deutschen Märchens vom Froschkönig eine solche Fehlleistung. Der goldene Ball der Prinzessin fällt beim Spielen »zufällig« in den tiefen Brunnen, und damit wird der ganze Vorgang, der schließlich mit der Verwandlung des Frosches in einen Prinzen endet, ausgelöst. Hier handelt es sich um die Reifungsproblematik eines jungen Mädchens, das die Schwelle zwischen Kindheit und erwachender Weiblichkeit zu überschreiten hat und den bisher so fremden und abgelehnten Mann nun als liebenden Partner akzeptieren muß. Auf der Subjektstufe gelesen wäre es die in dieser Entwicklungsphase notwendige Auseinandersetzung mit der eigenen Triebwelt, den Problemen von Sexualität und Fruchtbarkeit. Als Parallele sei hier angeführt, daß auch in der Alchimie eine solche erste »Vereinigung des Bewußtseins (Sol) mit seinem weiblichen Gegenstück, dem Unbewußten (Luna), zunächst ein unerwünschtes Resultat hat: es entstehen giftige Tiere, wie Drache, Schlange, Skorpion, Basilisk, Kröte . . .«[82]

Löst man die Fehlhandlung des Pfeilschusses nach dem Mechanismus der Verschiebung auf, dann ist sie als ein Aggressionsdurchbruch des Sohnes gegen den Vater zu deuten. Der Wesir als der Minister und Ratgeber des Königs ist für den Prinzen ebenso eine Vaterfigur wie der König selbst. Es ist nun aber kaum anzunehmen, daß dieser Verschiebung ein moralischer Protest zu Grunde liegt, weil die eigentlich gemeinte Aggression gegen den eigenen Vater als zu unmoralisch abgelehnt wird. Märchen und Mythos sind nicht so zartfühlend und haben nicht die Scheu, die Dinge bei ihrem wirklichen Namen zu nennen. In dem vorliegenden Märchen wird recht unverblümt ein Geschwisterinzest beschrieben, und die griechische Mythologie kennt in dem Kampf zwischen Kronos und seinem Vater Uranos ebenso unverblümt das Kastrationsmotiv. Wir haben also danach zu fragen, warum es gerade die Figur des Wesirs ist, gegen die sich die aggressive Fehlleistung richtet.

Hierfür ist es sinnvoll, als Vorfrage zu klären, weshalb hier jeweils als Ziel der Aggression das Auge getroffen wird. Setzt man wieder das Prinzip der Verschiebung an, dann handelt es sich um eine Kastration, bei der das verpönte Genitale mit Hilfe einer Verschiebung von unten nach oben durch das Auge ersetzt wird.

E. Neumann hat nun in seiner »Ursprungsgeschichte des Bewußtseins«[61] darauf hingewiesen, daß die Kastrationsangst, die innerhalb des patriarchalischen Kampfes um Überwindung der Mutterherrschaft entsteht, eine Angst um die Gefährdung einer erhöhten Männlichkeit ist, mit der sich das Ich identifiziert und die durch den Kopf als das Symbol des Bewußtseins und das Auge als dessen beherrschendes Organ abgebildet wird. Innerhalb der matriarchalischen Stufe steht im Vordergrund das Bild des Jünglingssohnes (Attis, Adonis u. a.), dessen Ich in einem passiven Uroborosinzest von der magna mater ausgelöscht wird. Mutterschoß, Abgrund und Hölle sind miteinander identisch. Dieses Weibliche bedroht das Ich mit der Gefahr der Ent-Ichung, des Sich-Verlierens, d. h. mit dem Tode und der Kastration. Auf der patriarchalen Stufe steht dagegen im Vordergrund das Bild des Heros, der aktiv in das gefahrbringende Weibliche eingeht und mit der Überwindung der Kastrationsangst die Mutterherrschaft überwindet. Auf dieser Stufe sind Ich und Männlichkeit des Helden nicht mehr mit der Sexualität identisch. Der Wert, um den hier gerungen wird, ist das Bewußtseinsprinzip mit den Symbolen der oberen Männlichkeit von Kopf und Auge. Es ist eine bekannte Tatsache, daß diese Problematik auch in der Lebenswirklichkeit eine große Rolle spielt. Wir kennen sowohl den oberen als auch den unteren Kastraten bzw. Impotenten. So manchem Mann, dessen sexuelle Potenz von überschießender Aktivität ist, fehlt es an Kopf, und umgekehrt.

Um die praktische Verwendbarkeit dieser beiden typischen Problematiken, die Abhängigkeit des Jünglingssohnes, der nur als Ausführungsorgan der magna mater existiert, und den juvenilheroischen Konflikt gegen die Mutter, zu dokumentieren, seien hier zwei Traumbeispiele eingefügt. Beide Patienten waren mit frigiden Frauen verheiratet und beide sind dadurch charakterisiert, daß ihre Kindheit unter dem Einfluß einer dominierenden Mutterfigur stand. Der erste Traum lautet: »*In einem verlassenen Nest erhalte ich den Auftrag, der mir vorgesetzten Schulrätin alle Sorgen für das tägliche Wohl abzunehmen (etwa ihr Adjutant zu sein). Wegen einer Flasche Wermutwein hat sie sich schon von einem fixen Chauffeur ins ferne Dorf kutschieren lassen. Nun sitzt sie im stillen ›Graben‹* (Patient beschreibt das als eine Wald- senke mit einer Bank versehen, ähnlich einem Ausflugsort) *und wartet darauf, daß ich bezuckerten Obstkuchen besorge.«* Diese im Traum zum Ausdruck kommende »Adjutantenhaltung« hatte der Patient jahrelang seiner Mutter gegenüber eingenommen und übertrug sie später auf die Ehefrau mit dem Erfolg einer schweren Neurose à deux, da in dieser Situation keiner der bei- den Partner in der Lage war, seine Eigenpersönlichkeit zu ent- wickeln. Der Mann blieb in der ewigen Sohnesrolle, und die Frau konnte nie ihre passiv hingebende Weiblichkeit entwickeln, da sie immer auf die mütterliche Distanz angesprochen wurde.

Bei dem zweiten Traum handelt es sich um eine aktive Ima- gination, die von einem anderen Patienten nach einer bereits län- geren Analyse produziert wurde: *»Ich sehe einen dunklen, von rechts nach links schnell dahinfließenden Strom. Ich springe hin- ein und schwimme mit. Das Wasser schwemmt mich hinab unter die Erde in eine große Höhle, wo ich auf gelben Sandstrand ge- rate. Ich gehe das Ufer hinan. Die Wand eines riesigen Palastes aus schwarzem Marmor türmt sich vor mir auf. Dort direkt bei mir befindet sich ein Portal mit ehernen Torflügeln von rund zehn Metern Höhe. Mühsam öffne ich einen Flügel und stehe in einem riesigen Saal. Rechts und links hat er eine Säulenreihe. Die Wände sind aus schimmerndem Gold gefertigt. Kein Tageslicht dringt dort hinein, kein lebendiges Wesen befindet sich hier, außer grünlichen Riesenschlangen, die sich um elfenbeinerne Säulen winden. Ich schreite den Saal entlang und komme nach etwa achtzig Metern zu einem goldenen Thronsessel, auf dem ein Untier sitzt, das mich bösartig anschaut. Es ist halb Spinne, halb Krake. Ich ziehe mein Schwert, gehe auf das Untier los und schlage es in Stücke. Die Teile hüpfen auf den ehernen Fußboden und verwandeln sich in große Ratten, die davonschleichen.«*

E. Neumann hat in der »Großen Mutter«[54] an ausführ- lichem Material darauf hingewiesen, daß das Symbol der Spinne oder Krake dem Elementarcharakter des Weiblichen entspricht, wobei dieser nicht mehr als die ursprünglich-natürliche Situation des kindlichen Enthaltenseins in der Mutter erlebt wird, sondern mit fortschreitender Reifung diese Haltung des Großen Weiblichen feindlich-einengenden und aggressiven Charakter bekommt. Die Symbolik der Gefangenschaft gehört zum Hexencharakter der negativen Mutter. So besitzen sogar die Opfer dieser Konstellation bereits ein Stück Selbständigkeit, das vom Verlust bedroht ist. In dem oben angeführten Traum geht dagegen der Weg des Ich in die Unterwelt, um dort dieses Symbol aufzufinden, sich ihm zu stellen und es zu entmachten. Für diesen Patienten ist das Enthaltensein in der Mutter nicht mehr etwas Selbstverständliches, sondern er ist ein Widerstrebender, der um seine Freiheit kämpft. Es ist nun charakteristisch, daß die Symptomatik des ersten Patienten ganz auf sexuellem Gebiet liegt. Er litt an Impotenzerscheinungen und einer Perversion (Exhibitionismus). Nebenbei hatte er eine zwangsmäßige Vorliebe für pornographische Bilder, Schriften und Filme entwickelt, die er teils sammelte, teils selber herstellte. Der zweite Patient litt dagegen an Arbeits- und Konzentrationsstörungen, die er im Begriff stand, zu überwinden. Die Beziehungen zwischen der jeweiligen neurotischen Symptomatik und der archetypischen Mutter-Sohn-Beziehung können hier als Beispiel dafür dienen, wie untere und obere Kastration sich in Traum und Symptomatik darstellen.

Nun enthält das Motiv der Blendung des einen Auges noch eine andere prospektive Seite. Diese wird am deutlichsten in der germanischen Mythologie, wo Wotan an Mimers Brunnen ein Auge opfert, um Weisheit zu erlangen.[93] Hier erfolgt ein Opfer aus dem Bereich des oberen Logosprinzips, um dafür eines anderen Wissens teilhaftig zu werden. Auch zum Wesen des Individuationsprozesses gehört die Durchführung eines derartigen Opfers. Die Individuation, die Vervollständigung der Persönlichkeit, beruht nach der Typenlehre Jungs[6] darauf, die verdrängte Funktion bewußt zu machen. Häufig ist die leitende Funktion beim Manne die des Denkens, denn er ist auf das Logosprinzip hin orientiert. Entsprechend ist die Fühlfunktion am meisten verdrängt. Je mehr sich ein Mensch im Leben nach der sachlichen Formel logischer Schlüsse orientiert, d. h. nach dem Prinzip richtig oder falsch bzw. wahr oder unwahr, desto mehr ist er genötigt, störende Gefühlsurteile, die nach dem Prinzip schön oder häßlich, gut oder schlecht entscheiden, zu verdrängen. Bei diesem Typus sind es die vom Gefühl abhängigen Lebensformen, z. B. ästhetische Betätigungen, der Geschmack, der Kunstsinn, die Pflege der Freundschaft usw., die nicht ausreichend entwickelt werden. Irrationale Formen wie religiöse Erfahrung, Leidenschaften und ähnliches sind häufig völlig unbewußt.

Die Individuation hat nun das Ziel, die einseitige Vorherrschaft dieser einen Funktion, die der Fülle des Lebendigen nicht mehr gerecht wird, zu brechen, um bei einem Denktyp auch der Fühlfunktion zu ihrem Recht zu verhelfen. Das bedeutet für den betreffenden Menschen notwendigerweise zunächst ein Opfer. Er muß die Sicherheit der bisherigen Funktion, nach der er sich in der Welt und in sich selbst orientiert hat, wenigstens zu einem Teil aufgeben und tauscht dagegen die Unsicherheit und Unerfahrenheit eines nochmaligen Neuanfanges ein. Dabei handelt es sich jedoch nur um ein Teilopfer, das der leitenden Funktion im Sinne einer Toleranz gegen sich selbst ihr diktatorisches Primat nimmt, um auch andere Seiten des eigenen Wesens zu ihrem Recht kommen zu lassen. Ein solcher Vorgang kann als Entmachtung, Verletzung und Kastration des oberen Logosprinzips erlebt werden bzw. als ein Opfer, das wie bei Wotan, der Weisheit zu Gunsten gebracht wird. Dieses wäre die andere Seite der oberen Kastration, in der sich das, was zunächst als ein Verlust erlebt wird, als sinnvoll erweist.

Ordnet man das Schicksal dieser drei Bettler, von denen jeder ein ehemaliger Königssohn mit Anspruch auf ein eigenes Reich gewesen ist, im Sinne der Subjektstufendeutung einer Gesamtkonzeption der Psyche unter, einer Psyche, die sich innerhalb einer dynamischen Entwicklung befindet, dann können wir etwa folgendes aussagen: Bestimmte Teile menschlichen Erlebens sind primär selbständig und unkoordiniert. Zu einem gesunden und funktionsfähigen Leben ist es aber nötig, daß diese sich koordinieren und ihren Anspruch auf die Eigengesetzlichkeit aufgeben, um sich einem übergeordneten Prinzip zu fügen. In der Sprache der Psychologie würden wir dieses Prinzip als das Selbst bezeichnen, in der Sprache des Märchens ist es der Gott-Kaiser bzw. der Chalife. Eine solche Koordination ist aber ihrerseits nur möglich auf dem Wege des Opferns und der Wandlung, wobei die Motive des letzteren in den beiden folgenden Märchen noch deutlicher in den Vordergrund treten werden.

Kehren wir nun zu der früher aufgeworfenen Frage zurück, warum es hier gerade der Wesir ist, dessen Auge durch die Fehlleistung getroffen wird und der später seinerseits die Rache an dem Jüngling vollzieht. In der Regel vertritt der Wesir als Ratgeber, etwa im Sinne dessen, was wir heute als einen Sachverständigen bezeichnen würden, eine bestimmte tradierte Ordnung, auf deren Regeln Rücksicht zu nehmen dem König schon die Klugheit gebietet. Gegen eine solche im archetypischen Sinn patriarchale Ordnung richtet sich die Aggression, nicht gegen den persönlichen Vater, sondern gegen ein Gefüge von übernommenen Vorstellungen, Ideen, Ge- und Verboten, gegen das sich das Junge, neu Entwickelnde durchzusetzen hat. Diese von den Vätern her übernommene Ordnung wird aber besser durch den höchsten Regierungsbeamten symbolisiert als durch den König selbst, besonders, da der erstere sich auch später als eine Inkarnation eines absoluten persönlichen Machtstrebens herausstellt. Das Auge wird gewissermaßen eingehandelt im Kampf um die Macht, und der von Geburt her bestehende Anspruch des Sohnes auf die Macht des Vaters verhindert einen gerechten Austrag von Handlung und Schuld in der Kindheit. Wie tragisch es sich auswirken kann, wenn der Mensch nicht schon früh lernt, Verantwortung zu übernehmen, anstatt sich hinter dem Rücken eines Vaters zu verstecken, lehren die Krankengeschichten vieler Neurosen.

Es verbleibt uns noch die Besprechung jener merkwürdigen Szene, die den Geschwisterinzest behandelt. In dem Oheim und Vetter existiert gewissermaßen eine Parallelfamilie unseres »Helden«, die auch von dem gleichen Schicksal betroffen wird. Während allerdings der unglückliche Pfeilschuß nur einen Teilverlust verursacht, unterliegt der Vetter einer vollständigen Vernichtung. Es ist sicher nicht ohne Bedeutung, daß die Machtergreifung des

Wesirs gerade zu dem Zeitpunkt erfolgt, in dem der Prinz seinem Vetter die Beihilfe zum Inzest leistet. Wieder ist er ein unbewußter Unheilstifter wie zuvor bei seinem Pfeilschuß. Er leistet dem Vetter das Versprechen zur Hilfe, ohne zu fragen, worum es sich denn hier handelt. Er ist ahnungslos, was da alles geschieht, und als er es endlich erfährt, ist schon alles verloren.

Grab und Grabgewölbe können wir ähnlich wie die Spinne als einen Ausdruck des negativen mütterlichen Elementarcharakters auffassen. Es ist der Ort endgültiger Auflösung und Umschmelzung. So wie die gute Mutter Erde den in ihr enthaltenen Keim nährt und wachsen läßt, so vernichtet die »böse« das ihr anheimgegebene Leben und löst es auf. Sie duldet keine Ewigkeit, und der Mensch steht immer wieder erschauernd vor der grenzenlosen Gleichgültigkeit, mit der sie nährt und gleichzeitig vernichtet. Geschwisterinzest und Grab fallen hier zusammen. Die Libido dieses alter ego, des Vetters unseres Prinzen, hat sich nicht aus ihren endogamen Tendenzen befreien können, sie bleibt für ewig gefangen in den Lebensformen, die der Schoß der eigenen Mutter enthielt. Sieht man in dieser Cousine die Animafigur des Geschehens, dann wird die zu enge inzestuöse Familienbindung des Helden das, was seinen Untergang und sein Versagen auslöst. Die Anima, das im Mann verborgene Weibliche, bedarf der Erfahrungen und Erlebnisse, die ihm von dem Wesen der fremden, nicht familieneigenen Frau zugeführt werden. Wird dieser Schritt nicht getan, dann stagniert die Entwicklung, und der Sohn bleibt in ewiger Gefangenschaft an der Mutter verhaftet.

In dem Geschehen, das sich innerhalb dieses Grabes abspielt, treten allerdings einige Wandlungssymbole auf. Da ist an erster Stelle zunächst der Feuertod dieser beiden Figuren. Wie allen Naturmächten liegt auch dem Feuer ein Doppelaspekt zugrunde. Auf der einen Seite wird seine wärmende, strahlende und erleuchtende Kraft verehrt, auf der anderen seine zerstörende. In der Alchimie gilt das Feuer sowohl als läuterndes Element als auch als eine Kraft, die die Gegensätze zusammenschmilzt. Die mystische perenegratio des Michael Majer, die Jung in seinem »Mysterium Conjunctionis«[82] beschreibt, enthält für den vierten

Erdteil die Feuerregion. Im Sonnenheldenmythos wird beschrieben, daß es im Walfischbauch so heiß ist, daß dem Helden davon die Haare ausgehen[94], und die Alchimisten vergleichen ihr Feuer gern mit dem »Ignis gehennalis« (Höllenfeuer) und den Flammen des Purgatoriums. Ausführliche Beispiele über die Wandlungskraft, die dem Feuersymbol in der Alchimie zugeschrieben wird, erwähnt Jung in den »Symbolen der Wandlung« und im »Aion«[60] [40], von denen ich hier nur gekürzt das Zitat aus dem anonymen mittelalterlichen Traktat der »Gloria mundi« anführe:
». . . Ebenso ist es das edelste Feuer, das Gott in der Erde erschaffen hat; es besitzt Tausende von Tugenden. Dazu bemerkt der Lehrer, Gott habe so große Kraft und Wirksamkeit beigesteuert, daß die Göttlichkeit selber mit diesem Feuer vermischt worden sei. Und dieses Feuer reinigt zugleich wie das Fegefeuer in der Hölle.«

Derartige Amplifikationen aus der Alchimie lassen sich in beliebiger Fülle fortsetzen. Ich habe sie hier als Beispiele angeführt, weil die Märchensammlung von 1001 Nacht eine ganze Reihe von alchimistischen Vorstellungen enthält und diese Geistesrichtung bei der Gestaltung ihrer Symbolik vermutlich einen erheblichen Anteil hat. Die Verquickung zwischen der arabischen und der europäischen Alchimie ist eine bekannte Tatsache. Eine Reihe der wichtigsten alchimistischen Traktate ist im Mittelalter aus dem Arabischen übersetzt worden, wie z. B. die »Turba philosophorum«, die zu den späthellenistischen Geisteserzeugnissen gehört und im 11. bis 12. Jahrhundert aus dem Arabischen ins Lateinische übersetzt wurde.

Das Feuer als ein Symbol der Wandlung kommt deutlicher als in dem hier angeführten Märchen in anderen orientalischen Geschichten zum Ausdruck. Als Beispiel sei hier das indische Märchen »Auferstanden«, die Geschichte von der schönen Mandaravati, aus dem Zyklus der »25 Erzählungen des Geistes«[95] angegeben. Jedes Märchen dieses Zyklus, wie auch dieses, enthält eine Rätselfrage, die dem König von einem Geist gestellt wird und die dieser zu beantworten hat. Der Inhalt des Märchens lautet:
Einst lebte an den Ufern des Kalinda ein Brahmane namens

Agnisvamin mit seiner Tochter Mandaravati. Dieser hatte der Schöpfer mehr Reize verliehen als seinen eigenen Himmelsfrauen. Sie war auch kaum den Kinderschuhen entwachsen, als sich drei Söhne von Brahmanen bei dem Vater um das Mädchen bewarben, von denen jeder lieber sterben wollte, als sie einem der beiden anderen vermählt zu sehen. In der Furcht, daß die beiden nicht Erwählten stürben, gab sie der Vater keinem von den Dreien. Eines Tages befiel Mandaravati ein heftiges Fieber, an dem sie starb. Die drei schmerzbelasteten Brahmanensöhne schmückten die Entseelte, trugen sie zum Kirchhof und verbrannten sie zu Asche. Der Erste baute sich über dem Grab eine Hütte, ruhte auf des Mädchens Asche und lebte von den milden Gaben anderer. Der Zweite sammelte ihre Knochen und trug sie zum heiligen Ganges, und der Dritte ward zum frommen Mönch, der fortging, um fremde Lande zu durchwandern. Dieser kam eines Tages als Gast in das Haus eines Brahmanen im Dörfchen Vakrolaka. Während er sich dort zum Essen setzte, hub das Kind plötzlich an zu weinen und schrie immer weiter, auch als ihm freundlich zugeredet wurde. Da erboste die Hausfrau, packte es am Arm und warf es mitten in das Feuer, das die zarten Glieder bald in Asche verwandelte. Entsetzt wollte der Mönch das Haus verlassen, doch der Hausherr sagte zu ihm: »Siehe, ich habe Zauberworte, die Tote wieder zum Leben erwecken können.« Er nahm sein Zauberbuch herunter, las daraus, besprach den Staub, und siehe da, der Knabe erstand lebend, genau wie vorher anzuschauen. In der Nacht entwendete der Mönch dem Brahmanen das Zauberbuch und eilte zurück zum Friedhof, wo sie Mandaravati verbrannt hatten. Die drei Jünglinge räumten die Hütte weg, er besprach den Staub, und Mandaravati erstand wieder zum Leben. Und weil sie ins Feuer eingegangen war, erschien ihr ganzer Leib aus Gold gebildet und noch heller, strahlender und schöner als ehedem. Jeder wollte sie nun für sich, und sie stritten um sie: »Meine Gattin ist sie«, sprach der Erste, »durch die Kraft der Sprüche ward sie lebend.« »Meine Gattin ist sie«, sprach der Zweite, »denn die Kraft des Ganges, die gebar sie.« »Hätt' ich ihre Asche nicht beschützet, wär sie nimmer wieder lebend wor-

den, *meine Gattin ist sie*«, sprach der Dritte. *Der König soll nun den Streit entscheiden, und er antwortet:*

»*Der Beschwerde litt um ihretwillen,*
Durch der Sprüche Kraft sie neu erzeugte,
Ist ihr Vater, nimmermehr ihr Gatte.
Und der ihre Knochen trug zum Ganges,
Wie die Kinder die der Eltern tragen,
Der muß, glaub ich, als ihr Sohn uns gelten.
Aber der auf ihrer Asche ruhend
Auf dem Kirchhof blieb in echter Liebe,
Und in steter Sehnsucht treu verharrte,
Wahrlich, er muß nun ihr Gatte werden.
Denn von tiefer Leidenschaft durchdrungen
Tat er ruhevoll, was hier das Rechte.«

Hier wird nach Tod, Verbrennung und Wiedergeburt in geläuterter Gestalt für das Mädchen die Differenzierung des Männlichen durchgeführt in Vater, Sohn und Gatte, die vor diesem Prozeß in einer projektiven Einheitsvorstellung lagen.

Ebenso wie das Feuer zählen auch Grab und Tod zu den Vorstufen der Wandlungssymbolik: In der Wirklichkeit des Erlebens bedeutet jede Wandlung Tod und Wiederauferstehen. Sehr oft steht die Todessymbolik an entscheidender Stelle in der Behandlung einer Neurose, die ja gerade dadurch gekennzeichnet ist, daß die zu einem bestimmten Lebensabschnitt erforderliche Reifung und Wandlung hängenblieb. So wird es zu einer Notwendigkeit der Therapie, den Menschen das Sterben zu lehren, damit er leben kann. Wenn auch diese Problematik in allen Neurosen vorhanden ist, so findet man sie in besonders charakteristischer Form bei der Zwangsneurose. Hier wird durch die starke Hemmung der Aggressivität versucht, die Todesangst dadurch zu umgehen, daß nichts zerstört, vernichtet oder getötet wird. Der Zwangsneurotiker verhält sich hier ähnlich wie das Kind beim Versteckspielen, das sich selbst die Augen zuhält und nun meint, daß es auch kein anderer mehr sehen kann. Ein jugendlicher Zwangsneurotiker, Student der Mathematik, der sich in eine hochgradige Pseudoreligiosität hineingeflüchtet hatte, erklärte mir in tiefem Ernst, es wäre sein wichtigstes Problem, herauszubekommen, ob es Gott mit Sicherheit gibt, und er müßte schon jetzt mit peinlichster Akribie, so als ob es »Ihn« gäbe, alles tun, um des ewigen Lebens teilhaftig zu werden und nicht in Verdammnis zu fallen. Sollte er aber herausbekommen, daß es »Ihn« nicht gäbe, dann würde er sein ganzes weiteres Leben der Herstellung einer Unsterblichkeitsmedizin weihen.

Jeder Arzt weiß, wie schwer dem Menschen das Sterben fällt, und mag daher die ungeheuren Anstrengungen verstehen, die sowohl von seiten des einzelnen als auch von seiten des Kollektivs gemacht werden, um diesem Problem zu begegnen. Das ändert aber nichts daran, daß der Mensch diesem Problem ununterbrochen gegenübergestellt ist und daß es ein recht sinnloses und unpraktisches Unterfangen ist, ihm ausweichen zu wollen. Märchen, Mythos und Riten führen den Menschen in diese Problematik hinein und versuchen mit Hilfe ihrer Symbolik, ihm zu ihrer Bewältigung zu helfen. Ganz anders als der oben beschriebene Patient verhält sich der Weise, wie in jener alten Legende vom König Salomo und dem Igel[96]:

Während nun Salomo die Welt beherrschte, brachte ihm eines Tages Gabriel, der Getreue, von seiten des Weltenherrschers einen Becher mit Lebenswasser, welchen er mit folgenden Worten überreichte: »O Salomo, der allgnädige König grüßt Dich und sendet Dir, um Dich zu ehren und Dir seine Gunst zu beweisen dies Lebenswasser, Du hast also die Wahl: willst Du, so trinke und Du bist des ewigen Lebens teilhaftig; willst Du aber nicht, so enthalte Dich des Trunkes, dann wirst Du, wenn die Zeit kommt, zur Gnade des Allgnädigen eingehen.« Salomo glaubte nun in einer so wichtigen Angelegenheit nichts übereilen zu dürfen, sondern eingedenk des Spruches: »Sicher geht, wer sich berät« versammelte er seine Weisen zu einer Ratsversammlung. Alle aber, die dieser beiwohnten, suchten ihn zu bewegen, das Wasser zu trinken und so zum ewigen Leben zu gelangen. Er beriet sich dann auch mit den Tieren und dem ganzen Geschlecht der Vögel, aber auch da war niemand, der ihn nicht zum Trinken ermutigt hätte, mit einziger Ausnahme des Chârpuscht, das ist das Tier, welches wir Igel nennen. Dieser trat vor und sprach, seine Stirn auf den Boden legend, nachdem er durch Lob- und Segenssprüche den Pflichten der Etikette genügt hatte: »O Salomo, freilich sagt man, daß der Widerspruch mit allen aus der Macht des Irrtums stamme; indessen ist mir in aller Demut in betreff der vorliegenden Frage ein Gedanke gekommen, den ich, wenn Du gnädig erlaubst, Dir vortragen möchte.« Ihm antwortete Salomo: »O Chârpuscht, dies hier ist eine Ratsversammlung, vornehm und gemein – groß und klein – arm und reich – ist hier alles gleich. Von Widerspruch ist aber nicht die Rede, denn alles, was man über diese Sache sagen kann, ist heilbringend und segenvoll. Drum laß hören.« – »Mein König«, sprach daraufhin der Igel, »ist das durch die Gnade des Allerbarmenden Dir zuteil gewordene Lebenswasser außer Dir auch für Deine Kinder, Deine Verwandten und Deine weisen Genossen bestimmt? Oder darfst Du, großer Prophet, Dich allein seiner bedienen? Wenn das Wasser Dir in Gemeinschaft mit Deiner Familie und Deinem Gefolge verliehen ist, so daß alle mit Dir leben bleiben, solange Gott will, dann ist es etwas Vortreffliches, dann trinke und gewinne die Seligkeit des Lebens. Ist es dagegen nur für Dich bestimmt, dann halte ich's nicht für klug, davon zu trinken. Denn ich zweifle nicht, wenn Du sähest, wie von Deinem Hause und Deiner Verwandtschaft – Deiner Sippschaft und Bekanntschaft – und von Deinen Genossen – den edlen großen – bei diesem Festmahl heut dieser und morgen jener Lebensbecher vollgegossen – und übergeflossen – und die Frist seines Daseins würde abgeschlossen – so daß sie, einer nach dem andern – in das Reich des Jenseits würden hinüberwandern – da würde Dir jede neue Trennung eine herbe Pein – ein Anlaß zu tiefer Betrübnis sein! – Dieser Brand – würde durch lange Lebenslust nicht abgewandt – und wäre einmal verflogen – dieses Weines Rausch und verzogen – da würde durch des Genusses Süßigkeit – die leere Nüchternheit nicht aufgewogen.«

Also beschloß der Igel seine Rede. Salomo aber antwortete ihm: »O Chârpuscht, dieses Lebenswasser zu trinken, ward nur mir verstattet, keinem andern. Deine Rede ist wahr, alle deine

Worte sind wohlratend, lauter und klar – deiner Einsicht und Klugheit sei Heil! – Der Vorzug der Weisheit ward hier dir zuteil. – Wie du geraten, so werde ich tun.« Also sprach Salomo und trank das Lebenswasser nicht.

In den höheren Kulturen wird auf späteren Lebensstufen das Motiv von Tod und Wandlung durch die Mysterienkulte übernommen. Gerade innerhalb der orientalischen Religionen, aus deren Gebieten das Märchengut der Araber weitgehend übernommen ist, spielen Tod und Wiedergeburt eine zentrale Rolle. Dem indischen Yogi gilt die Gräbermeditation, die Einsicht in die Vergänglichkeit des Daseins und seinen ewigen Kreislauf, die meditierend auf dem Friedhof gewonnen wird, als eine der wichtigsten Stufen auf dem Wege zur Erkenntnis. So ist z. B. die Lebensbeschreibung des Guru Padma-Sambhava[97] voll von derartigen Friedhofserzählungen, von denen ich eine als Beispiel wiedergeben will, in der das Wandlungsmotiv besonders betont ist:

In einer Yoga-Vision sah Padma einen Friedhof, in dem die vom Totenfleisch sich nährenden Tiere aus Mangel an neuen Leichen verhungerten. Voll Erbarmen mit den Tieren ging Padma zum Friedhof und bot ihnen seinen eigenen Körper an. Diesen aber, einen Körper der Unsichtbarkeit, konnten die Tiere nicht verzehren.

Über einen Weg zur Rettung der Tiere sinnend, versank Padma in Meditation. Hierbei erfuhr er, der verstorbene König von Sahor sei als Prinzessin des Königs von Kotala wiedergeboren, und überlegte, wie man das Fleisch der Prinzessin den Tieren geben könne. Padma verwandelte sich in ein Habichtspaar, das ein Nest baute und Eier legte. Als die Prinzessin beim Sammeln von Kusha-Gras zufällig vorbeikam, sah sie die Eier und legte zu ihrem Schutz Blätter über das Nest, an dessen Ecken sie Steine häufte, damit es der Wind nicht verwehe. Der männliche Habicht half ihr dabei. Von Mitleid gerührt und zur Führung eines religiösen Lebens entschlossen, ging sie zu Padma und Mandarawa in die Höhle und bat um religiöse Führung. Padma sagte zur Prinzessin: »*Willst du eine religiöse Frau werden, mußt du zunächst die Leiden aller Tiere auf dem Friedhof erfahren.*

Geh hin und biete ihnen deinen Körper an. Verschlingen sie deinen Körper, werden alle Tiere als menschliche Wesen wiedergeboren, und deine Schüler werden, und du selbst wirst nach einigen Leben als König Srong Tsau Gampo im Schneeland wiedergeboren. Dieser wird Gesandte schicken, das Bild von Avalokiteshvara nach Tibet zu bringen. Zu dieser Zeit werden die Tiere menschliche Gestalt annehmen, einige im Osten Indiens, andere in Lingala. Sie werden zweihundert Klöster erbauen und dem Buddha, dem Dharma und Sangna dienen. Dann wird das Bild des elfgesichtigen Avalokiteshvara nach Tibet gebracht, und die Kinder des Affen werden Gelegenheit haben, ihm ihre Ehrfurcht zu bezeugen.« Sogleich gab die Prinzessin Padma ihre Kleider und ihren Schmuck und ging zum Friedhof, ihren Körper den Tieren anzubieten, die ihn verschlangen.«

Wir sind als Psychologen nicht berechtigt, etwas über den metaphysischen Wahrheitsgehalt dieser religiösen Vorstellungen auszusagen. Wir können nur aussagen, daß derartige Bilder und Vorstellungen wie die von Tod und Wiedergeburt auch in der persönlichen Problematik und in den Träumen unserer Patienten zu finden sind, und daß sich die Libido ihrer bedient, um Umstellungen und Neuorientierungen innerhalb der Seele zu ermöglichen. So würde der Verbrennungstod des alter ego im Märchen des ersten Bettlers einem Verzicht auf die endogamen Tendenzen der Libido entsprechen, die dann später in exogamer Form von dem eigentlichen Ich-Komplex übernommen werden, indem der Königssohn mit einem der drei Mädchen verheiratet wird. Auch hier wieder stellt der Verbrennungstod des alter ego wie in dem versteinerten Jüngling des Märchens vom Fischer, der die Flasche fand, einen ersten gescheiterten Versuch zur Individuation dar. Die inzestuöse Vereinigung ist als Hieros Gamos eine Praerogative der Götter. Der Versuch des Ich, diese zu realisieren, stellt einen verbrecherischen Übergriff in das Götterreich dar und muß als solcher bestraft werden. Der Mensch hat nicht das Recht, an der göttlichen Wonne teilzuhaben, sondern darf ihr höchstens als Gast beiwohnen, wie es z. B. in der »Mystischen Hochzeit« des Christian Rosenkreuz beschrieben wird[98].

3. Kapitel

DAS ICH IM STADIUM
DES VERGEBLICHEN KAMPFES
ALS WIDERSTREBENDER

Es folgt nun die Geschichte des zweiten Bettlers:

Auch ich, meine Herrin, bin nicht einäugig geboren, vielmehr hat sich mit mir eine wunderbare Geschichte zugetragen: würde sie mit Nadeln in die Augenwinkel geschrieben, sie wäre eine Belehrung für alle, die sich belehren lassen. Ich bin ein König und der Sohn eines Königs. Ich habe den Qurân nach sieben Überlieferungen gelesen, die Bücher unter den gelehrtesten Meistern in jedem Fach studiert, Sternkunde betrieben, die Dichter gelesen und habe auch den übrigen Wissenschaften so eifrig obgelegen, daß ich die Zeitgenossen alle übertraf. Meine Handschrift wurde unter allen Schreibkundigen gefeiert, mein Name verbreitete sich über die anderen Klimate und Länder und mein Ruhm unter allen Königen. So hatte auch der König von Indien von mir gehört und lud mich durch eine Gesandtschaft ein, zu ihm zu kommen. Nachdem mich mein Vater mit sechs Schiffen ausgerüstet hatte, reisten wir zunächst einen Monat zu Wasser, bis wir wieder an Land kamen. Dort brachen wir dann mit Pferden und zehn beladenen Kamelen zur Weiterreise auf. Wir waren jedoch noch nicht lange geritten, als sich eine Staubwolke erhob und wir darin sechzig arabische Wegelagerer sahen, trotzig wie die Löwen, die auf uns lossprengten. Sie machten einige von uns nieder, während andere, darunter auch ich, nicht ohne eine tüchtige Wunde entkamen. So reiste ich, eben noch mächtig, jetzt in Niedrigkeit, weiter, bis ich, vom langen Wege ermattet, endlich in eine Stadt kam und dort einen Schneider in seinem Laden ansprach. Nachdem ich ihm meine Geschichte erzählt hatte, warnte er mich, mich jemandem hier zu entdecken, da der König dieser Stadt in Blutrache an meinem Vater lebte. Er behielt mich zunächst drei Tage bei sich und fragte dann, ob ich ein Handwerk ver-

stünde, um mich zu ernähren. Ich antwortete: »Ich bin Rechts-
kundiger, Gelehrter, Schreibkundiger und Rechenmeister.« Da
diese Gewerbe aber in jener Stadt nutzlos waren, gab er mir den
Rat, mit einer Axt und einem Strick in der Steppe Brennholz zu
suchen und dieses auf dem Markt zu verkaufen. So verbrachte
ich denn ein ganzes Jahr, indem ich mit Holzfällern auszog, einen
Teil des Geldes für Speise und Trank verbrauchte und den Rest
zurücklegte. Als ich nach Verlauf dieser Zeit wieder einmal hin-
ausging, stieß ich auf ein Waldstück und grub dort um einen
Baum, um seine Wurzeln von Erde zu befreien. Plötzlich stieß
meine Axt an einen Kupferring, der an einer hölzernen Falltür
befestigt war. Ich hob sie auf und fand darunter eine Treppe, die
mich zu dem Tor eines festen Schlosses führte. In diesem befand
sich ein Mädchen, schön wie eine Perle, die mich anredete und
sprach: »Bist du ein Mensch oder ein Djin?« Ich antwortete: »Ein
Mensch bin ich.« Da teilte sie mir ihre Geschichte mit und erzählte, daß sie die Tochter des Königs vom äußersten Indien sei.
In der Hochzeitsnacht hätte sie ein Ifrit geraubt und in dieses
unterirdische Verließ gebracht. Alle zehn Tage einmal käme er
hierher, um mit ihr die Nacht zu verbringen. Wenn sie einmal
am Tage oder in der Nacht etwas benötigte, so brauchte sie nur
zwei Striche, die über dem Alkoven geschrieben standen, zu berühren und schon wäre er bei ihr. Jetzt wären gerade vier Tage
verflossen, seit er das letzte Mal da war, und ich möge nun, so
ich Lust hätte, die nächsten fünf Tage bei ihr bleiben. Sie führte
mich in ein Bad, und dann saßen wir bei Speise und Wein beisammen, und ich verbrachte die Nacht bei ihr, dem schönsten
Mädchen, das ich in meinem Leben gesehen hatte. Als wir am
Morgen erwachten, schlug ich ihr vor, sie ans Tageslicht zu bringen und von dem Djinni zu befreien. Sie lachte und sagte: »Be-
scheide dich und schweig still! Alle zehn Tage einen Tag für den
Ifriten und neun Tage für dich.« Da rief ich von Leidenschaft
überwältigt: »Sofort werde ich den Alkoven dort zertrümmern,
damit der Ifrit erscheint und ich ihn erschlagen kann. Ich bin ein
prädestinierter Ifritentöter.« Und ich achtete nicht ihrer Warnungen, sondern schlug aus Leibeskräften an den Alkoven. Sie

aber schrie mir zu: »Bei Gott, du hast Unheil über mich gebracht!
Der Ifrit kommt nun! Flüchte du dich wenigstens dorthin, wo du
hergekommen bist.« Entsetzt eilte ich fort, vergaß aber in meiner
Herzensangst die Sandalen und meine Axt, und als ich kaum
zwei Stufen hinaufgestiegen war, spaltete sich schon die Erde, und
aus ihr stieg ein häßlicher Ifrit, der das Mädchen anschrie: »Was
soll der Lärm? Was ist dir widerfahren?« Sie aber antwortete:
»Nichts, als daß ich mich beklommen fühlte und ein Glas Wein
trinken wollte. Wie ich dazu aufstand, stieß ich gegen den Alkoven.« Der Ifrit aber, als er sich rechts und links umschaute, sah
meine zurückgelassenen Sachen und schrie: »Du lügst, Buhl-
dirne!« Hierauf zog er sie nackend aus, band sie mit Händen und
Füßen an vier Pfähle und versuchte sie durch Schläge zu einem
Geständnis zu zwingen. Da ich ihr Weinen nicht mitanhören
konnte, stieg ich zitternd die Treppe hinauf und begab mich in
die Stadt zurück zu meinem Gefährten, dem Schneider.

Kaum hatte ich mich in mein Gemach zurückgezogen, um in
Gedanken dem Vorgefallenen nachzuhängen, als der Schneider
wieder bei mir erschien und sagte: »Draußen steht ein Fremder
mit deiner Axt und deinem Strick, die er gefunden hat. Er hat die
Holzfäller nach ihrem Eigentümer gefragt, und diese haben ihn zu
dir gewiesen.« Als ich seine Worte vernahm, wechselte ich die
Farbe und wurde gelb. Da spaltete sich auch schon der Boden
meines Zimmer, der Ifrit erschien, packte mich ohne irgendwel-
chen Aufschub, stieg hoch mit mir in die Luft empor und dann
tief in die Erde zu dem Schloß, wo ich das Mädchen nackend mit
blutüberströmten Seiten liegen sah. Der Ifrit packte sie an und
schrie: »Hier, Dirne, ist dein Geliebter.« Sie aber blickte mich an
und sagte: »Ich kenne ihn nicht und sehe ihn jetzt zum ersten
Mal.« Da drückte er ihr ein Schwert in die Hand und befahl ihr,
mir den Kopf abzuschlagen. Sie aber warf es aus der Hand, da sie
mich liebte und mir verzieh. Der Ifrit überreichte es nun mir mit
den Worten: »Schlag ihr den Kopf ab, so will ich dich loslassen,
ohne dich zu peinigen.« Ich sagte: »Gut« und hob die Hand, vermochte es aber nicht, als ich in ihre Augen sah. Da schrie der
Ifrit: »Ihr liebet einander«, nahm das Schwert und hieb dem

Mädchen eine Hand ab; dann hieb er ihr die andere ab, dann den rechten und dann den linken Fuß, und als sie mich noch einmal mit den Augen grüßte, schrie er: »Du hast mit den Augen gebuhlt!« und schlug ihr den Kopf ab. Dann wandte er sich zu mir, der ich meines Todes gewiß war, und sagte: »Nach unserem Glauben ist es erlaubt, ein buhlerisches Weib zu töten. Nachdem ich überzeugt war, daß sie mich hinterging, mußte sie sterben. Was dich anbelangt, so bin ich nicht sicher, daß du mich mit ihr betrogen hast, aber ohne Strafe kannst du nicht ausgehen. Wähle dir daher aus, in welche Gestalt ich dich verzaubern soll, in die eines Hundes, eines Esels oder eines Affen.« Ich aber warf mich ihm zu Füßen und rief: »Bei Gott, wenn du mir vergibst, wird dir Gott auch vergeben, weil du einem Moslem, der dir kein Leid zugefügt hat, verziehen hast.« Er aber packte mich, spaltete die Erde und flog mit mir hoch in den Himmel, bis er mich auf einem Berg absetzte. Dort nahm r ein wenig Erde, murmelte etwas darüber und bestreute mich damit unter den Worten: »Verlaß diese Gestalt und nimm die Gestalt eines Affen an«, worauf ich zur selben Stunde ein hundertjähriger Affe wurde. Ich stieg nun vom Gipfel des Berges herab und wanderte einen Monat, bis ich an den Strand des Meeres gelangte. Dort erblickte ich ein Schiff, das gerade auf den Strand lossteuerte. Als es gelandet war, sprang ich mitten darauf und die Mannschaft schrie: »Hinunter vom Schiff mit diesem Unglücksboten.« Einer rief: »Ich steche ihn mit diesem Schwerte nieder!« Ich aber ergriff die Spitze des Schwertes und weinte. Als der Kapitän das sah, erbarmte er sich meiner und nahm mich in seine Obhut. Nach fünfzigtägiger Reise landeten wir in einer großen Stadt, und Mamelucken des Königs kamen mit einer Schriftrolle auf das Schiff und geboten jedem, eine Zeile daraufzuschreiben. Es war nämlich der Wesir des Königs gestorben, und dieser suchte auf diese Weise einen neuen Wesir. Wie ich das vernahm, riß ich ihnen die Rolle aus der Hand und versuchte, ihnen durch Zeichen verständlich zu machen, daß ich schreiben wollte. Da sagte der Kapitän: »Laßt ihn schreiben; macht er Kritzeleien, so jagen wir ihn fort, schreibt er aber ordentlich, so nehme ich ihn an Sohnes statt an, da ich einen gescheiteren Affen bisher noch nicht gesehen habe.« Ich aber nahm eine Feder, tauchte sie in Tinte und schrieb in vier verschiedenen Schriften Verse auf die Papierrolle. Nachdem ich dies getan hatte, kehrten sie mit der Rolle zum König zurück, und dieser befahl, mich mit einem Ehrenkleid angetan und auf einem Maultier vor ihn zu bringen. Wie ich vor den König geführt wurde, küßte ich dreimal vor ihm die Erde und setzte mich auf meine Knie nieder, so daß die Anwesenden über meinen Anstand erstaunten. Darauf befahl der König allen mit Ausnahme eines Eunuchen und eines kleinen Mamelucken, den Raum zu verlassen, und ließ einen Tisch für uns decken, und ich speiste mit ihm. Darauf nahm ich Tinte, Feder und Papier und schrieb weitere Verse für ihn. Nachdem der König es bewundernd gelesen hatte, ließ er ein Schachspiel bringen und fragte: »Kannst du spielen?« Ich nickte und setzte ihn in zwei Spielen matt. Da ließ der König seine Tochter rufen, um mich ihr zu zeigen, und sagte: »Wenn dieser Affe hier ein Mensch wäre, er würde unzweifelhaft alle seine Zeitgenossen übertreffen.« Als der Eunuch aber mit seiner Tochter wieder eintrat, verhüllte sie ihr Antlitz und sagte: »O mein Vater, wie kommt es, daß es dir beliebt, mich vor fremden Männern sehen zu lassen. Sieh, dieser Affe ist der Sohn eines Königs und ein gelehrter und kluger Mann.« Der König verwunderte sich sehr und fragte, woher sie wüßte, daß ich verzaubert sei. Darauf antwortete sie ihm, daß in ihrer Kindheit eine alte, verschlagene Zauberin sie die Zauberkunst lehrte, so daß sie Zauber kenne, von denen der geringste ausreiche, seine Stadt hinter den Berg Kaf zu schaffen. Da sprach ihr Vater: »Bei der Wahrheit des Namens Gottes beschwöre ich dich, befreie uns diesen jungen Mann, daß ich ihn zu meinem Wesir machen kann!« Sie antwortete: »Recht gern will ich das tun.« Dann nahm sie ein Messer, auf welchem hebräische Namen geschrieben standen, und beschrieb mit ihm mitten im Schloß einen Kreis, in den sie Namen und Talismane zeichnete und darüber Zauberformeln und unverständliche Worte sprach. Nach einer Weile wurde es so dunkel, daß wir glaubten, die Welt verfinstere sich, und der Ifrit fuhr in scheußlicher Gestalt zu uns nieder und schrie: »Du Verräterin,

warum hast du den Eid gebrochen? Haben wir uns nicht geschworen, einer dem anderen nicht in den Weg zu treten?« Sie
erwiderte: »Verruchter, wann habe ich dir geschworen?« Da verwandelte sich der Ifrit in einen Löwen, der auf das Mädchen zu-
stürzte. Sie nahm jedoch schnell eins ihrer Haare, bewegte murmelnd die Lippen und sie verwandelte es in ein Schwert, mit
dem sie den Löwen spaltete. Sein Kopf verwandelte sich jedoch in
einen Skorpion und das Mädchen in eine Schlange, die auf den
Verruchten losfuhr. Nach heftigem Kampf verwandelte sich der
Skorpion in einen Adler und die Schlange in einen Geier. Dann
wurde der Adler zu einem schwarzen Kater und das Mädchen zu
einem Wolf, die sich im Schlosse jagten und erbittert bekämpf-
ten. Als der Kater sich überwunden sah, wurde er zu einem großen roten Granatapfel, der in das Becken des Springbrunnens
fiel. Der Wolf setzte ihm nach, und der Apfel stieg nun hoch in
die Luft und fiel auf den Estrich nieder, wo er zersprang und
seine Kerne sich über den Boden zerstreuten. Da verwandelte
sich der Wolf in einen Hahn und pickte die Kerne auf. Ein Kern
hatte sich jedoch am Rand des Springbrunnens versteckt, und der
Hahn schrie, schlug mit den Flügeln und machte uns mit dem
Schnabel Zeichen, ohne daß wir verstanden, was er wollte. Dann
stieß er gegen uns einen so lauten Schrei aus, daß wir glaubten,
das Schloß stürze ein, und lief auf dem Fußboden hin und her, bis
er diesen Kern gefunden hatte. Als er sich aber daraufstürzte, fiel
dieser ins Wasserbecken, verwandelte sich dort in einen Fisch und
tauchte unter. Nun verwandelte sich der Hahn ebenfalls in einen
großen Fisch, der ihm nachschoß und eine Weile fortblieb. Plötzlich vernahmen wir einen lauten Schrei, und der Ifrit stieg in Gestalt einer feurigen Lohe empor und schnob und spie gegen das
Mädchen, das sich ebenfalls in eine Feuerflamme verwandelte.
Auch auf uns stürzte der Ifrit los und blies uns Feuer ins Gesicht,
aber das Mädchen holte ihn ein und blies ihm ebenfalls Feuer
ins Gesicht. Ihre Funken schadeten uns nicht, doch traf einer von
seinen Funken mein Auge und zerstörte es, ein anderer traf den
König ins Gesicht und verbrannte die untere Hälfte, und ein dritter traf den Eunuchen auf die Brust und verbrannte ihn auf der

Stelle. Da hörten wir plötzlich eine Stimme rufen: »Gott ist groß, er hat Sieg und Beistand verliehen und den Ungläubigen im Stich gelassen, der nicht glaubte an Mohammed, den Herrn der Menschheit!« Der aber diese Worte rief, war die Tochter des Königs, die den Ifriten verbrannt hatte, den wir nun als Aschenhaufen daliegen sahen. Dann nahm sie eine Schüssel mit Wasser, bespritzte mich damit und sagte, nachdem sie etwas darüber gesprochen hatte, was wir nicht verstanden: »Sei durch die Kraft der Wahrheit und des Namens des höchsten Gottes befreit und nimm deine frühere Gestalt wieder an.« Da ward ich wie zuvor ein Mensch, nur daß mein eines Auge zerstört blieb.

Plötzlich schrie das Mädchen: »O mein Vater, das Feuer, das Feuer! Ich kann nicht weiter leben. Hätte ich den einen Kern aufgepickt, in dem das Leben des Djin steckte, wäre er sofort tot gewesen. So aber mußte ich einen hitzigen Kampf mit ihm unter der Erde, in der Luft und im Wasser bestehen. So oft er einen neuen Zauber versuchte, wendete ich einen stärkeren an, bis er zum Feuer griff. Selten kommt einer, gegen den dieser Zauber angewendet wird, mit dem Leben davon, und das Schicksal half mir nur insofern, als ich ihm zuvorkam und ihn zuerst verbrannte.« Hierauf stieg ein schwarzer Funke auf ihre Brust und ihr Gesicht, und sie weinte und sprach: »Ich bezeuge es, daß es keinen Gott gibt außer Gott, und bezeuge, daß Mohammed der Gesandte Gottes ist.« Hierauf sank sie als Aschenhaufen neben den Aschenhaufen des Ifriten. Wir aber trauerten um ihren Tod und beweinten sie beide. Dann befahl der König, über der Asche seiner Tochter ein hohes Mausoleum zu errichten, die Asche des Ifriten jedoch in der Luft zu zerstreuen und dem Fluche Gottes anheimzugeben. Gleich darauf erkrankte er zu Tode, und es dauerte einen Monat, bis er von seiner Krankheit wieder genas. Dann aber ließ er mich zu sich kommen und sagte: »Hätten wir dich und dein abscheuliches Gesicht doch niemals gesehen, das so viel Unheil über uns gebracht hat. Aber nicht deine Hand, sondern der Ratschluß Gottes hat es über uns verhängt. Nun aber, mein Sohn, geh fort aus meinem Land, denn was uns um deinetwillen betroffen hat, ist genug.«

So zog ich denn von dem König fort, meine Herrin, ohne an meine Rettung zu glauben und ohne zu wissen, wohin ich mich wenden sollte. Ich durchzog betrübt weite Länder und viele Städte, bis ich in Bagdad, der Stätte des Friedens, anlangte, um zum Fürsten der Gläubigen Zutritt zu erhalten und ihm meine Geschichte zu erzählen. Hier sah ich diesen meinen ersten Bruder ratlos auf der Straße stehen und sprach zu ihm: »Frieden sei mit dir!« und unterhielt mich mit ihm, als plötzlich unser dritter Bruder zu uns trat und sprach: »Frieden sei mit euch! Ich bin ein Fremdling.« Wir antworteten: »Auch wir sind hier fremd und erst in dieser gesegneten Nacht eingetroffen.« Hierauf gingen wir, ohne daß einer die Geschichte des anderen kannte, zusammen weiter, bis uns das Schicksal an diese Tür führte.

Da sagte die Hausherrin zu ihm: »Deine Geschichte ist wunderbar. Streich über den Kopf und geh deines Weges!« Er antwortete jedoch: »Ich möchte nicht eher fortgehen, als ich die Geschichte meines Gefährten vernommen habe.«

Überblickt man diese Erzählung als Ganzes, so wird sofort deutlich, daß auch hier das archetypische Problem des großen Vaters und der Vater-Sohn-Konflikt eine große Rolle spielen. Die Geschichte beginnt wieder mit einer Sohnfigur, die noch in Abhängigkeit zum Vater steht, der ihn mit sechs Schiffen ausgerüstet auf die Reise schickt. Persönlicher Vater, der Schneider, die Figuren der anderen Könige, der Ifrit und der Kapitän sind die Emanationen dieses Archetypus, die teils fürsorgend und helfend, teils drohend und vernichtend in die Erlebniswelt des Sohnes eingreifen. Gegenüber dem ersten Märchen tritt aber hier ein zweiter Problemkreis, der dort nur in der Symbolik und in einer randständigen Episode in Erscheinung kam, weit mehr in den Vordergrund. Hier knüpft der Erzähler selbst, der den Ich-Komplex verkörpern würde, eine deutliche Beziehung zum gleichaltrigen Weiblichen an, das in den Erlebnissen mit den beiden Prinzessinnen für ihn zur schicksalsbestimmenden Wichtigkeit wird. Es erfolgt damit eine direkte und folgenschwere Begegnung zwischen Ich und Anima.

E. Neumann[99][100] hat darauf hingewiesen, wie in der Entfaltung der psychischen Struktur des Menschen, die in sich ein von den Archetypen her determinierter Vorgang ist, die personalen und die transpersonalen genetischen Aspekte ineinander übergreifen. So wie in der transpersonalen Entwicklungsgeschichte des menschlichen Bewußtseins der Mensch die Phasen dieser Entfaltung immer wieder in mythologischer Gestaltung als einen Entwicklungsgang vom Stadium der Einheitswirklichkeit des Uroboros über das Matriarchat zum Patriarchat geschildert hat, so verläuft auch im Personalen die Entfaltung der menschlichen Psyche von der Einheit des in der Mutter enthaltenen Kindes über die Zweiheit, in der das Ich des Kindes dem Du der Mutter gegenübersteht, zur Beziehung zum Vater und zur Welt des männlich-patriarchalen Erlebniskreises. Erst später erfolgen Verwandlung, Erneuerung und Wiedergeburt, wenn der Mensch aus dem festgefügten Ordnungssystem des Patriarchats herausgeht zurück in die tieferen Schichten der matriarchalen und uroborischen Stufe.

Diesen Weg einer schöpferischen Regression geht auch die große Linie dieses Märchens. Der Islam hat einen festgefügten patriarchalen Kulturkanon mit einer fast krankhaften Angst vor den mythischen Kräften des »großen Weiblichen«, die hinter Schleier und Haremsmauern verbannt werden. Auch die Ausschaltung der Bildwelt, das islamische Bilderverbot, gehört hierher. Der Weg zurück in diese Welt ist immer gefährlich und auflösend. So treffen wir im arabischen Märchen sehr oft das Motiv, daß der Held, der in diese Bereiche gerät, kein Held mehr ist, sondern vielmehr ein hilfloses Bündel, das übermächtigen Kräften als Spielball ausgesetzt ist. Vielleicht ist es ein Stück Bewußtseinshypertrophie von uns, ein Zeichen dafür, welche Überakzentuierung wir unserem Ich gegeben haben, wenn unsere Helden soviel ich-bewußter, oft soviel heroischer und auf sich selbst und ihre eigenen Ichkräfte gestellt sind, als die des Orients.

Wir erfahren am Beginn des Märchens, daß dieser Königssohn ein Gelehrter gewesen ist, ausgebildet in allen Wissenschaften seiner Zeit. In der Sprache der Analytischen Psychologie würden wir sagen, daß wir hier von der Entwicklung, Ausbildung

und Pflege der leitenden Funktion, in diesem Falle der Denkfunktion erfahren. Er ist den Weg gegangen, den wir im Beginn
des Faust finden:

> »Habe nun, ach, Philosophie,
> Juristerei und Medizin,
> und leider auch Theologie
> durchaus studiert mit heißem Bemühn.«

Nur fehlt diesem Prinzen die Resignation des Faust, der bis
an die Grenzen der rationalen Möglichkeiten vorgestoßen ist,
ohne seine tiefe Unbefriedigtheit zu überwinden, und der jetzt
in einer bewußten Entscheidung vom Ich her seinen Pakt mit
Mephistopheles eingeht. Der Prinz unseres Märchens ist stolz auf
seine Rationalität. Die Funktion hat ihren Wert und behält ihn
auch, ja sie erweist sich sogar nachher als ein Mittel zur Rettung
aus dem untermenschlichen Bereich. Das Schicksal aber wird von
ihm nicht herausgefordert, sondern es wird ihm auferlegt, und die
einzige Stelle, an der er es selbst aktiv herausfordert, dort, wo er
in der Höhle den Ifriten ruft, da ist er eigentlich ein frevelhaft
leichtsinniger Prahlhans, der von Wein und Weib aufgeweicht
seinen Spontanimpulsen verfällt. Es ist derselbe Übermut, den
wir in der europäischen Mythe bei Theseus wiederfinden, als er
mit Peirithoos in den Hades geht, um die Persephone zu rauben.
Von unseren Gesichtspunkten aus würden wir die Passivität dieses Ich-Komplexes einer früheren Bewußtseinsstufe zuordnen.
Auch hier entspricht das Verhalten unseres Prinzen eher einer
jünglingshaften Stufe, in der die Autonomie des Ich noch nicht
gesichert ist, sondern dem Unbewußten gegenüber in Passivität,
Angst und Defensive verharren muß. So enden auch seine Abenteuer regelmäßig nicht mit Sieg, Überwindung und Gewinnung
des Schatzes, sondern mit Niederlage, Blendung und Heimat-
losigkeit.

Es ist nun sehr problematisch, eine einfache Zuordnung bzw.
Wertsetzung zwischen dem passiven Inzest des Jünglingsgottes
und dem aktiven des Heros zu machen. Der aktive Heros, der die
Gefahr aufsucht und damit das Neue, das Ungewöhnliche, ist
nicht nur eine positive archetypische Figur des kollektiven Un-

bewußten, sondern hat auch seinen Schatten. Nicht immer kann Aktivität als höhere Reifungsstufe dem passiv-regressiven Verhalten gegenüberstehen. Die tiefe Fragwürdigkeit dieses aktiven Heroentums, das von der Natur etwas erzwingen will, ist in den Märchen des persischen Dichters Nizami[101] sehr schön und eindrucksvoll dargestellt worden.

Nizami, ein Vorläufer des Hafis und des Said, lebte von 1141 bis 1202/3 n. Chr. in der kleinen Stadt Gentsche in Transkaukasien. Er ist wohl vollabsichtlich und trotz verlockender Angebote niemals in die Welt hinaus und an die damaligen Fürstenhöfe gegangen, so wie auch in seinen Märchen nur dem der Schatz zuteil wird, der die wilden Leidenschaften in sich selbst zu überwinden vermag. Hier wie überall sind personales und transpersonales Geschehen ineinander verwebt. In den »Sieben Geschichten der sieben Prinzessinnen«, die das Kernstück des Heft Peiker bilden, schildert er in dem ersten der Märchen eine solche höchst negative Aktivität:

Ein König war besessen von einer einzigen Sucht, alles zu kennen und von allem zu hören, was Menschen in dieser Welt nur immer erleben. Eines Tages erscheint an seinem Hof ein Fremder in schwarzer Kleidung, und alles wundert sich, warum dieser Fremde immer in Trauer geht. Er will es nicht verraten, und erst nach langem Drängen erfährt der König von ihm, daß im Lande China eine paradiesisch schöne Stadt läge, die dennoch die Stadt der Umnachteten hieße. Alle ihre Bewohner trügen dieselben schwarzen Kleider, und dort läge auch die Lösung des Rätsels seiner eigenen Trauer. Mehr aber wolle er nicht sagen. Der König nun, besessen von dem Wunsch zu wissen, macht sich auf und findet auch diese Stadt. Dort schließt er Freundschaft mit einem einfachen Metzger, der ihn endlich nach langem Drängen und Bitten in der Nacht zu einer Ruine führt und ihn dort in einen Korb steigen heißt. Kaum hat der König das getan, erhebt sich der Korb in die Lüfte und hält erst wieder an der Plattform eines himmelhohen Turmes. Der König klammert sich dort verzweifelt und hoffnungslos fest, bis schließlich ein riesenhafter Vogel erscheint, an dessen Fuß er sich festhält und der ihn zu

*einer paradiesischen Wiesenlandschaft trägt. Jede Nacht tanzt
dort ein Reigen schönster Mädchen vor einer Feenkönigin, in die
sich unser König natürlich unsterblich verliebt. Sie gewährt ihm
auch alles, nur das Letzte nicht und bietet ihm zur Stillung seiner
Begierde jede Nacht ein anderes ihrer Mädchen an. Neunund-
zwanzig Tage und Nächte lang geht es gut, bis in der dreißigsten
Nacht der König den Vertrag mit seiner Partnerin bricht und versucht, sich ihrer mit Gewalt zu bemächtigen. Vergeblich fleht sie
ihn an, noch eine Nacht Geduld zu haben, und schließlich sagt sie
zu ihm: »Schließ die Augen.« Er tut es, in der Hoffnung, daß sie
sich ihm nun entschleiern würde, aber als er dann hört: »Öffne
die Augen« und er sie öffnet, da befindet er sich wieder in dem
Korb, und neben ihm steht sein Freund, der Metzger, der zu ihm
sagt, nun wüßte er, warum sie alle hier für ewig Trauer trügen.
Auch der König selbst trägt von nun an schwarze Gewänder.*

In einem anderen Märchen dieser Sammlung, der Geschichte
von den Abenteuern des schönen Maban, wird der aktive Versuch, sich durch Zwang und verfrühten Eingriff mit der Anima
zu vereinigen und sie zu erringen, noch stärker und gräßlicher
bestraft. Die schöne Fee verwandelt sich hier unter der Umarmung des Liebhabers in einen Ifriten, der aussieht wie ein Sumpf-
büffel und zugleich ein Riesenkrebs mit den Hauern eines Ebers
in einem Krokodilsrachen, aus dem es meilenweit stank. So kehrt
im Unbewußten der Archetyp der anima inspiratoria dem, der
sich ihr, frevelhaft mit der eigenen Leidenschaft und den Inter-
essen des Ego verfallen, naht, einen sehr destruktiven Negativaspekt zu.

Stärker als bei uns in Europa lebt in dem Legendengut des
Orients die Dominanz des Selbst gegenüber dem Ich. Auch spielt
in den Anpassungsvorgängen, die der Mensch sowohl der Außen-
als auch der Innenwelt gegenüber zu vollziehen hat, seine Fähigkeit zu einer religiösen Berücksichtigung dieser Kräfte eine wesentliche und produktive Rolle.

Die Handlung der Erzählung des zweiten Bettlers beginnt
wieder mit dem wohlbekannten Motiv der großen Reise, die über
das Wasser nach einem fremden, unbekannten Land geht. Es ist

bereits im ersten Teil ausführlicher auf die Beziehung zwischen dem Symbol des Meeres und dem Unbewußten hingewiesen worden. Da das Motiv der Meerfahrt aber in den nächsten Erzählungen wieder eine dominierende Rolle spielt, sei hier noch einiges nachgetragen. Es handelt sich um eines der großen Bewußtseinsmythologeme, zu denen auch unter anderem das von Frobenius[102] beschriebene der Nekyia, der Nachtmeerfahrt, wie auch die Sonnenmythologeme gehören. Nach Gebser[103] ist jede Meerfahrt ein Sinnbild dafür, daß der Mensch eine gewisse Herrschaft über die Seele erreichte, denn Seele und Wasser stehen, noch bei Heraklit, in engster Beziehung zueinander. Auch berichtete z. B. die »Siebzehnte Rune« der »Kalewala«, daß der große Sänger Wäinämöinen sein Boot nicht fertigstellen kann, ehe er nicht noch einige Worte weiß, die er nicht zu finden vermag; erst als er sie von dem Urriesen Wipunen erfahren hat und er dadurch fähig ist, alle Urphänomene auszudrücken, was einem Bewußtseinsvorgang gleichkommt, ist er imstande, den Bau des Bootes zu vollenden und die Meerfahrt anzutreten (die in der »Achtzehnten Rune« geschildert wird). Nach der Durchmessung der eigenen Seele, nach dieser Meerfahrt, die wir als Symbol einer Bewußtwerdung auffassen, findet der mythische Mensch den anderen Menschen, findet er den ihm persönlich bestimmten Partner.

Im europäischen Kulturraum hat dieses Mythologem seine klassisch-epische Gestaltwerdung in der Odyssee gefunden, die sowohl Meerfahrt als auch Nekyia in sich schließt. Parallelen hierzu finden sich im orientalischen Raum ebenso zahlreich, und hier sei als Beispiel das indische Märchen von »Des Prinzen Brautfahrt«[14] erwähnt. Auch hier handelt es sich um eine Rahmenerzählung, in die eine ganze Sammlung von Märchen eingebettet ist.

Ein Königssohn trifft beim Ballspiel eine zufällig vorbeigehende Büßerin unglücklich mit seinem Ball am Kopf. Sie ruft ihm daraufhin zu: »Bist du jetzt schon so von Hochmut berauscht, was mag da werden, wenn du erst Karpurika zur Gattin genommen haben wirst.« Der Prinz entschuldigt sich bei ihr und fragt nach dem Sinn der Worte. Da erfährt er, daß Karpurika die ihm vorbestimmte Gattin ist, die weit entfernt in einer Stadt jenseits des Meeres lebt. Er macht sich, begleitet von seinem Freund Gomukha, auf die gefahrvolle Reise. Unterwegs erzählt ihm teils der Freund die Geschichten des Buches, teils erleben sie zusammen eine Kette von wundersamen Begebenheiten und Abenteuern. Am Ende der Fahrt erringt er Karpurika, die bereits in einem früheren Leben seine Gefährtin gewesen ist.

Jenseits des Meeres findet nun in unserer zweiten Geschichte ein Ereignis statt, das wir gleicherweise in allen drei Märchen der drei Prinzen wiederfinden und das man in der Sprache der Psychologie als einen Verlust aller bisherigen Bewußtseinsdominanten bezeichnen würde. Die Karawane wird von einer Schar von Räubern angegriffen. Die meisten werden getötet, und er bleibt allein. Der Mensch wird hier, wie in den anderen beiden Märchen auch, auf eine äußerst gewaltsame Weise aus seiner bisherigen Schale herausgelöst. All das bisher äußerlich Erworbene oder ihm Zugefallene zählt nicht mehr, seine wissenschaftliche Bildung, sein Name, sein Rang, seine Stellung unter den Gefährten, kurz das gesamte Bezugssystem zwischen ihm und der Außenwelt, das Jung als die Persona bezeichnet, wird sinnlos und nichtig, ja sogar gefährlich für ihn. »Die Persona ist«, wie Jung sagt, »ein Kompromiß zwischen Individuum und Sozietät über das, was einer erscheint.«[21] Sie birgt immer die große Gefahr in sich, daß sich das Ich, oder was noch schlimmer ist, die Gesamtpersönlichkeit mit diesem äußeren Erscheinungsbild, das der Mensch seiner Umwelt bietet und das sie ihrerseits ihm umhängt, identifiziert und darin erstarrt, wobei wohl in jeder Kultur die Identifikation mit Amt und Titel etwas sehr Verführerisches ist.

Die Auflösung der Persona erfolgt im Märchen durch den Zusammenprall mit einem anderen Archetypus bzw. seiner bildmäßigen Manifestation, dem Schatten. Das Bild der »Räuberbande« als einer aus dem Unbewußten auftauchenden übermächtigen Schattenproblematik ist auch noch in den Träumen der heutigen Menschen ungemein häufig. Natürlich reiten solche Räuberbanden in der Seele des europäischen Menschen meist nicht auf Kamelen und in fliegenden Burnus gekleidet durch die Träume, sondern sie sind unseren Verhältnissen entsprechend umgestaltet. So lautet z. B. der Traum eines braven Bankbeamten: »*Ich sitze in einem Auto, das in der Nebenstraße in der Nähe meiner Bank parkt. In dem Wagen befinden sich mit mir mehrere Räuber, die den Plan haben, meine Bank auszurauben. Ich gehöre zu ihnen und befinde mich in dem Konflikt, ob ich an dem geplanten Verbrechen teilnehmen soll, mit gutem Gewinn natürlich, oder ob ich versuchen soll, die Bank zu warnen.*« Dieser Patient suchte die Behandlung wegen einer Agarophobie auf. Er stammte aus einem armen, stark zwangsneurotisch gefärbten Elternhaus, in dem eigentlich alle seine Triebwünsche unter der Decke einer streng kleinbürgerlichen Moral, vermischt mit einer Pseudoreligiosität, unterdrückt wurden. Da er von Natur aus ein recht vitaler, aktiver und extravertierter Mann war, investierte er seine ganze Libido in den Beruf und brachte es in relativ kurzer Zeit, obgleich er nur eine Mittelschulbildung besaß, zum Prokuristen einer großen Bank mit der Aussicht auf einen späteren Direktorenposten. Dieser Beruf hatte die Verdrängung seiner materiellen Wunschwelt, so ähnlich wie das frühe und ausschließliche Training des Märchenprinzen auf Gelehrsamkeit, noch eher gefährdet. Es war ihm nämlich schon von seinem ersten Lehrchef eingehämmert worden, daß das Geld, mit dem er in der Bank umgehe, »nichts wäre als wertloses Papier«. Der Bankbeamte dürfe gar keinen anderen Gedanken gegenüber den Werten, mit denen er umginge, haben, um ja nicht erst in eine Versuchung zu kommen. Nun ist die Verdrängung von Neidgefühlen und Goldwünschen ein zwar einfacher, aber doch letztlich etwas unpraktischer Versuch, mit seiner eigenen Triebdynamik fertig zu werden. Man kann es aber dem damals 16jährigen Jungen mit dieser vorher beschriebenen Erziehung wohl kaum verübeln, daß er den Weg der Verdrängung gehen mußte und dann auch später bei diesem blieb. Es ist eine allgemein bekannte Tatsache, daß die ins Unbewußte verdrängte und nicht weiter entwickelte infantile Triebwelt Entartungserscheinungen aufweist. Auf diese Weise gerät der Mensch, der seinen sinnvollen Wünschen und

Forderungen keinen bewußten Ausdruck zu verleihen vermag, unbewußt unter die Räuber. Der Traum des Patienten stammt aus einer Zeit, in der er in der Analyse zu merken begann, daß das Geld in seiner Bank keineswegs nur wertloses Papier war, und anfing, sich mit seinen Neidgefühlen und einem Stück »Goldgier« auseinanderzusetzen. Der letzte Satz seines Traumes, in dem er schwankt, ob er sich dagegen stellen und die Bank warnen oder mit einem guten Gewinn mitmachen sollte, drückt deutlich aus, wie er jetzt einerseits in der Lage ist, seine inneren Räuber ein Stück weit zuzulassen, andererseits aber einen deutlichen moralischen Gegenimpuls aktiviert und so den damals versäumten inneren Konflikt wieder aufnimmt.

Kehren wir also zu dem Märchen zurück: Elend, mittellos und ganz auf sich selbst gestellt ist nun unser Prinz. Die einzige Figur, die ihm in dieser unbekannten und feindlichen Welt einen gewissen Schutz gewährt, ist der arme Schneider. Er weist ihn, auf dem ganz ungewohnten und unbekannten Weg durch die Arbeit seiner Hände, an, ein Stück seines Lebens zu gestalten. Betrachtet man diese Figur wieder im Blickwinkel der Subjektstufendeutung, so trifft das Ich hier, durch das alter ego, auf eine bisher unbekannte und unentwickelte Fähigkeit oder Funktion, die eben infolge ihrer Nichtbeachtung und fehlenden Entwicklung im Zustand äußerer Ärmlichkeit verblieben ist. Nur dadurch, daß das Ich diese Funktion annimmt, gelangt es an die Stelle, wo der weitere Fortgang der Entwicklung und Umgestaltung seiner Persönlichkeit stattfinden kann. Es tritt hier ein Zustand ein, der für viele Analysen auch sehr charakteristisch ist. Die Hauptfunktion, hier das Denken, muß entscheidend versagen. Dadurch drängt eine andere, bisher vernachlässigte Funktion zur Bewußtwerdung, und es entsteht der Zustand der Verunsicherung, in dem die bisherige Welt und die bisherigen Urteile nicht mehr stimmen und neue Orientierungen gefunden werden müssen. Der Weg zur minderwertigen Funktion, die im Falle des Denktyps die Fühlfunktion wäre, führt aber über eine der auxiliaren Funktionen, von denen in der Regel wenigstens eine teilweise dem Bewußtsein zur Verfügung steht. Der Märchenprinz wählt den Weg über die Empfindungsfunktion, die in dem Bild des manuell direkt sinnlich mit den Objekten umgehenden Handwerks auftauchen. Diese führt ihn an die Stelle der tief im Unbewußten verdrängten minderwertigen Fühlfunktion. Die erste Begegnung zwischen dem Ich und dieser Problematik findet unter den Wurzeln des Baumes tief in der Erde statt und endet zunächst mit einer Regression in das animalische Wesen des Affen.

Baum und Wald gehören mit ihrem geheimnisvollen Dunkel von jeher zur Symbolik des Unbewußten. Ihrer pflanzlichen Natur entsprechend deuten sie auf den »Lebenskreis des Vegetativen.«[104], der in seiner Beziehung zur Ernährung zu den ganz frühen und tiefen Schichten des Unbewußten gehört. Bei der Benutzung der Vorstellung von Schichten des Unbewußten muß man sich natürlich klar darüber sein, daß es sich hierbei nur um metaphorische Bilder handelt, die vom Bewußtsein aus ins Unbewußte interpretiert werden. Im Unbewußten selbst sind die Zeit- und Raumverhältnisse unseres bewußten Erlebens aufgehoben. Kehren wir aber zu der Baumsymbolik zurück, die wir in sehr ähnlicher Form im deutschen Märchen vom »Geist in der Flasche« wiederfinden. Auch hier wird der Zugang zu dem Geisteswesen unter den Wurzeln eines Baumes ausgegraben. Jung hat in der »Symbolik des Geistes«[38] bei der Deutung dieses Märchens den Baum als einen noch unbewußten Kern der Persönlichkeit aufgefaßt, dessen Pflanzensymbolik den »schlafenden«, noch tief unbewußten Zustand andeutet. Unter den Wurzeln dieses Baumes befindet sich als dessen Numen oder spiritus vegetativus die gefangene Seele des Helden, hier die von einem gefährlich-destruktiven Geist in der Hochzeitsnacht geraubte Anima. Nach der Deutung Jungs stellt dieser Geist ein principium individuationis dar, das in der Entwicklung der natürlichen Triebhaftigkeit – daher unter den Wurzeln des Baumes – des Menschen liegt. Es ist nur insofern ein böser Geist, als eine schrankenlose und nur der Natur entsprechende Entfaltung des Trieblebens einen kaum vom Tier unterscheidbaren Menschen hervorrufen würde. Es ist bezeichnend, daß diese Erfahrung und Begegnung mit dem eigenen Triebgrund immer nur allein gemacht werden kann, denn nur der von seinen Konventionen und übernommenen Vorstellungen befreite Mensch ist in der Lage, dem ureigensten Selbst zu begegnen, wie auch in dem im ersten Teil besprochenen Märchen, wo der König am Ufer des verzauberten Sees allein weiterreitet. Der psychologische Hintergrund ist dort bereits erörtert. Das gleiche Motiv begegnet uns im nächsten Märchen des Zyklus wieder, wo der Prinz aus dem Schloß der einäugigen Jünglinge in das Schloß der vierzig Mädchen reist. Ebenso ist es auch in dem vierten Märchen des Zyklus, der Geschichte des ersten Mädchens, enthalten, als diese vom Schiff geworfen auf der Insel dem Drachen und der Schlange begegnet.

Die Begegnung in der Höhle unterhalb der Wurzeln des Baumes zwischen dem Prinzen und dem geraubten Mädchen läßt sich nun zunächst auf der personalen Stufe zwischenmenschlicher Beziehungen deuten. Es ist dann der Konflikt des Mannes mit der an den Vater fixierten Frau. Die Gestalt und der symbolische Gehalt des Geistwesens, das dieses Mädchen in Gefangenschaft hält, ist bereits im ersten Teil ausführlich besprochen, und es ist auch auf seine Beziehung zur Vaterfigur hingewiesen worden. Es ist bekannt, wie aus vielen Krankengeschichten ersichtlich ist, daß die Ehe der an den Vater gebundenen Frau immer an der Stelle zum Scheitern verurteilt ist, wo sie den notwendigen Entwicklungsschritt zur liebenden Kommunikation mit dem lebenden und anders gearteten Mann infolge ihrer Fixierung auf den Vater nicht vollziehen kann. Diese personale Problematik ist offensichtlich in der Figur des gefangenen Mädchens enthalten. Sie wagt an sich, den Gesetzen ihrer Kultur entsprechend, den äußerlichen Schritt zur Heirat, aber, wie das Märchen sehr treffend und zielsicher erzählt, bereits in der Hochzeitsnacht wird sie von dem Ifriten geraubt. Sie kann den Schritt der Vereinigung mit dem lebenden Mann nicht vollziehen, sondern bleibt an den »Geist« des Vaters gebunden, der den Ehemann leer ausgehen läßt. Auch der nächste Mann, dem sie in ihrer Gefangenschaft infantiler Bindungen begegnet, verfällt einem ähnlichen Schicksal. Lieber zerstört der Vater-Geist, der mit seiner ganzen Libido an die Tochter fixiert ist, das Mädchen, als es einem anderen zu überlassen. Der Mann aber, der es gewagt hat, diese Sachlage zu ändern, und sich als zu schwach erweist, wird zur Strafe der Einsamkeit ausgesetzt, wo sein Trieb- und Liebesleben in die prähumane Stufe des Affen regrediert.

Zur Veranschaulichung dieses Tatbestandes sei hier der Traum eines 40jährigen Ingenieurs angeführt, der wegen einer schweren Depression meine Behandlung aufsuchte. Er war verheiratet und hatte in der Ehe auch ein Kind. Er lebte mit seiner Frau im gleichen Haus wie die Schwiegereltern. Die Frau verbrachte den größeren Teil ihrer Zeit und ihres Interesses in der Familie ihrer Eltern, wo der Vater die dominierende Figur war. Der Patient hatte zwar teilweise ehelichen Verkehr mit einem normalen Orgasmus, aber ohne das Gefühl einer seelischen Befriedigung oder Gelöstheit. Daneben onanierte er häufig mit heftigen Ekel- und Schuldgefühlen. Als er um die achtzigste Behandlungsstunde herum von diesen Dingen zu sprechen begann, träumte er: »*Es ist Faschingszeit. Ich fahre mit einem Leihwagen und treffe unterwegs Arbeitskollegen aus dem Betrieb. Meine Gedanken dabei sind: ›Jetzt sehen sie dich wenigstens auch mal Autofahren.‹ Das Auto macht eigenartige Schlingerbewegungen und reagiert nicht auf die Steuerung. Ich steige aus und komme in ein Lokal. An einer Wand sitzt ein Mädchen, das mir bekannt vorkommt. Sie läßt sich gleich von mir küssen. Auf einer schrankenartigen Erhöhung sitzt ein Affe. Das große männliche Tier hat übergroße Geschlechtsteile und onaniert, indem es seinen Penis im Maul hat.*«

Die Parallelität von Symptomatik und Traumsymbolik zu der vorher aus dem Märchen geschilderten zwischenmenschlichen Problematik dürfte hier ohne eine weitere Ausdeutung ersichtlich sein.

Entkleidet man das Märchengeschehen seiner sekundären Personalisierung, die das Märchen im Gegensatz zum Mythos immer in ausgeprägter Form besitzt, so taucht dahinter ein archetypisches Motiv auf. Die hier beschriebene, vom Eros erfüllte Höhle ist eine deutliche Variante zu der orgiastischen Szene des

Lastträgers mit den drei Mädchen, dem Abstieg in das Inzestgrab des ersten Märchens und, vorausgreifend, dem Schloß der vierzig Prinzessinnen in der Erzählung des dritten Bettlers. Jedesmal wird die Situation auf einer anderen Stufe gelöst. Wenn wir hier zunächst die drei Erzählungen der drei Bettler betrachten, so finden wir im ersten Märchen in der »Inzesthöhle« den Ausgang in totaler Regression, in Tod und Verbranntwerden. Das zweite hier vorliegende Märchen führt diese Regression nur bis in die animalische Schicht des Affenwesens durch, während in der dritten Erzählung der König ohne einen weiteren regressiven Schritt auf dem Zauberpferd das Schloß verlassen kann und unter der Opferung nur seines Auges den Weg zurück in Welt und Leben findet. Es ist auch für die verschiedenen Stadien der Ich-Bildung charakteristisch, daß in dem ersten Märchen nicht der Prinz selbst in die Höhle hinabsteigt, sondern dieser Schritt stellvertretend von seinem alter ego vollzogen wird. Alle drei Märchen umkreisen so dasselbe Motiv und geben mit jeder Erzählung eine neue Variante des Problems.

Die vom Eros erfüllte Höhle ist jeweils selbst eine Variante des Verschlucktwerdens des Helden von Walfisch-Drachen-Ungeheuer, worauf E. Neumann bereits in seinem Kommentar zum »Psyche und Amor«-Märchen[144] hingewiesen hat. Die qualvolle übelriechende Enge im Inneren des Untieres wird allerdings überdeckt durch das lustvolle Geschehen mit dem oder den Mädchen, aber es wird hier lediglich die lustvolle und angenehme Seite der Regression in den Vordergrund gestellt, die wir im deutschen Märchen in dem überzuckerten Hexenhaus von »Hänsel und Gretel« wiederfinden. Es ist aber im Kern genau so ein Verschlucktwerden und eine Dunkelexistenz, wie der Aufenthalt des Jonas im Walfischbauch, der Kampf des Herakles gegen das Ungeheuer Poseidons bei der Errettung der Hesione, oder die Mythen der Indianer, Eskimos und Neger von dem im Fischungeheuer verschlungenen Helden. Die Überwältigung durch die Sinnlichkeit und die rauschhafte Existenz im Dienste des Eros und Sexus ist letzten Endes der eines Mannes unwürdige Zustand einer Gefangenschaft, eines Verschlungenwerdens in einem zwar angenehmen und warmen Kerker, aber es ist und bleibt doch ein Gefängnis, so schön es auch ausgestattet ist.

In Patiententräumen taucht gelegentlich der wahre Charakter dieses archetypischen Geschehens sehr deutlich auf. So träumte ein 24jähriger Patient, der Student an einer Kunsthochschule war: »*Ich trample mit einem Bekannten durch eine trostlose Landschaft. Wir wollen in die Antarktis. Es ist sehr neblig. Wir haben uns verlaufen. Plötzlich taucht eine Ortschaft auf. Es ist ein kleines, schmutziges Nest, bestehend aus Lehmkaten. Wir kommen durch ein sumpfiges Gelände und wollen dann nach Spanien. Der Sumpf wird immer tiefer. Mich beschleicht ein Ekelgefühl. Ich sage, daß hier bestimmt Schlangen sind. Dann kommt auch schon eine auf mich zu, zuerst fingerdick, dann armdick. Die Schlange ist schwarz und hat einen roten Kopf. Ihr Gesichtsausdruck sagt: ›Ich werde dich gleich beißen.‹ Wir flüchten dann in ein Haus, das wie eine Halbkugel geformt ist. Ein Drache kommt und frißt alle Menschen auf. Er will auch in das Haus. Es liegen alte Waffen herum. Als der Drache durch das Fenster will, werfe ich ihm Beile entgegen. Er fällt um, wie eine Gummipuppe, richtet sich aber wieder auf. Ich kämpfe gegen den Drachen, der plötzlich im Raume ist, mit Pistolen und Messern. Er will mich verschlingen, ich versuche aber, mit ihm zu verhandeln. Plötzlich hat mich der Drache aber doch verschlungen, ich kann aber weiterreden und sage ihm, er müsse sich übergeben, dann würde er mich wieder los. Der Drache aber würgte und würgte, hatte aber keinen Brechreiz.*« Der Patient suchte meine Behandlung wegen eines Asthma-Bronchiale auf, welches aber nur zunächst der äußere Vorwand für die Behandlungsaufnahme war. Die wesentliche und für ihn quälendste Symptomatik war eine schwere Zwangsonanie, verbunden mit Voyeur- und Exhibitionstendenzen, die sofort auftraten, wenn er versuchte, einem Mädchen für längere Zeit treu zu bleiben und nicht fortlaufend von einem Zustand verliebter Faszination in den nächsten zu stürzen. In der Zeit, als das Traumbild ihm begegnete, hatte er wieder schwer mit diesen Symptomen zu kämpfen, wobei die Farbsymbolik der ihm begegnenden Schlange, die sich später in den Drachen verwandelt, in ihrem schwarzen Leib auf die Unbewußtheit und mit dem roten Kopf auf die starke Affektivität seines Zustandes hinweist. Der Traum stellt sehr plastisch dar, wie er mit seinen »alten Waffen« gegen die auftauchende Faszination ankämpft, um dann endlich doch zu unterliegen. Er landete dementsprechend auch prompt in den ausgebreiteten Armen einer neuen Freundin, die nicht viel später auch wieder zum Drachen wurde. Eine deutlich andere und abständigere Haltung eines aktiven Eingehens in diese untergründige Welt der erotischen Faszination zeigt der Traum eines 39jährigen Patienten: *»Ich ging mit mehreren Freunden in ein etwas anrüchiges Lokal mit Bordellcharakter. Es war in einer alten Ruine, die an einem See lag. Die ganze Atmosphäre war sehr romantisch, so etwa im Stile eines Bildes von Böcklin. Dort betrat ich eine Welt, die an ein orientalisches Märchen erinnerte. Riesige Hallen und Räume waren mit unendlich viel Geld und auch mit Geschmack ausgestattet, in denen sich reiche Leute alle nur denkbaren Laster der Welt kaufen konnten. Es gab hier alles, was nur möglich ist, Opiumstuben, Marihuana, alle sexuellen Varietäten. Dann erinnere ich mich noch deutlich an eine Straße, in der hinter Holzgittern eine unwahrscheinliche sexuelle Promiskuität herrscht.«* Ohne im einzelnen darauf einzugehen, daß in diesem Traum vieles andere mehr enthalten ist, wird doch das lustbetonte Bild dieses fragwürdigen Paradieses deutlich.

Genauso fragwürdig ist auch im Hinblick auf die Individuation ein Daueraufenthalt des Märchenprinzen in der unterirdischen Höhle des Ifriten, wo er es auf sich nehmen müßte, heimlich und lichtscheu, in dauernder Angst, überrascht zu werden, mit seiner Geliebten zu hausen. Das Mädchen selbst stellt so, auf der Subjektstufe gesehen, ein noch recht unreifes, nur auf die Lust des Augenblicks bedachtes Erosprinzip des Helden dar, das nicht mehr der an dieser Stelle eigentlich geforderten Haltung entspricht. So rührend schön dieses Bild der Anima auch ist in ihrer Gefangenschaft, so sehr verlockt und verführt sie ihn zu Unmännlichkeit und rauschhaftem Erleben. Sie entspricht so dem negativen Wandlungscharakter, wie er sich mythologisch in den Figuren einer Lilith, Circe oder Astarte manifestiert. Dieser

Rauschzustand stellt sich dann auch sehr schnell im Märchen her und ruft den Ifriten auf den Plan, vor dem unser Held zunächst einmal flüchtet. An dieser Stelle offenbart sich, wieder in einer Subjektstufendeutung gelesen, der merkuriale Charakter des Ifriten. Er ist einerseits ein böser, zerstörender, racheerfüllter Geist, der rücksichtslos mordend in das Liebesnest einbricht und den flüchtigen Liebhaber (wer kann wohl vor sich selbst flüchten?) einholt und in die animalische Regression verwandelt. Andererseits stellt er aber auch das principium individuationis dar, das den Ausbruch aus dieser unterirdischen erotischen Gefangenschaft ermöglicht und die alte, im Unbewußten liegende Animafaszination zerstört. Daß der bisher bestehende Zustand erneuerungsbedürftig ist, war bereits vorher ausgeführt. Allerdings wird in diesem Märchen die Prinzessin nicht erlöst oder wie Circe gewandelt, da das noch zu schwache Ich den Drachenkampf nicht bestehen kann.

Natürlich ist auch der bestandene Kampf mit dem Ungeheuer den Märchen von 1001 Nacht bekannt, wie z. B. in dem Märchen der »Drei Prinzen von Samarkand mit dem Dschinni Morhagian und seinen Töchtern«, das in dem Abriß enthalten ist, den Lotenberg aus Gallands Tagebüchern als Anhang zu »Alā ed Din und die Wunderlampe« herausgab. Hier wird erzählt:

In alten Zeiten lebte ein Sultan zu Samarkand, der drei Söhne hatte. Er rief eines Tages diese zu sich und sprach für jeden die Gewährung eines Wunsches aus. Der älteste Sohn, Rostem, wünschte sich einen Pavillon erbaut, der abwechselnd mit goldenen und silbernen Steinen bedeckt wäre. Noch bevor er eingerichtet war, begehrte der Prinz, darin zu schlafen. Um Mitternacht erschien der Djin Morhagian und zerstörte den Pavillon zu Staub, da er über dem Palast seiner Töchter erbaut wäre. Als der Prinz ihn mit seinem Schwerte verfolgte, stürzte er in eine Zisterne. Gleicherweise erging es auch den beiden jüngeren Brüdern, als sie ebenfalls versuchten, sich an diesem Platz einen Pavillon zu erbauen. Der Jüngste, Prinz Badialzaman, beschloß nun, den Djin zu verfolgen, und ließ sich an einem Strick in den Brunnen hinunter. Er fand unten eine Tür und gelangte in einen prächtigen Palast, der der ältesten Tochter des Djin gehörte. Er verweilte dort vierzig Tage, aber da sie ihm nicht sagen konnte, wo ihr Vater zu finden sei, wies sie ihn weiter an ihre zweite Schwester, und diese, da sie es auch nicht wußte, an die dritte. Die jüngste Tochter des Djin aber gab ihm an, wo der Vater zu finden sei, warnte ihn aber vor seiner Riesenstärke. Der Prinz ließ sich dadurch nicht zurückhalten, suchte den Geist auf und stürzte sich mit dem Schwert in der Hand auf ihn. Morhagian aber packte ihn, riß ihn ohne große Anstrengung mit den Händen in zwei Hälften auseinander und warf diese in den Garten. Seine jüngste Tochter jedoch fügte die Stücke wieder zusammen und rief ihn ins Leben zurück. Dann verriet sie ihm, wie er den Djin überwältigen könne: Er müsse ihn im Schlaf überraschen und ihm mit seinem eigenen Schwert einen Streich in den Hals versetzen. Auch wenn der Djin dann bäte, er möge ihm durch einen zweiten Streich den Garaus machen, dürfe er das nicht tun, sondern müsse ihn schwerverletzt liegen lassen. Führe er nämlich einen zweiten Streich, würde der Djin wieder lebendig und würde ihn töten. Der Prinz verfährt so und verspricht, die jüngste Schwester zu heiraten, die beiden älteren aber sollen seine Brüder ehelichen. Daraufhin verwandeln die Schwestern jede ihren Palast in die Größe eines Balles und geben die drei Bälle dem Prinzen. Sie kehren zu dem Brunnen zurück, aber die Brüder ziehen nur die Mädchen heraus und lassen ihren jüngsten Bruder unten sitzen. Dieser wird dann von einem schwarzen Stier in eine noch andere Welt, siebenmal tiefer unter der Erde gelegen, getragen. Dort befreit er eine Prinzessin, die einem Untier zum Verschlingen geopfert werden soll, das die Quelle einer Stadt verlegte. Danach rettet er die Kinder eines Vogels Roch, die eine Schlange verschlingen will, und der männliche Roch trägt ihn auf seinem Rücken wieder in die Oberwelt. Hierzu muß er während des Fluges den Vogel mit zehn Hammelvierteln ernähren, und als diese nicht ausreichen, seine eigene Wade opfern, die ihm der Vogel auf der Oberwelt wieder anheilt. Zu Hause angekommen erschlägt der Prinz im Kampf die beiden Brüder, die ihn dem Tode überlassen wollten, und heiratet die jüngste Tochter Mor-

hagians, die beiden älteren aber werden mit zwei dem Sultan verwandten Prinzen vermählt.

Wegen der bestehenden Parallele der zwei Dreierkonstellationen ist das Märchen hier etwas ausführlicher zitiert, und es soll auch in der Besprechung unserer dritten Variation noch einmal zum Vergleich herangezogen werden. Gehen wir hier aber zunächst auf das Motiv der Bewältigung des Djin und das Verhalten der jüngsten Tochter im Vergleich zu unserem Märchen ein. Sie hat zunächst als die Tochter des Geistes in ihrer eigenen Substanz einen Teil des principium individuationis aufgenommen. Sie verfügt, wie der Geist selbst, über magische Kräfte, die sie zur Heilung und Errettung des Prinzen anwendet. Im Gegensatz zur Prinzessin unter dem Baum ist sie nicht hilflos der Beherrschung durch den Geist-Archetyp ausgeliefert, sondern sie verfügt über das Wissen, wie dieser Geist zu bewältigen ist, und gibt es an den Prinzen weiter. Auch der Prinz versinkt nicht in einen Zustand rauschhafter Prahlerei, sondern stellt sich selbst nach der ersten vernichtenden Niederlage wieder mutig unter Einsatz seines Lebens dem Djinni zum Kampf. Psychologisch gesehen handelt es sich hier um einen anderen Zustand der Ich-Stabilität, die sich von der männlichen Psychologie her gesehen als Überwindung der Angst manifestiert. Das Ich hat die Fähigkeit, den auflösenden Tendenzen des Unbewußten und der Regression in die körperbeherrschte chthonische Welt des Animalischen zu widerstehen.

In diesen Bereich gehören auch die vielen, oft grausamen Kulthandlungen primitiver Initiationsriten, die das reifende männliche Ich durch Ertragen von Schmerz, Hunger, Durst u. ä. gegen die Angstüberwältigung festigen sollen. Während in dem Märchen von Djinni Morhagian der Zustand der Ich-Festigkeit bereits erreicht und der Prinz in der Lage ist, sich mit den chthonischen Kräften des Unbewußten ohne Ich-Verlust auseinanderzusetzen, verfällt der Held des Bettlermärchens dieser Angst. Es handelt sich also bei letzterem um einen erheblich schwächeren Ich-Keim, der entkleidet von der schützenden Hülle patriarchal aufgebauter Persona von auflösenden und regressiven Kräften aus dem Unbewußten überwältigt wird.

Es wird an einer späteren Stelle noch einmal darauf eingegangen werden, wie diese drei Märchen sinnvoll eine stufen-
weise Festigung der Ich-Struktur behandeln. Hier sei lediglich
daran erinnert, daß dem im ersten Märchen vollkommen passiven Ich, dem immer nur geschieht und das nie selbst geschehen
macht, im zweiten Märchen ein Ich mit Aktivitätsansätzen gegenübergestellt wird, ein »Widerstrebender« im Sinne E. Neu-
manns.[61]. Der Prinz wagt es selbst, in die Höhle hinunterzustei-
gen, und läßt das nicht nur durch sein alter ego erledigen. Wenn
es auch im Rausch geschieht, so rafft er sich doch zu dem Versuch
auf, sich dem Ungeheuer zu stellen, um die Prinzessin zu befreien. Hierbei hat das schwache Ich allerdings ein Spiel mit
transpersonalen Kräften aufgenommen, denen es einfach noch
nicht gewachsen ist. Es gerät in die Gefangenschaft des Ifriten und
muß zusehen, wie die Prinzessin getötet wird.

Welches ist nun die Bedeutung dieser recht grausamen Zer-
stückelungsszene? Betrachtet man das Mädchen als Personifikation einer eigenen seelischen Situation, die in dieser Psyche vorliegt, so wird ihr Untergang sinnhaft und sogar notwendig. Die
Anima, die das Mädchen verkörpert, entspricht einer Beziehungs-
funktion zwischen Bewußtsein und Unbewußtem, und durch das
Verharren dieser Funktion auf einer unreifen Stufe muß das Ich
immer an den gestellten Aufgaben eines reiferen männlichen
Erlebens scheitern. Oder anders ausgedrückt: Anstatt männlich-
gründend, ordnend und aufbauend vorgehen zu können, wird
dieses Ich immer dazu neigen, sich in Rausch und Prahlerei aufzulösen. Auf der transpersonalen Stufe steckt in dem Ifriten
wieder ein altes, verdrängtes Götterbild. Diese grundsätzliche
innere Situation und Einstellung muß im Sinne der Ich-Entwicklung, unter Sprengung der alten Fixierungen, den Schritt zur
nächsten Stufe wagen. Diesen Vorgang aber setzen die Kräfte, die
zur Individuation hin tendieren, trotz Rausch und Verführung
durch. Oder muß man sagen, gerade durch diese an sich negativen Faszinationen tritt hier, wie so oft, sehr hintergründig ein
»Teil von jener Kraft, die stets das Böse will und doch das Gute
schafft«[105] auf den Plan?

Durch den Ifriten wird (es war bereits darauf hingewiesen, inwieweit dieser selbst ein principium individuationis darstellt) ein opus vollzogen, das dem Zerstückelungsmotiv in der Alchimie entspricht. Das Ich ist in den Konflikt zweier transpersonaler Gegensätze hineingeraten, in denen eine männliche Geistseite sich mit den Kräften matriarchalischer Erdgebundenheit auseinandersetzt. Hinter dem Motiv der Zerstückelung steht so an dieser Stelle das mythologische Motiv der Welt-Eltern-Trennung, wie wir es in der Zerstückelung der Tiamat durch Marduk im babylonischen Mythos fanden. Das dieser Stufe zugehörige Ich entspricht der frühen, aber nicht mehr ganz vollständigen Abhängigkeit des Jünglingsgeliebten von der magna mater. Die Charakterisierung dieser Jünglingsgeliebten, wie sie E. Neumann in der »Ursprungsgeschichte des Bewußtseins« als die Widerstrebenden beschreibt, trifft in weiten Zügen auch auf den Jüngling unseres Märchens zu. Es sind Jünglinge voller Schönheit und Lieblichkeit wie Attis und Adonis, die mit der Figur der magna mater wie Aphrodite ein Verhältnis eingehen. Sie sind aber nicht mehr ganz in jedem Sinne gefällige Knaben, wie es im vorigen Märchen beschrieben wurde, sondern sie wagen, gegen die Muttergottheit aufzubegehren und zu trotzen. Ihr Ich allerdings ist noch zu schwach, und so verfallen sie in diesem Konflikt in Wahnsinn, Selbstkastration oder Tod. Es wird in dem Märchen überaus deutlich, daß der Prinz eine ganze Reihe von Eigenschaften besitzt, die auf dieses Bild zutreffen. Auf der anderen Seite sind hier aber offensichtlich bereits Ansätze des Übergangs zu einer weiteren Ich-Entwicklung vorhanden, denn er verfällt nicht dem üblichen Schicksal der Jünglingsgottheit, der totalen Zerstörung und Vernichtung. Hinter dem personalen Bild dieser Prinzessin steckt im Grunde genommen dieser verschlingende oder zerreißende Aspekt der großen Mutter, und in der Zerstückelung durch den patriarchalen Geist liegt die Überwindung dieser Phase. Innerhalb der alchimistischen Literatur findet sich bei Laurentius Ventura die Stelle[82]: »Reinige den Stein, zermalme die Türe, *zerstückele die Hündin*, wähle das zarte Fleisch aus, und du wirst die beste Sache haben.« Nach der Interpretation von Jung stellt hier diese canicula, die Mondhündin, die Matrix dar, aus der die eingeschlossenen unbewußten Inhalte durch den Prozeß der Zerstückelung befreit werden müssen.

Andere mythologische Parallelen, in denen das Zerstückelungsmotiv unter den Aspekten von Tod und Wiedergeburt, also als Reifungsprozeß, auftritt, sind Dionysos Zagreus oder Osiris. Ebenso findet sich dieses Motiv in der von Jung interpretierten Zosimosvision und in der Alchimie in der Zerstückelung des Königs.

Die Stärke der Faszination, Leid und Weh dieser Lösung schildert das Märchen in poetisch schöner Form, entsprechend seinem mehr personalen Charakter, viel menschlicher als der Mythos das zu tun pflegt. Ich will die Stelle hier im Wortlaut zitieren:

Der Dämon aber packte sie an und sagte: »Nun, Dirne, ist dies nicht dein Geliebter?« Sie sah mich an und sagte: »Ich kenne diesen nicht und habe ihn nie gesehen bis zu dieser Stunde!« Da rief der Dämon: »Was! Diese Folter und noch kein Geständnis?« Ruhig sagte sie: »Ich habe diesen Mann niemals in meinem Leben gesehen; und es ist vor Allahs Augen unrecht, Lügen über ihn zu sagen.« »Wenn du ihn nicht kennst«, erwiderte der Dämon, »so nimm dieses Schwert und schlag ihm den Hals durch.« Sie nahm das Schwert in die Hand, kam und trat dicht zu mir heran; ich gab ihr ein Zeichen mit den Augenbrauen, während die Tränen mir auf die Wange herabströmten. Sie aber verstand mein Zeichen und winkte mir mit den Augen, als ob sie mir sagen wollte: »Wie konntest du all dies über uns bringen?« Da gab ich ihr zu verstehen: »Dies ist die Stunde der Verzeihung.« Und aa, oh Herrin, warf das Mädchen das Schwert aus der Hand und rief: »Wie soll ich jemandem den Hals durchschlagen, den ich nicht kenne und der mir kein Übel angetan hat? Das ist nach meiner Religion nicht erlaubt.« Dann trat sie zurück. Der Dämon sprach: »Es wird dir schwer, den Geliebten nicht zu töten; und nur weil er eine Nacht bei dir zugebracht hat, erduldest du diese Folter und machst kein Geständnis über ihn. Jetzt ist es mir klar, daß nur Gleiches mit Gleichem Mitgefühl hat.« Dann wandte der Dämon

sich zu mir und sagte: »O Menschlein, kennst du diese hier nicht!«
Worauf ich fragte: »Wer mag sie wohl sein! Ich habe sie nie ge-
sehen bis zu diesem Augenblick.« »Dann«, sprach er, »nimm die-
ses Schwert und schlage ihr den Hals durch, so will ich dich gehen
lassen und dir nichts antun; denn dann bin ich sicher, daß du sie
gar nicht kennst.« Ich erwiderte: »Jawohl!« und ich nahm das
Schwert, ging rasch auf sie zu und hob die Hand. Sie aber winkte
mir zu mit den Brauen, als ob sie sagte: »Ich habe dich nicht im
Stich gelassen. Und vergiltst du mir so!« Da verstand ich ihre
Blicke, und ich deutete ihr mit den Augen an: »Ich opfere meine
Seele für dich.« Und meine Augen quollen über von Tränen, und
ich warf das Schwert aus der Hand und sagte: »O du mächtiger
Dämon, o du Recke und Heldensohn, wenn eine Frau, die wenig
Verstand und Religion besitzt, es schon für unrecht hält, mir den
Hals durchzuschlagen, wie sollte es für mich da recht sein, ihr
den Hals durchzuschlagen, da ich sie noch nie in meinem Leben
gesehen habe! Nein, das werde ich nie tun, wenn du mir auch
den Becher des Todes und des Verderbens zu trinken gibst.« Da
sprach der Dämon: »Ihr beide zeigt ein Einverständnis unterein-
ander; doch ich will euch zeigen, wie euer Tun bestraft wird.«
Und er nahm das Schwert, hieb auf die Hand des Mädchens und
schlug sie ab; dann hieb er auf die andere Hand und schlug sie
ab, und er schlug ihr mit vier Hieben Hände und Füße ab. Während
alledem sah ich zu und war des Todes gewiß, nachdem sie mir
mit sterbenden Augen ein Zeichen des Lebewohls gegeben hatte.
Der Dämon aber schrie sie an: »Du hast mit deinem Auge ge-
buhlt!« Und er traf sie so, daß ihr Kopf davonflog.

Das Märchen zieht hier alle Register menschlichen Gefühls-
lebens. Liebe, Angst, Schmerz, Sehnsucht, Mitleid, Mut und See-
lengröße wie auch Verzagtheit und Feigheit sind in diesen Zeilen
enthalten. So bringt das Märchen mit seiner sekundären Personalisierung das Menschliche in den oft grausamen und rücksichts-
losen Ablauf der Natur. Die Lösung aus einer alten Bindung, der
von der Natur geforderte und notwendige Reifungsschritt, ist im
Bereich des Menschlichen eben einfach mehr als nur die Zerschla-
gung einer bösen und dunklen magna mater. Immer wieder muß

es der Mensch ertragen können, daß er seine Freiheit und seine Reifung mit einem gebrochenen Herzen, mit sehr viel Weh und unter großer Seelenqual erkaufen muß, daß nicht etwa sein Böses, sondern sein bis dahin Liebstes zerschlagen werden muß, da gerade das es ist, was ihn gefangenhält. Man muß dafür Sinn und Verständnis haben, wenn es notwendig wird, daß Patienten sich innerhalb analytischer Therapien aus Eltern-, Geschwister- oder Partnerbanden lösen müssen.

Im weiteren Verlauf des Geschehens erfolgt nun die Regression des Ich-Komplexes in die Gestalt eines Affen. Nach Littmann[72] galt und gilt der Affe im Bereich des Morgenlandes als eine Erscheinungsform des Teufels. Die Märchen von 1001 Nacht kennen die »Geschichte von der Prinzessin und dem Affen«: *Hier hat die Tochter des Sultans mit einem schwarzen Sklaven gebuhlt, und aus dieser Buhlschaft entstand in ihr eine so große Lust, daß sie gar nicht mehr zu befriedigen war. Auf den Rat einer Kammerfrau hin nimmt sie nun einen Affen zu sich, weil dieses Tier am besten in der Lage ist, ihre Begierden zu erfüllen, und wird erst durch einen jungen Fleischer, der den Affen tötet, von dieser Besessenheit erlöst.* Es ist hier wieder deutlich das Motiv der animalischen Besessenheit in der Symbolik des Affen enthalten. Diese trifft aber nur eine Seite, die dunkel untermenschliche der Tiersymbolik.

Da die bestimmenden Einflüsse in den Märchen aus 1001 Nacht einerseits aus dem indischen und persischen, andererseits aus dem babylonisch-assyrischen und ägyptischen Kulturraum herkommen, lohnt es sich, das Symbol auch dort aufzusuchen. Hier finden wir die übermenschliche mit göttlichen Attributen ausgestattete Seite dieser Tiersymbolik. In der Râmâyana repräsentiert der Affe Hammân den Sonnenhelden. In einem tibetanischen Lebensrad[106] finden wir den Affen im Außenkreis an dritter Stelle: »Beim Abscheiden aus dem einen und dem Eintreten in ein anderes Leben ist es das so geformte Bewußtsein, das den Keim des neuen Wesens bildet. Dies am Anfang eines neuen Lebens stehende Bewußtsein (vijnâna; tib.: ruam-ses) ist im dritten Bilde dargestellt, und zwar in Gestalt eines an einem

Zweige sich festhaltenden Affen. Denn so wie der Affe rastlos von Zweig zu Zweig springt, so springt das Bewußtsein von Objekt zu Objekt.« Auch in der ägyptischen Mythologie[107] hat der Affe göttliche Qualitäten, weil er das Attribut des Gottes Thot ist bzw. dieser selbst direkt als Affe dargestellt wird. Da dieser als Seelenführer das Vorbild des hellenistischen Hermes Trismegistos und damit auch des mittelalterlichen Merkurius ist, haben wir hier wieder eine Verbindung zu dem dem Ifriten innewohnenden principium individuationis.

Es geht hier also um Tieferes als nur um die Regression und Ergriffenheit in bzw. von einem Sexualtrieb, sondern auch um die Wiederherstellung des dem Menschen innewohnenden Anthropoiden, der das Verbindungsglied zur Tierseele darstellt. Antik ausgedrückt wäre dieser Weg hinab in die tierischen Instinktgrundlagen des Menschen ein dionysisches Mysterium, das die Einseitigkeit der ästhetisch-gelehrsamen Entwicklung dieses Prinzen zu kompensieren in der Lage ist.

So häufig im Traum auch Auseinandersetzungen mit Tieren sind, in denen der Träumer spontan selbst Teile seiner eigenen Persönlichkeit entdeckt, also selbst Einfälle anbietet, die auf der Linie der Subjektstufendeutung liegen, so selten sind doch im allgemeinen Träume, in denen sich der Ich-Komplex, also das Traum-Ich selbst in ein Tier verwandelt, was offenbar einem gefährlichen Verlust der humanen Beziehungsmöglichkeit entspricht. Beispiel sei hier der Traum einer Patientin mit einer paranoiden Schizophrenie, der sie ungeheuer ängstigte und beunruhigte: »*Ich war im Zoo. Da war hinter Gittern eine Frau, die halb Pferd war. Ihr Haar und Gesicht waren sehr wild. Aus ihren Brüsten hingen zwei Pferdeschwänze. Sie sagte, daß sie es im Gefängnis nicht mehr aushielt, und sie möchte ein freier Mensch sein. Dieses Tier war von den anderen ausgestoßen und in den Käfig gebracht worden. Es tritt dort in den Hungerstreik aus Einsamkeit und stirbt. Das Tier war ich selbst.*«

Bei dieser Patientin war es, wie so häufig in den schizophrenen Psychosen, zu einer schweren Gespaltenheit zwischen ihrer naturhaft-kreatürlichen und ihrer geistig-ideellen Existenz gekommen. Erstere konnte von ihr einfach nicht mehr bzw. von vornherein nicht anerkannt werden. Charakteristisch hierfür war eine Kindheitserinnerung, in der sie bei einem Erntedankfest als Sonnenblume gekleidet mitwirkte. Dieses Sonnenhaft-Reine, Helle, das Blumige, das nur allein wollte sie in ihrem Wesen verwirklichen, und die dunkel-chthonische Seite des Tierhaften wurde in ein Gefängnis gesperrt, wo es entartete und langsam verhungerte. Entsprechend ihrer Verdammung aus dem Bewußtsein tauchten diese Inhalte nun vorwiegend in ihren Halluzinationen, Beziehungsideen und Träumen auf. Die Leute sagten auf der Straße »Sau« zu ihr. Sie glaubte, einen scheußlich stinkenden Körpergeruch zu verbreiten, wurde von perversen Gefühlen überfallen u. ä. mehr.

Um eine ähnliche, vom natürlichen Lebensgrund losgerissene Entwicklung von Geistigkeit und Intellekt scheint es sich bei dem Prinzen des Märchens zu handeln. Er muß den Weg zurückgehen in das chthonische Reich des Animalischen, um das heile Bild einer männlichen Geistigkeit wiederzufinden, wo der Intellekt mehr ist als nur ein unterhaltsames Spielzeug oder eine Waffe im Kampf gegen andere. Es handelt sich hier um die Regeneration dessen, was in Martin Bubers Buch »Gog und Magog«[108] »Pêysha« ist: *»Was ist ›Pêysha‹ gewesen? Man sagt: nur eben, eine Stätte des Geistes. Aber was ist das, ›Geist‹? Was kann er in einer Zeit bedeuten, die jeden flinken Schwätzer ›geistvoll‹ nennt und im Grunde nur noch die Wahl zu haben meint, im Geist ein perfektioniertes Kampfmittel oder eine ebensolche Belustigung zu erblicken? Wohl, ich bekenne mich zum Glauben an den Geist, der über der in den Wassern aufkeimenden Kreatur wie ein Adler über seinem Neste schwebt, das heißt, ich glaube daran, daß es das noch gibt, die ›Wasser‹ und den flügelspreizenden Vogel darüber, und nur wo das ist, sehe und sage ich, daß Geist ist. So sei denn ›Pêysha‹ doch eine Stätte des Geistes genannt.«* Der Geistigkeit des Prinzen fehlt eben anscheinend diese »in den Wassern aufkeimende Kreatürlichkeit«, die zu dem vollständigen Bild gehört, und so ist die Belebung des Anthropoiden für ihn ein notwendiger Reifungsschritt. Auch in der persönlichen

Beziehung der Menschen untereinander bildet die Annahme des Anthropoiden, der tierhaften Natürlichkeit des Menschen, eine unerläßliche Voraussetzung. Die Annahme der Tierseele geht aber immer über die Akzentuierung dieses eigenen Wesensanteils. Sie vermittelt eine andere, instinkthaftere Form der Welterfahrung und damit auch eine andere Tiefe der Beziehung zwischen zwei Menschen, die nur im Bereich des Ästhetischen verbleibt und auszuschließen versucht, daß der andere auch kreatürliches Tierwesen ist, in Verbindung mit Geruch, Schweiß, Kot und Urin, verbleibt in einer kühlen Leere und Unerfülltheit. Derartige Schwierigkeiten spielen bei vielen Neurosen eine erhebliche Rolle: Einer meiner Patienten mußte vor jedem Verkehr, der natürlich an einem lange vorher festgesetzten Tag der Woche stattfand, eine Badezeremonie von einer Dreiviertelstunde absolvieren und auch sofort danach eine ebenso ausführliche Reinigung. Man braucht sich kaum zu wundern, wenn dadurch jeder instinktive Eros zerstört und jede wirkliche Befriedigung unmöglich gemacht wird.

Nachdem der Märchenprinz in den Erfahrungsbereich dieser Stufe regrediert ist, hört nun die rückläufige Entwicklung auf. Es wird der Weg zur Rückkehr in die Welt beschritten, der zunächst mit der Aufnahme des noch in Affengestalt befindlichen Prinzen auf dem vorüberfahrenden Schiff beginnt. Hier an dieser Stelle fangen nun Wissen und Kenntnisse, die früher erworben wurden und die bisher ganz nutzlos waren, an, sich segensreich und lebensrettend auszuwirken. Zunächst ist es noch das Mitleid, mit dem er das Herz des Kapitäns zu rühren weiß, um auf dem Schiff bleiben zu dürfen. Später aber führen ihn seine Schriftkenntnis zum König und sein Können im Schachspiel zu der Begegnung mit dessen Tochter, die über die Fähigkeit verfügt, ihn zu erkennen und ihm seine menschliche Gestalt wiederzugeben.

Zunächst beginnt der Weg mit einer Haltungsänderung. Zum erstenmal in diesem Zyklus wird von der den Ich-Komplex darstellenden Figur die Entwicklung einer männlichen Haltung versucht. Der vorher flüchtende, sich versteckende und passive Prinz stellt sich auf Gnade oder Ungnade einer Situation, in die er sich selbst aktiv und freiwillig hineinbegibt. Er liefert sich dem Kapitän des Schiffes aus. Diese Tat und die damit verbundene Angstüberwindung wird zum entscheidenden Schritt auf dem Weg seiner Befreiung. Überblickt man noch einmal die vorangegangenen Abenteuer dieses Prinzen, bezieht man zusätzlich das erste Märchen in diese Überlegung ein, dann findet hier an dieser Stelle der Übergang des Ich-Komplexes aus der Infantil-Situation des passiven Jünglings-Geliebten in den Bereich des juvenil-heroischer Verhaltens statt. Not und Sorge um seine ganze menschliche Existenz haben ihn an diese Stelle geführt, wo eine Flucht nich mehr nutzen kann und sinnlos wird. Nur der Mut, alles ir Frage zu stellen und einmal alles zu wagen, kann ihm hier weiterhelfen. Nachdem es einmal gelungen ist, gelingt es auch zum zweiten Mal, als er die Schriftrolle raubt und diesen Besitz verteidigt, um seine Fähigkeiten unter Beweis zu stellen. Es ist siche: kein Zufall, daß ihm nach Erwerb dieser Haltung nun endlich di erlösende Figur in seiner Seele begegnet. In der Tochter des Königs, der »weißen Magierin«, trifft er auf die andere Seite de Anima, die im Gegensatz zu der Gefangenen der Höhle den posi tiven Wandlungscharakter des Weiblichen darstellt. Ins Mytho logische transponiert entspricht sie den Figuren der Musen, de Sophia oder der Maria.

Der Konflikt, der sich jetzt zwischen dieser Animafigur und dem Ifriten abspielt, hat eine deutliche epische Parallele in de Auseinandersetzung zwischen Menelaos und dem Meergreis Pro teus im vierten Gesang der Odyssee. Im Märchen besteht offen sichtlich eine enge Verbindung zwischen der hilfreichen weib lichen Figur und dem Dämonen, der zum Stamme des Iblis gehöri; ist, also wieder mythologisch gesehen an den unteren chthoni schen Gottheiten teilhat. Nachdem das Mädchen den Dämor durch magische Beschwörungen herbeigezaubert hat, ist sofor von einem Vertrag die Rede, der zwischen ihnen beiden besteht Dieser Vertrag oder Eid sei nun durch das Mädchen böswillig ver letzt oder gebrochen worden. Psychologisch gesehen erscheint e: so, als ob dem Ich an dieser Stelle Kräfte zufließen bzw. hilfreich seine Partei nehmen, die bisher in Deckung mit der dunklen dämonischen und regressiven Seite lagen. Es hat sich aus dem dunklen chthonischen Prinzip eine lichte Seite herauskristallisiert, die jetzt zu der verbleibenden Düsternis in einen Gegensatzkonflikt gerät. Noch enger und deutlicher ist diese Beziehung zwischen der Animafigur und der chthonischen Unterweltgottheit in der Odyssee. Hier wird erzählt, daß Menelaos auf der Insel Pharos, wo er zwanzig Tage durch die Ungunst der Götter aufgehalten wird, der Göttin Eidothea begegnet. Sie ist, wie wir erfahren, die Tochter des Proteus und liefert ihren eigenen Vater an Menelaos aus, indem sie ihm verrät, wo er zu finden und wie er zu überlisten sei, wobei sie ersterem noch tätige Hilfe leistet. Sie erzählt dem um seine Heimkehr bangenden Helden, daß ihr Vater das Wissen um diese Heimfahrt besäße. Er möge am nächsten Morgen mit drei Gefährten zu ihr kommen, und sie würde ihn zum Ruheplatz des Vaters führen, der in einer Robbenherde seinen Mittagsschlaf hielte:

> *»Aber sobald ihr seht, daß er zum Schlummer sich hinlegt,*
> *Dann erhebt euch mutig und erhebet Gewalt und Stärke,*
> *Haltet den Sträubenden fest, wie sehr er auch ringt, zu*
> > *entfliehen!*
> *Denn der Zauberer wird sich in alle Dinge verwandeln,*
> *Was auf der Erde lebt, in Wasser und loderndes Feuer,*
> *Aber greift unerschrocken ihn an und haltet ihn fester!«*

So geschieht es auch, nachdem Eidothea für die Männer noch Robbenfelle besorgt hat, in denen verborgen sie sich unter der Herde verstecken konnten. Sie half ihnen auch den schrecklichen tranigen Dunst auszuhalten, indem sie ihnen Ambrosia unter die Nasen rieb. Die Überwältigung des Proteus geht dann unter einer ähnlichen Verwandlungsreihe vor sich, wie wir sie auch im Märchen bei dem Kampf mit dem Dämonen finden:

> *»Aber am Mittag kam der göttliche Greis aus dem Wasser,*
> *Ging bei den feisten Robben umher und zählte sie alle.*
> *Also zählt' er auch uns für Ungeheuer und dachte*
> *Gar an keinen Betrug; dann legt' er sich selber zu ihnen.*
> *Plötzlich fuhren wir auf mit Geschrei und schlangen die*
> > *Hände*

Schnell um den Greis; doch dieser vergaß der betrüglichen
Kunst nicht.
Erstlich ward er ein Leu mit fürchterlich wallender Mähne,
Darauf ein Pardel, ein bläulicher Drach und ein zürnender
Eber,
Floß dann als Wasser dahin und rauscht als Baum in den
Wolken.
Aber wir hielten ihn fest mit unerschrockener Seele.«

Eidothea, die Tochter des Proteus, ist nach Kerényi[65] eine andere Gestalt der Iris, der Tochter der Okeanine Elektra und des Thammas. Diese Iris, mit schnellen Füßen und großen Flügeln, hatte ihrerseits das Amt einer Botin, womit sie wieder in die Nähe des merkurialen Elements des Psychopompos gerät.

Wieder kommt also im Märchen das Ich in den Konflikt zweier transpersonaler Mächte, die gleiche Konstellation, die sich bereits in der unter dem Baum befindlichen Höhle ergeben hatte. Hier muß nun allerdings nicht das Prinzip erschlagen werden, welches das Ich im erotisch getönten Dunkelgefängnis eines negativ weiblichen Elementarcharakters gefangen hält, sondern die Zugkraft in die Regression unbewußter Phantasien und Inhalte selbst muß aufgehoben werden. Es handelt sich hier genau wie in der Odyssee um das Motiv der Heimkehr und der Wiederherstellung der bewußten und weltzugewandten Persönlichkeit. Damit ist aber auch die Rolle dieses dunklen Psychopompos, der eine große Verwandlungsfähigkeit mit Hermes und Proteus gemeinsam hat, beendet. Das Ich muß aus dem Bereich des dunklen unteren Pfades wieder herausgelöst werden, um als ein Gewandeltes Kunde von seinen Erfahrungen zu geben. Wir sehen in dieser Verwandlungsfähigkeit des Ifriten, seiner schwierigen Erreichbarkeit und Faßbarkeit eine deutliche Parallele zu den bewußtseinsfähigen Inhalten des Unbewußten, die ebenso flüchtig und verwandlungsfähig im Licht des Bewußtseinsfeldes aufzutauchen pflegen. Das Ich bleibt hier wieder passiv, abwartend und beobachtend, ist aber doch in diesen Prozeß existentiell mit einbezogen. Auch geschieht seine Wiederherstellung in dieser Phase durch das Erleiden einer partiellen oberen Kastration bzw. Opferung des einen Auges, ein Motiv, das bereits am Ausgang des vorigen Märchens ausführlicher beschrieben wurde. Der Tod der hellen Anima im Verwandlungswettkampf ist ein durchaus negatives Ereignis, das offensichtlich infolge der noch viel zu hohen Passivität dieses »Heros« eintritt. Da er gar nichts tut, geht sie zu Grunde. Das Märchen stellt eine seltene Variante des Motivs des Verwandlungswettkampfes dar mit einem eigentlich anomalen Verlauf. Im »normalen« Märchen kämpft in der Regel der Held selbst, nachdem er die Zauberkünste erlernt hat. Die Anima greift höchtens rettend ein.

4. Kapitel

DAS ICH IM STADIUM
DES HEROS

Als letzte in dieser Reihe folgt die Geschichte des dritten Bettlers:

Ich bin ein König und der Sohn eines Königs. Nach dem Tode meines Vaters übernahm ich die Regierung und regierte meine Untertanen in Gerechtigkeit und Güte. Ich hatte aber eine Vorliebe für Reisen zu Schiff und beschloß eines Tages, die vor meiner Küste liegenden Inseln zu meinem Vergnügen zu besuchen. Wir zogen mit zehn Schiffen und Proviant für einen vollen Monat aus und segelten viele Tage lang, bis wir in ein fremdes Meer kamen. Der Kapitän befahl infolgedessen einem Wächter, auf den Mast zu steigen und das Meer zu beobachten. Nach einiger Zeit kam er wieder herunter und meldete dem Kapitän, daß er in der Ferne mitten im Meer etwas bald schwarz bald weiß aufblitzen gesehen hatte. Als der Kapitän diese Botschaft vernahm, warf er den Turban zu Boden, riß sich den Bart aus und sagte zu den Leuten: »Vernehmet die Kunde, daß wir alle umkommen müssen und keiner mit dem Leben davonkommen wird. Morgen kommen wir nämlich zu einem Berg aus schwarzem Gestein, das man den Magnetstein nennt. Die Strömung reißt uns mit Gewalt dorthin, die Schiffe werden in Stücke auseinanderfallen und alle Nägel aus dem Schiff heraus an den Berg fliegen und dort anhaften. An jenem Berg befinden sich von allen den Schiffen, die seit alter Zeit zerbrochen sind, so viel Eisen, daß Gott, der Erhabene, es allein weiß. Oben auf dem Berg aber befindet sich eine messingne, von zehn Säulen gestützte Kuppel, auf welcher ein Reiter auf kupfernem Pferde steht, der in der Hand eine kupferne Lanze hält und vorn auf der Brust eine Tafel aus Blei trägt, auf welcher Namen und Talismane eingetragen sind. Durch die Kraft derselben, o König, zerbrechen die vorüber-

fahrenden Schiffe, die Leute darauf kommen um, und alles Eisen der Schiffe haftet fest am Berg. Nicht eher gibt es ein Entkommen, als bis der Reiter gestürzt wird.«

Am nächsten Morgen trieb uns die Strömung näher an den Berg heran, und plötzlich gegen Abend gingen die Schiffe auseinander, und alles, was an ihnen aus Eisen war, flog an den Magnetstein, während wir ringsherum schwammen. Der größte Teil von uns ertrank, mich aber rettete Gott, der Erhabene, und ich schwang mich auf eine der herumschwimmenden Planken, und Wind und Wellen warfen mich an den Berg an einer Stelle, wo ein nach Art von Stufen in den Felsen gehauener Weg auf seinen Gipfel führte. Nachdem ich diesen erreicht hatte, schritt ich sofort unter die Kuppel und dankte Gott für meine Errettung. Dann sank ich in Schlaf. Da hörte ich, wie jemand zu mir sagte: »Sohn des Chassib, wenn du aus deinem Schlaf erwachst, so grab unter deinen Füßen; du wirst daselbst einen kupfernen Bogen finden und drei Pfeile aus Blei, in denen Talismane eingegraben sind. Nimm Bogen und Pfeile, schieß nach dem Reiter auf der Kuppel und befreie die Menschen von dieser schlimmen Plage. Sobald du den Reiter getroffen hast, wird er ins Meer stürzen; auch der Bogen wird aus deiner Hand niederfallen, nimm ihn und vergrab ihn an seiner alten Stelle. Wenn du dies getan hast, wird das Meer schnell anschwellen, bis es die Höhe des Gipfels erreicht hat, und es wird auf ihm ein Boot ankommen, in welchem ebenfalls ein eherner Mann, aber nicht derselbe, den du heruntergeschossen hast, sitzen wird. Er wird mit einem Ruder in der Hand zu dir kommen, fahr mit ihm, doch erwähne nicht den Namen Gottes, des Erhabenen. Zehn Tage wird er dich rudern, bis er dich zum Meer des Friedens gebracht hat. Dort wirst du jemanden finden, der dich in deine Stadt zurückbringen wird, jedoch wird er dir alles dies nur dann erfüllen, wenn du den Namen Gottes nicht aussprichst.« Als ich erwachte, tat ich wie geboten und schoß auf den Reiter, der sogleich ins Meer stürzte. Dann begann das Meer zu steigen, und nachdem ich eine Stunde gewartet hatte, erschien das Boot mit dem ehernen Mann, das ich schweigend, ohne ein Wort zu sprechen, bestieg. Der Mann

ruderte mich, bis die zehn Tage um waren und ich schon die Inseln des Friedens erblickte. Da rief ich in meiner Freude jauchzend aus: »Es ist kein Gott außer Gott! Ja, Gott ist groß!« Kaum
hatte ich das getan, da stieß er mich aus dem Boot ins Meer und
versank selber in der Tiefe. Ich schwamm den Tag über und auch
die Nacht, bis mir die Arme erlahmten und ich dem Tode nahe
war. Da warf mich endlich eine hohe Woge an Land, und ich
stellte fest, daß ich auf einer kleinen Insel war mitten im Meer.
Da sprach ich bei mir: »Jedesmal, wenn ich aus einem Unglück
errettet werde, stürze ich in ein neues und größeres.« Plötzlich
sah ich ein Schiff mit Menschen kommen. Ich stieg nun auf einen
Baum und beobachtete, wie zehn Sklaven mit Spaten an Land
stiegen und mitten auf der Insel gruben, bis sie eine Falltür aufgedeckt hatten, worauf sie wieder zum Schiff zurückgingen und
von dorther Vorräte zur Falltür hinunterschafften. Sodann stieg
ein hochbetagter Greis an der Hand eines Jünglings von vollendeter Anmut und Schönheit vom Schiff, und alle stiegen in die
Grube hinunter. Nach zwei Stunden und länger kamen der Greis
und die Sklaven ohne den Jüngling wieder heraus, legten die
Erde wieder an ihre Stelle und stiegen aufs Schiff. Als sie fortgefahren waren, stieg ich von meinem Baum herunter, wühlte
die Erde auf, bis ich die Falltür freigelegt hatte, und fand unter
ihr eine Treppe, die ich hinabstieg. Unten kam ich in einen reinlichen Raum, in welchem allerlei Teppiche, Decken und Seidenstoffe ausgebreitet waren. Der Jüngling saß hier ganz allein auf
einem hohen Teppichsitz. Als er mich erblickte, wechselte er die
Farbe und wurde gelb. Ich aber begrüßte ihn und sagte, daß er
sich nicht fürchten solle, denn ich sei ein Mensch wie er und vom
Schicksal hergeführt, um ihm in seiner Einsamkeit Gesellschaft
zu leisten. Als dieser das hörte, freute er sich sehr und sagte: »O,
mein Bruder, meine Geschichte ist wunderbar und mein Schicksal
seltsam. Mein Vater ist ein reicher Kaufmann und Juwelenhändler, doch war ihm kein Sohn zuteil geworden. Da träumte er,
daß ihm ein Sohn geschenkt werde, dessen Leben jedoch von
kurzer Dauer sein sollte. In derselben Nacht hatte mich aber
meine Mutter empfangen, und neun Monate später, nach meiner

Geburt, sprachen die Sternkundigen zu meinem Vater: ›Dieser, dein Sohn, wird fünfzehn Jahre leben, hernach aber droht ihm eine Gefahr. Wenn er derselben entgeht, ist er gerettet. Beweis hierfür ist, daß sich im Meer ein Berg befindet, der Magnetberg heißt. Auf ihm steht ein Reiter auf einem kupfernen Roß. Wird dieser Reiter vom Roß gestürzt, so wird dein Sohn fünfzig Tage später sein Leben verlieren, und zwar durch denselben, der den Reiter vom Roß stürzt: er heißt Adschib, Sohn des König Chassib.‹ Als mein Vater das hörte, war er aufs tiefste betrübt, und als jetzt die Nachricht kam, daß der Reiter vom Pferd gestürzt sei, brachte er mich in dieses vorbereitete Versteck, damit ich hier die Zeit der Gefahr verbrächte. Von den fünfzig Tagen sind jetzt zehn verstrichen, und es bleiben noch vierzig Tage der Gefahr, dann kommt er wieder und holt mich zurück. Das ist meine Geschichte und der Grund für meine Einsamkeit.«

Als ich diese wunderbare Geschichte hörte, sprach ich bei mir: »Ich bin's, der den Reiter vom Roß gestürzt hat, und bin Adschib, aber, bei Gott, nimmermehr werde ich ihn ums Leben bringen.« Darauf plauderte ich mit ihm und leistete ihm Gesellschaft. Ich zündete ihm ein Licht an, brachte ihm Süßigkeiten, deckte ihn zum Schlaf und bediente ihn in jeder Weise. So verbrachten wir zusammen 39 Tage. Am 40. Tag nun sagte der Knabe jetzt erfreut über seine Errettung zu mir: »Ach, mein Bruder, nun sind die vierzig Tage um. Mein Vater wird dir die Güte, die du mir erwiesen hast, doppelt vergelten. Doch möchtest du nicht die Güte haben, mir etwas Wasser zu wärmen, daß ich mich wasche und andere Kleider anlege.« Ich antwortete: »Recht gern«, bereitete ihm Wasser und machte ihm ein Lager zurecht, damit er nach dem Bade ausruhen könnte. Als er sich nun auf dem Lager ausstreckte, bat er mich, ihm eine Melone zu zerschneiden. Das Messer lag aber auf einem Gesims über seinem Kopf, und als ich es herunternahm, glitt ich mit meinem Fuß aus und fiel mit dem Messer in der Hand auf den Knaben, das ihm das Herz durchbohrte, und er war sogleich tot. Ich sah, daß ich sein Mörder geworden war, schrie laut auf, schlug mir das Gesicht und zerriß meine Kleider. Schließlich verließ ich den Platz, stieg die Treppe wieder hinauf, und als ich das Schiff mit dem Alten kommen sah, stieg ich wieder auf meinen Baum und verbarg mich in seinem Laube. Von hier aus erlebte ich den Schmerz und den Kummer des Vaters um seinen Sohn und sah, wie man seinen Körper auf das Schiff fortschaffte. Nachdem dieses wieder abgefahren war, blieb ich noch einen vollen Monat auf der Insel, wobei ich bemerkte, daß das Wasser auf der gegen Abend gelegenen Seite jeden Tag fast völlig austrocknete. Kaum war der Monat zu Ende, da kam das Land zum Vorschein. Erfreut und meiner Rettung gewiß, leitete ich den letzten Rest des Wassers in Kanäle ab und ging aufs feste Land. Hier stieß ich zunächst auf Sand, soweit meine Augen reichten, doch durchwanderte ich ihn beherzt, bis ich in der Ferne ein großes Feuer erblickte. Als ich diesem nähergekommen war, sah ich jedoch, daß es ein mit Kupferplatten bedecktes Schloß war, das in den Strahlen der Sonne leuchtete und funkelte, so daß es in der Ferne wie ein Feuer aussah. Als ich es noch betrachtete, kamen zehn Jünglinge in schmucker Kleidung in Begleitung eines alten Scheichs auf mich zu, denen allen mit Ausnahme des Scheichs das linke Auge ausgeschlagen war, so daß ich mich über dieses eigentümliche Zusammentreffen so vieler Einäugiger verwunderte. Sie begrüßten mich erfreut und fragten nach meiner Geschichte. Nachdem sie voll Staunen den Bericht aller mein Unfälle vernommen hatten, nahmen sie mich mit sich ins Schloß. Dort sah ich im Umkreis zehn Bänke mit blauen (Farbe der Trauer) Matratzen und blauen Decken stehen und inmitten derselben eine kleinere Bank, an der auch alles blau war. Jeder der Jünglinge setzte sich, und der Scheich setzte sich auf die kleine Bank, und sie sagten zu mir: »Junger Mann, setz dich auf den Boden, frag aber nicht, weshalb wir das eine Auge verloren haben.« Nachdem wir gegessen und getrunken hatten, unterhielten wir uns, bis der größere Teil der Nacht verstrichen war. Darauf sagten die Jünglinge zum Scheich: »Scheich, bring uns, was der Brauch heischt, die Nacht ist hereingebrochen und die Schlafenszeit gekommen.« Darauf brachte der Scheich zehn Schüsseln, von denen jede mit einer blauen Decke verhüllt war, und zündete auf jeder Schüssel eine Kerze an. Dann nahm er die Decken ab, und in den Schüsseln kam nun Asche, gestampfte Kohle und Kesselruß zum Vorschein. Die Jünglinge schwärzten sich ihre Gesichter, rissen sich ihre Kleider herunter, weinten und riefen: »Es ging uns so wohl, aber unser Übermut ließ uns keine Ruhe.« So fuhren sie fort bis zum Morgen, wo sie sich wuschen und andere Kleider anlegten. Einen Monat verweilte ich bei ihnen und sah sie jede Nacht dasselbe tun und sich darauf am Morgen waschen, und jede Nacht verwunderte ich mich hierüber, bis ich so mißmutig und ungeduldig wurde, daß ich weder Speise noch Trank zu mir nahm und in sie drang, mir ihr Geheimnis mitzuteilen. Sie warnten mich jedoch zu mehreren Malen und sagten auch, daß sie mich nicht wieder aufnehmen würden, wenn mir dasselbe zustieße wie ihnen. Ich aber blieb dabei: »Ich muß es wissen.« Da schlachteten sie schließlich einen Widder, zogen die Haut ab und befahlen mir: »Nimm dieses Messer und leg dich in die Haut. Wir werden dich darin einnähen und dich allein lassen; nicht lange, dann wird der Vogel Roch kommen, dich mit seinen Krallen aufheben und mit dir gen Himmel fliegen. Wenn du aber dann spürst, daß er dich auf einem Berg niedergelegt hat, zerschneide die Haut mit dem Messer und krieche heraus. Mach dich dann auf, wandere einen halben Tag, bis du zu einem hoch in die Luft ragenden Schloß gelangst, das aus Sandel-, Aloe- und Teakholz erbaut, mit goldenen Platten belegt und mit allerlei Edelsteinen, als Smaragd und dergleichen, besetzt ist. Wenn du das Schloß betrittst, ist dein Wunsch erfüllt, denn nur deshalb, daß wir hineingingen, schwärzten wir unser Gesicht und verloren unser Auge!«

Hierauf nähten mich die Jünglinge in eine Widderhaut, und der Vogel kam und trug mich davon. Als ich es merkte, daß er mich auf jenem Berg niederließ, zerschnitt ich die Haut, machte mich auf und wanderte zu dem Schloß, das ich so antraf, wie es die Jünglinge beschrieben hatten. Da sein Tor offenstand, trat ich ein und gewahrte rings im Umkreise Gemächer mit Türen aus Sandelholz und Aloe, die mit Goldplatten belegt und mit silbernen Ringen verziert waren. Gegenüber aber sah ich vierzig

Mädchen gleich vierzig Monden mit kostbaren Kleidern angetan
die bei meinem Anblick riefen: »Willkommen, mein Herr, schon
monatelang haben wir auf jemand gleich dir gewartet.« Hierauf
boten sie mir ein hohes Polster zum Niedersitzen an, brachten
Speise und Trank, setzten sich zu mir und unterhielten sich mit
mir über meine Person und meine Schicksale, bis die Nacht kam
Nachdem wir in dieser Weise auch einen Teil der Nacht ver
bracht hatten und trunken geworden waren, sagten sie zu mir
»Herr, nun wähle dir eine von uns aus, welche die Nacht bei dir
zubringen soll, doch darf sie erst wieder nach vierzig Tagen bei
dir ruhen.« Ich wählte infolgedessen eine mit dunkelschwarzen
Haaren aus und verbrachte mit ihr die schönste Nacht mei
nes Lebens. Am Morgen führten mich die Mädchen in das
Bad, wuschen mich dort und legten mir prächtige Kleider an
Dann brachten sie uns wieder Speise und Trank, und die Becher
kreisten unter uns bis zur Nacht, worauf sie wieder sprachen
»Wähle eine von uns.« So führte ich bei ihnen das angenehmste
Leben ein ganzes Jahr lang, indem ich mit ihnen aß und trank
und mir jede Nacht ein anderes von den vierzig Mädchen wählte

In Beginn des neuen Jahres aber fingen sie an zu weinen
und zu schreien und nahmen unter Tränen Abschied von mir
Bestürzt fragte ich sie: »Was ist mit euch vorgefallen? Ihr schnei
det mir das Herz ab.« Da erzählten sie mir, daß sie Königstöchter
seien und bis auf vierzig Tage im Jahr ihre Zeit hier mit Essen
Gesang, Vergnügungen und Musik verbrächten. Wenn sie jetzt
fortgingen, würden sie mir die Schlüssel für alle vierzig Kam
mern des Schlosses anvertrauen. Ich möge jede der Kammern öff
nen und mich in ihnen unterhalten, nur eine dürfte nicht geöff
net werden, ja, ich dürfte mich ihr nicht einmal nahen, sonst
müßten wir auf immer voneinander scheiden. Da versicherte ich
ihnen: »Bei Gott, ich werde die Kammer sicherlich nicht öffnen!«

Als ich nun allein zurückgeblieben war, öffnete ich die erste
Kammer. Da sah ich vor mir einen Garten wie das Paradies mit
allerlei Fruchtbäumen, singenden Vögeln und plätschernden Gewässern, Sträuchen und Flüssen. Nachdem ich mich einen Tag
darin ergangen hatte, verließ ich den Garten und verschloß die

Tür. Am nächsten Tag öffnete ich eine andere Tür und fand darin einen großen Platz, um den ringsherum ein Bach floß und an dessen Rand duftige Blumen gepflanzt waren. Hinter der dritten Tür fand ich einen großen Saal mit Marmormosaik, Edelmetallen und kostbarem Gestein ausgelegt. Die vierte Tür führte mich in ein großes Haus mit vierzig Schatzkammern, worin Perlen, Smaragde, Rubine, Karfunkel und andere Edelsteine lagen, daß mir der Kopf schwindelte und ich sprach: »Ich bin der König meiner Zeit und habe allein über diese Reichtümer und die Mädchen außerdem zu gebieten.« In dieser Weise verbrachte ich fröhlich die Zeit, bis neununddreißig Tage verstrichen waren und nur noch ein Tag und eine Nacht übrig blieb. Alle 39 Türen hatte ich bereits geöffnet bis auf die eine, die mir die Mädchen zu öffnen verboten hatten. Da ließ mir mein Herz keine Ruhe, bis der Satan mich ganz in die Gewalt bekam, und ich mußte die goldene Tür zu der vierzigsten Kammer öffnen. Kaum aber hatte ich die Tür geöffnet, als mir ein so wohliger Geruch entgegenströmte, daß er mir die Sinne benahm und ich zu Boden stürzte. Als ich wieder zu mir gekommen war und beherzt weiter in die Kammer hineinschritt, sah ich Räuchergefäße, in denen glühende Kohlen Düfte von Ambra, Aloe, Räucherholz, Safran und Moschus aufwirbeln ließen. Und dann sah ich ein Pferd, schwarz wie die schwärzeste Nacht mit Zaumzeug und goldenem Sattel, vor dem in weißer Kristallkrippe geschrotetes Sesam lag und in einer anderen Rosenwasser zum Saufen. Da bemächtigte Satan sich meiner, und ich führte es auf den Hof und bestieg seinen Rücken. Kaum hatte ich ihm einen Schlag mit der Peitsche versetzt, als es mit donnerartigem Gewieher zwei Schwingen ausbreitete und hoch mit mir in den Himmel stieg. Nach einiger Zeit aber warf es mich auf dem Dach eines anderen Schlosses ab und schlug mir dabei mit dem Schweif das eine Auge aus. Als ich vom Dach heruntersteig, erkannte ich, daß ich wieder in dem Schloß der zehn einäugigen Jünglinge war, die mir nach der Begrüßung erzählten, daß jedem von ihnen das gleiche Schicksal wie mir zuteil geworden wäre. Sie aber wollten mich trotz meiner Bitten nicht weiter bei ihnen beherbergen, und so von ihnen verstoßen schor ich mir

Bart und Augenbrauen und machte mich als einäugiger Bettler auf
nach Bagdad, der Stadt des Chalifen. Hier fand ich die beiden
Einäugigen und sagte zu ihnen, nachdem ich sie begrüßt hatte:
»Ich bin ein Fremdling.« Darauf antworteten sie: »Wir sind hier
ebenfalls fremd.«

Als der Bettler seine Geschichte beendet hatte, sagte die Haus-
herrin zu ihm: »Streich mit der Hand über den Kopf und geh
deines Weges.« Er entgegnete jedoch: »Bei Gott, ich gehe nicht
eher, als ich die Geschichte dieser Kaufleute auch noch gehört
habe.«

Bereits zu Beginn dieses dritten Märchens stehen wir einer
anderen Ausgangsposition gegenüber als bei den beiden vorangegangenen. Wir erfahren, daß die den Ich-Komplex darstellende
Figur nicht mehr die abhängige Rolle eines Prinzen einnimmt,
sondern die eines regierenden Königs. Es ist nicht nur diese Tatsache, die die Veränderung der Hauptfigur ausdrückt, sondern
von ihr geht auch eine andere Haltung mit lebhaften eigenen
Spontanimpulsen aus. Der König reist nicht mehr zwischen Vater
und Onkel innerhalb der endogamen Familienwelt hin und her,
oder wird auf den festgelegten Gleisen eines väterlichen Auftrags
fortgesandt, sondern er unternimmt seinen Zug ins Unbekannte
aus eigenem Interesse und aus der schöpferischen Neugierde an
der noch nicht gekannten Welt. »Ich hatte aber eine Vorliebe für
das Reisen«, heißt es im Anfang der Erzählung. Man kann nur
bewundern, mit welcher Folgerichtigkeit dieser Märchenzyklus
von Erzählung zu Erzählung die erreichten Positionen und Ent-
wicklungsschritte wieder aufnimmt und weiterführt.

Wieder geht hier, wie bereits im zweiten Märchen, die
Reise über das Unbewußte, das Meer, und führt in fremde und
unbekannte Gewässer. Das Märchen spricht von einer Lustfahrt
und läßt es offen, ob diese fremden Gewässer nur durch Zufall,
widrige Winde oder Strömung erreicht werden, oder ob es die
Freude am Entdecken war, die bewußt und gewollt den König in
dieses Gebiet führte. Nach dem Naturell dieser Persönlichkeit
wäre eher das Letztere zu vermuten. In diesem Bereich taucht
sehr bald der uns zunächst interessierende erste Symbolkomplex

auf, der aus dem Magnetberg und dem auf ihm thronenden Reiter aus Metall besteht. Es ist wahrscheinlich nicht ohne Bedeutung, daß in diesem Märchen der erste Konflikt, die erste Auseinandersetzung mit den Mächten des Unbewußten, sich bereits auf dem Meere abspielt. Es ist gegenüber dem Festland das fremdere, das unbekanntere und gefährlichere Element mit seinen unergründlich erscheinenden Tiefen, die auch heute noch weitgehend unerforscht sind und dem damaligen Menschen noch weit geheimnisvoller erscheinen mußten, als uns heute. Seine symbolische Bedeutung ist bereits im ersten Teil ausführlich geschildert worden. Der Akzent einer kollektiven Problematik wird in der Symbolik des Magnetberges noch deutlich unterstrichen. Dieser Berg ist eine allgemeine Menschheitsgefahr: Der Kapitän weiß vor dem Scheitern seines Schiffes zu berichten, daß an diesem Berg bereits so viel Eisen von vorüberfahrenden Schiffen hinge, daß niemand es zu zählen vermöge als Allah, der Erhabene; denn seit uralten Zeiten seien viele Schiffe an diesem Berge zerbrochen. Der König aber ist vom Schicksal dazu ausersehen gleich dem Heros der Mythen, die Menschheit von dieser alten Gefahr zu befreien. Als er nach dem Schiffbruch am Fuße des Reiters schläft, spricht die Stimme zu ihm: »O, Sohn des Chassib! Befreie die Menschen von diesem großen Unheil!« Und sie nennt ihm auch die Mittel, mit denen er diesen Auftrag ausführen kann. Daß er bereits vorher zu dieser Tat ausersehen und erwählt war, erfahren wir an späterer Stelle des Märchens: Der Vater des Jünglings, mit dem der König die 40 Tage in der Höhle verbringt, um ihn dann durch eine Fehlleistung zu töten, hat bereits bei dessen Geburt 15 Jahre früher durch die Sterndeuter erfahren, daß es dieser König sein würde, der den Reiter ins Meer stürzen und seinen Sohn töten würde.

Überlegen wir nun, an welcher Stelle sich das Symbol des Magnetberges im Bereich des innerseelischen Geschehens einordnen ließe, so drängt sich sofort das Bild der Zugkraft eines unbewußten Komplexes auf, der ebenfalls alle psychischen Inhalte, die in die Nähe seines Bereiches kommen, an sich saugt. Ein ähnlicher Magnetberg, allerdings unter Wasser, wurde von

einem 44jährigen Patienten mit pathologischen Rauschzustän-
den geträumt. Es ist eine bekannte Tatsache, daß gerade dei
Süchtige den Zugkräften seiner unbewußten Komplexe heftig
ausgesetzt ist und fast immer erliegt. Der Traum hat den Charakter eines zweiten Initialtraumes, insofern er nach einer längerer
Behandlungsunterbrechung bei der Wiederaufnahme der Behandlung geträumt wurde. Der Patient hatte sich nach 120 Behandlungsstunden bereits für gesund gehalten und kam vier Monatt
später nach einem heftigen Rezidiv wieder zur Behandlung. E
träumte nun: »*Ich fahre in einem Ruderboot vom Festland lo.
und will eine Insel, die weit entfernt von mir liegt, erreichen. Id
kann sie sehen und erblicke auf ihr eine südländische Flora mi
Palmen. Ich weiß, daß dort ein warmes, schönes Klima herrsch
und die Insel mir alle Möglichkeiten zu einem auskömmlichei
und zufriedenen Leben bietet. Ich sehe die Insel mit allen Farbei
deutlich vor mir. Als ich noch ein gutes Stück von ihr entfern
bin, zerbricht auf einmal der Boden des alten Ruderbootes, ii
dem ich sitze, und das ganze Boot fällt auseinander. Ich selbs
sinke sofort auf den Meeresgrund, und es ist so, als ob ich voi
da unten angezogen werde, wie von einem Magneten. Es geling
mir aber mit aller Kraft, zunächst wieder an die Oberfläche de
Wassers zu kommen, und dann werde ich noch einmal nach un
ten gezogen, wieder bis auf den Grund. Wieder gelingt es mii
hochzukommen, und jetzt endlich kann ich erschöpft die Inse
schwimmend erreichen.*«

Die Suchtkomponente dieses Patienten war noch relativ gut
artig. Er geriet in den Alkohol immer nur, wenn er unter seelischen Spannungen stand, die eine recht schwierige Kindheits-
situation aktivierten. In den Zwischenzeiten blieb er oft lang«
Zeit nüchtern. Wenn er allerdings einmal angefangen hatte zu
trinken, geriet er sehr bald in einen Zustand, in dem er alle bewußte Orientierung verlor, große Geldausgaben machte und öfter von der Polizei als hilflose Person aufgegriffen wurde. Er wai
sonst ein sehr tüchtiger Beamter, der bei Kollegen und Vorgesetzten gut angeschrieben war, und er hatte eine nette, etwas kühle
und gehemmte Frau geheiratet. Er verstand sich mit ihr und sei-

nen beiden in der Ehe geborenen Kindern sehr gut, so daß ihm an äußerem Glück eigentlich nichts fehlte. Der von ihm verehrte und glorifizierte Vater war ein überaus tüchtiger und reicher Kaufmann gewesen, der aber in einer nicht sehr glücklichen Ehe lebte. Der Patient wurde schon sehr früh in ein recht strenges Internat gegeben und nahm wohl nicht ganz mit Unrecht an, daß er wegen eines Liebhabers der Mutter von zu Hause abgeschoben werden sollte. Sehr zentral war in der Behandlung seine tiefgehende Vateridentifikation, die so weit ging, daß er unbewußt Verhaltensweisen und Gestik des Vaters nachahmte. Ein großer Kummer war es für ihn, daß er den großzügigen Lebensstil des Geschäftsmannes als kleiner Beamter nicht realisieren konnte. Nur im Alkohol kam dies heraus. Da war er zu seinem Schaden und zu dem seiner Familie genauso großzügig wie sein Vater. Ich will auf das verwickelte Geflecht dieser Neurose aber hier nicht weiter eingehen, sondern nur noch einmal auf die Eindringlichkeit des Traumbildes hinweisen, in dem auch der Patient selbst sofort den Gefühlston wiedererkennt, der ihn bei seinem Alkoholabusus ergreift. Er wird auch hier von einer magischen Kraft, gegen die er zutiefst hilflos ist, herabgezogen.

Diese magnetische Attraktionskraft ist nun nicht nur bei süchtigen Patienten zu finden, sondern ist eher ein ganz allgemeines Charakteristikum unbewußter Komplexe, über die wohl fast jeder an einer Neurose erkrankte Patient zu berichten weiß. Eine sehr schöne Parallele gab mir einmal ein Polizist, der unter anderem wegen hypochondrischer Zwangsgrübeleien in Behandlung war. Auch er benutzte das Bild eines Magneten, als er, bereits von diesem Symptom befreit, noch einmal retrospektiv darüber berichtete. Er sagte: »Es war so, als ob jeder Gedanke, den ich denken wollte, von einem großen Magneten angezogen wurde, und dann klebte alles Denken nur an meiner Krankheit fest.« Die Aufrechterhaltung der zugrundeliegenden Verdrängung zieht einen gleichen Anteil der dem bewußten Ich sonst zur freien Verfügung stehenden Kräfte auf sich, was durchaus mit der Tätigkeit eines starken Magneten verglichen werden kann.

Rückgreifend sei nun noch einmal auf das Motiv eingegangen, daß im Märchen dieser Komplex offensichtlich über die Figur des Königs zurückgreift und bereits seit mehreren Generationen hier konstelliert wurde. Nichts aus der persönlichen Vorgeschichte des Königs läßt erkennen, daß er irgendeine Schuld an der Existenz dieser Gefahrenstelle hat. Es handelt sich hier anscheinend um eine Unbewußtheit, die bereits durch eine ganze Generationenreihe hindurch vorgetragen ist. Im personalen Bereich finden sich oft deutliche neurotische Erkrankungen des gleichen Formenkreises bei Eltern oder Großeltern eines Patienten; so litt z. B. bei einem Jugendlichen mit schwerer Zwangsneurose die Mutter an einem Ordnungs- und Sauberkeitszwang, die Großmutter an ängstlichen Zwangsgrübeleien. Oder bei einem Patienten mit einem Ulcus duodeni litt der Vater ebenfalls an chronischen Ulcere duodeni, und der Großvater mütterlicherseits an einer chronischen Gastritis. Dies führt natürlich auch zu dem Problem der neurotischen Verhaltensweisen der Eltern, ohne die eine Neurose des Kindes nicht denkbar wäre und die bekanntlich auch meist von Generation zu Generation fortgeschleppt werden, bis man endlich im Rahmen der Familie oder auch im größeren Rahmen einer Kultur an die Stelle kommt, wo es mit den alten tradierten Verhaltensweisen nicht mehr weitergeht. An dieser Stelle ist dann entweder wie hier im Märchen der Eine zum Erlösungs- und Befreiungswerk aufgerufen, oder es erfolgt Zusammenbruch und Erkrankung. Unter Einschluß der nachfolgenden Ausführungen über die Symbolik der Reiterfigur läßt sich der Magnetberg als ein Punkt zentraler, außerhalb des Ichs liegender Kräfte auffassen, die der dunklen, negativen Seite des Selbst entsprechen, das wie alle Archetypen einen paradoxen antinomischen Charakter hat.[40]

Wir haben bisher nur sehr allgemein von der magnetischen Anziehungskraft gesprochen und sind dabei noch nicht auf das Phänomen eingegangen, daß dieser Magnetberg des Märchens auf seinem Gipfel eine Reiterfigur enthält. Durch diese wird der Komplex offensichtlich näher bestimmt, und sie ist auch die eigentliche Wurzel des Übels, denn nach dem Sturz dieser Figur ins Meer verschwindet der ganze unheilbringende Berg für alle

Zeiten im Meer. Eine deutliche Parallele zu einer derartigen magischen Metallfigur findet sich in den von Jung kommentierten Visionen des Zosimos von Panapolis.[89] Im Text erscheint diese Figur zunächst als ein eherner Mann, der eine bleierne Schreibtafel in den Händen hält, und er durchläuft im weiteren Zyklus der Visionen einen Verwandlungsprozeß von Kupfer durch das Silber bis zum Gold. Dieser Erzmann stellt hier einen Homunkulus, den ἔσω ἄνθρωπος, den inneren Menschen und sein in ihm vorausgesetztes geistiges Wesen dar. Es ist, worauf auch bereits Jung hinweist, eine etwas schwierige Vorstellung, gerade in dem toten und unbelebten Metall ein geistiges Wesen zu sehen. Historisch taucht dieses Phänomen aber wie z. B. in den Erzmännlein der Sagen oder dem Metallbaum der Alchimie, dem arbor philosophica, der geistiges Wachstum bis zur Erleuchtung darstellt, immer wieder auf. Die Metalle haben in der Menschheitsgeschichte auf jeden Fall immer eine hervorragende Rolle gespielt, so daß man sogar ganze Zeitalter, wie die Bronze- oder Eisenzeit nach ihnen benannt hat. Sie haben den Geist des Menschen immer angeregt, aus ihnen seine wichtigsten und wertvollsten Werkzeuge zur Bewältigung der Umwelt zu bilden, so daß bei dieser Überlegung eine Projektion geistigen Wesens in das Metall nicht mehr so unwahrscheinlich erscheint. Träume, Visionen und kollektive Phantasieprodukte wie Märchen und Mythos führen den Menschen in einen inneren Wandlungsprozeß, der der Wiederherstellung oder Bildung dieses inneren geistigen Wesens dient. Solange der Geist tot und starr ist, kann das Unbewußte die Symbolik des Metalls benutzen, um diesen Zustand auszudrücken und dem Bewußtsein zu sagen, wo es zu suchen hat.

Wir kommen mit dieser in dem Metallreiter verborgenen Figur des Anthropos nun zu einem zusätzlichen Aspekt der unbewußten Tätigkeit und können das vorher über den Magnetberg Gesagte noch einmal von einer anderen Seite her beleuchten. Die Tiefenpsychologie hat bekanntlich die frühere Vorstellung revidiert, daß die oft abstrusen psychischen Inhalte und Vorstellungen der Neurosen und Psychosen, die sonderbaren Handlungsweisen der Patienten und die Symptomatik der psychosomatischen Erkrankungen nur ein alberner Unsinn und ein am besten zu amputierendes Übel wären. Man hat es allmählich gelernt, die Sprache der krankhaften Symptome zu verstehen und in ihnen in nuce eine Tendenz zu einer für den Betreffenden notwendigen inneren Entwicklung und Reifung zu sehen. Die oft kritisierte Toleranz der Psychotherapie beruht gerade auf dieser Erfahrung und gibt dem Arzt den Mut, in manchen oft üblen Dingen bereits das bessere Zukünftige zu sehen. Wenn innerhalb der Therapie die ungenügende Anpassungsleistung des Bewußtseins durch die Angliederung und Bewußtmachung unbewußter Inhalte kompensiert wird, so erfolgt durch diesen Vorgang oft eine beträchtliche Bewußtseinserweiterung. Durch die Herstellung einer umfangreicheren Persönlichkeit stellt sich auch oft ein neuer Persönlichkeitsschwund dar, der nicht mehr notwendig mit dem Ich koinzidiert. Der Mensch erfährt sich hier in einem größeren Zusammenhang und erlebt mit zunehmender Erkenntnis, daß auch die in ihm liegenden Gegebenheiten seiner Natur die Tendenzen des Ichs zu durchkreuzen vermögen. Wie Jung schreibt, zieht das neue Zentrum »wie ein Magnet« das zu ihm Gehörige an, die sogenannten »väterlichen Kennzeichen«, nämlich alles das, was zu den unveränderlichen und ursprünglichen Eigenschaften des individuellen Grundplanes gehört; was älter ist als das Ich . . .[40] Bereits relativ sehr nahe kommt dieser Auffassung auf psychoanalytischer Seite die Charakterisierung der Stellung des Ichs gegenüber den anderen psychischen Inhalten, wie sie von Hartmann[109] vorgenommen wird: »Wir haben gesehen, wie es für das Ich entscheidend wird, daß es sich der rationalen Steuerung bedienen kann, während es gleichzeitig die Tatsache der Irrationalität der anderen seelischen Leistungen einbezieht. Im rationalen Entwurf muß das Irrationale als Faktum eingeschlossen sein (dabei sind wir uns, wenn wir hier rational und irrational einander gegenüberstellen, der Relativität dieser Gegensätzlichkeit wohl bewußt). Wir werden auch nicht vergessen, daß sogar im Bereich des wissenschaftlichen Denkens anthropomorphe, irrationale Denkmotive fruchtbar werden können.

Es kann auch in pathologischen Fällen die Tendenz zum rationalen Symptomcharakter haben oder Abwehr sein.«

Die Erfahrung dieser Bewußtseinserweiterung bedeutet nach einer gelungenen Therapie für den Patienten aber eine oft erhebliche Lebensbereicherung und gleicht das durch die Krankheit erduldete Leid weitgehend aus. Das langwierige opus der Psychotherapie bringt dem Menschen vielfach eine Fülle von Erkenntnissen und Wissen, so daß man von nachdenklichen Patienten oft die Bemerkung hört, daß ihre Krankheit eigentlich einen Gewinn für sie bedeutet habe. Hinter dieser Bemerkung leuchtet dann die Sinnfrage der Krankheit überhaupt auf mit ihrer ganzen Doppeldeutigkeit, die auf der einen Seite Übel, Leid und Elend in sich schließt und andererseits den Menschen zu einer vertieften Erfassung von eigener Innenwelt und Umwelt bringt. Mit diesen Überlegungen wird die Doppeldeutigkeit eines derartigen Symbols, wie es der Magnetberg darstellt, in seiner Beziehung zu dem magnetischen Kraftzentrum eines unbewußten Komplexes auch vollständiger erfaßt.

Die Annahme, daß es sich bei dem ganzen um den Magnetberg spielenden Geschehen um eine zentrale Schwerpunktbildung außerhalb des Ichs handelt, wird noch unterstrichen durch das Auftreten der im Traum bzw. Schlaf erscheinenden Stimme, die dem Ich die Instruktionen für die weitere Bewältigung der Situation gibt. Das Phänomen der inneren Stimme ist an sich wohlbekannt, wenn auch ihr Auftreten in einer deutlichen akustischen Form relativ selten ist. Im Traum findet man es meist noch häufiger als im Wacherleben. In der Regel wird von einer inneren Stimme gesprochen, wenn es nur um undeutliche Gefühle und Ahnungen geht, die einer Situation eine nicht rational begründbare andere Ansicht geben. Ihr Auftreten benötigt offensichtlich besonders im Wachzustand eine Herabsetzung der Schwelle zwischen Bewußtsein und Unbewußtem. So findet sich das Phänomen auch besonders häufig bei Personen, die nicht auf die Bewußtseinsstellung fixiert sind, sondern in lebendiger Kommunikation zu ihrem Unbewußten leben. In diesen Zusammenhang würde auch die von Rilke beschriebene Entstehung seiner

Duineser Elegien fallen.[110] Das bekannteste historische Beispiel im Bereich unserer Kultur ist wohl das »Daimonion« des Sokrates, von dem Plutarch berichtet[111], daß es sich um ein akustisches Phänomen gehandelt haben muß: »*Wir beide, ich (Kapheisias, der Verfasser) und Theokritus gingen also zum Simmias zurück, weil wir noch gerne, wenn sich Gelegenheit fände, mit Epimondas sprechen wollten. Diese hatten indes jene wichtige Frage, die kurz vorher von Pheidolaus und Galaidoros aufgeworfen worden, worin nämlich das Wesen und die Macht des Dämons des Sokrates bestehe, weiter untersucht. Was Simmias auf Galaidorus' Behauptung geantwortet hat, haben wir nicht gehört. Er sagte uns jedoch, er habe einstmals den Sokrates hierüber befragt, aber keine Antwort erhalten und deshalb keine zweite Frage tun wollen. Aber er sei öfter dabei gewesen, wenn Sokrates solche, die sich einer göttlichen Erscheinung rühmten, für Prahler erklärte und dagegen diejenigen, welche vorgaben, eine Stimme vernommen zu haben, anhörte und sich mit ihnen in ernsthafte Unterredungen einließ. Dieser Umstand, fuhr Simmias fort, brachte uns bei näherer Betrachtung, die wir unter uns anstellten, auf den Gedanken, daß Sokrates' Dämon kein Gesicht, sondern die Empfindung einer Stimme oder das Vernehmen einer Rede gewesen sei, die ihm auf eigene und besondere Weise auffiel . . .*«

Schon Plutarch läßt eine Figur aus dem hier stattfindenden Dialog in differenzierter Form Überlegungen anstellen, inwieweit eine derartige Stimme, die wir heute als eine Manifestierung einer intuitiven Funktion auffassen würden, eigentlich endopsychisch wäre. Der Intuition und dem für diese Einflüsse offenen Menschen stellen sich oft kleine und nebensächliche Zeichen, die von weniger Erfahrenen übersehen werden, als eine Entwicklungsmöglichkeit einer Situation dar. Eine derartige Erfassung der Möglichkeiten, die in einer Situation oder Sache enthalten sind, ist ja die eigentliche Aufgabe der intuitiven Funktion. Über die intuitive Funktion hinaus kommt die Stimme aus dem »absolutes Wissen des Unbewußten«[112]. Auch der von E. Neumann benutzte Begriff des »extranen Wissens«[113] gehört mit einer leicht anderen Färbung in diesen Zusammenhang. Da die

Steuerung der Handlung dann von einem außerhalb des Ich liegenden Zentrum, dem ein irrationaler Charakter anhaftet, erfolgt, wird sie als transpersonal und auch oft als außerhalb des Individuums liegend erlebt. So reicht der Spannungsbogen der Inhalte dieser inneren Stimme von einer einfachen Mahnung bis zum Ausdruck glaubensgebundener geistiger Antriebskräfte, wie auch bei Sokrates diese beiden Pole des »Daimonion« beschrieben sind. Es ist nicht die Aufgabe der Psychologie, etwas über die Wirklichkeit oder Wahrheit des Metaphysischen auszusagen, sondern nur über die Wirksamkeit und Existenz dieser Vorgänge innerhalb der Psyche. Dem Auftreten der inneren Stimme, sofern es innerhalb einer gesunden Psyche stattfindet, haftet immer eine Numinosität an, die mit rationalistischen Erklärungen oder Analysen nicht aufzulösen ist. Auch in der pathologischen Parallele, den akustischen Halluzinationen der Schizophrenen, sehen wir heute nicht mehr einen unverständlichen Unsinn, sondern den Versuch der Psyche, in symbolischer Form eine zur Kompensation des Bewußtseins erforderliche Seite zur Geltung zu bringen. Gerade die Inhalte, die diese Halluzinationen in krankhafter und verzerrter Form enthalten, entsprechen den verdrängten oder überhaupt noch nicht entwickelten psychischen Positionen, deren Integration das Bewußtsein zu einer gesunden Funktionsfähigkeit bedürfte.

Die hilfreiche Weisung einer unbekannten Stimme, die nicht in eine bestimmte Personifikation wie z. B. Tiere, Feen, Dämonen etc. projiziert ist, finden wir auch in dem Grimm'schen Märchen »Der gläserne Sarg«. Hier wird ein Schneidergeselle von einem Hirsch zu einer Felswand, die in einer Einöde liegt, verschleppt. Als er ratlos davorsteht, nicht wissend, wie er jemals wieder unter Menschen gelangen sollte, fordert ihn eine Stimme auf, in den Felsen einzutreten. »Er zauderte zwar, doch, von einer heimlichen Gewalt angetrieben, gehorchte er der Stimme ...« Er kommt durch eine eiserne Tür in einen großen Saal, wo ihm wiederum die Stimme befiehlt, auf einen bestimmten Stein zu treten. Hierdurch gelangt er in einen weiteren Raum, wo sich in zwei gläsernen Särgen eine Prinzessin und deren ganzes Königreich verzaubert befinden. Durch sein Eingreifen werden diese befreit. Hier tritt deutlich der numinose Charakter der Stimme in Erscheinung, indem der Schneider »von einer heimlichen Gewalt angetrieben« der Stimme gehorchen muß. Dieser Charakter haftet gleichermaßen dem als Parallele bereits erwähnten »Daimonion« des Sokrates an, wie wir es im Eingangsgespräch des Phaidon[114] beschrieben finden: »Oft kam zu mir in meinem Leben – das vorbei ist – ein und derselbe Traum. Er zeigte sich bald so, bald anders, sprach aber stets dasselbe Mahnwort ($\check{\alpha}\lambda\lambda o\tau$' $\dot{\varepsilon}v$ $\check{\alpha}\lambda\lambda\eta$ $\check{o}\varphi\varepsilon\iota$ $\varphi\alpha\iota\nu\acute{o}\mu\varepsilon\nu o\nu$, $\tau\grave{\alpha}$ $\alpha\dot{v}\tau\grave{\alpha}$ $\delta\grave{\varepsilon}$ $\lambda\acute{\varepsilon}\gamma o\nu$ ...): »Sokrates, du sollst im Dienst der Musen wirken und dies sei dein Beruf.«

Was sich im Bereich des Märchens, bei dem in der Regel eine größere Annäherung des Archetyps an das Bewußtsein besteht, als Hilfe für das persönliche Schicksal, Erreichung des Meeres oder der Heimkehr oder in dem Grimm'schen Märchen Gewinnung von Prinzessin und Königreich darstellt, wird auf der transpersonalen Ebene zum göttlichen Befehl und Aufruf, der Lösung einer Lebensaufgabe. Diese gilt nicht mehr der Erfüllung persönlicher Ansprüche, sondern stellt sich in den Dienst einer ganzen Gruppe oder eines Volkes. Das uns bekannteste Beispiel aus dem Bereich der Religion ist hier die Berufung Moses durch die Stimme Gottes hinter dem brennenden Busch. Wie eng Personales und Transpersonales in einem solchen Phänomen verknüpft sein können, dafür gibt wieder der »Daimonion« des Sokrates ein schönes Beispiel. Während im »Phaidon« die Stimme des Traumes zu einer dem Wohle des Kollektivs geltenden Lebensaufgabe aufruft, berichtet Plutarch, wie sie an anderer Stelle auch in ganz persönlichen Kleinigkeiten eingriff. Sie steht dem Sokrates bei allen Gefahren zur Seite wie Minerva dem Odysseus. Eine Episode berichtet, wie Sokrates einmal auf dem Wege zum Symbolon stehengeblieben sei und erklärte, sein Genius hindere ihn, weiterzugehen. Einige junge Leute seiner Begleitung gingen daraufhin weiter, vermutlich, um des Sokrates' Dämon Lügen zu strafen. Sie stießen dann auf eine Herde kotbesudelter Schweine, die, da kein Platz zum Ausweichen war, einige der jungen Leute zu Boden warfen und die übrigen mit Kot besudelten.

In der hier interpretierten Geschichte weist die Stimme dem König die Mittel zu seiner persönlichen Errettung aus einer Gefahr und läßt ihn dabei gleichzeitig eine Befreiungstat für das Kollektiv vollbringen. Greifen wir weiter vor, so finden wir in dem nächsten Märchen, der Geschichte des ersten Mädchens, diese Stimme wieder. Hier ruft sie zu einer religiösen Bekehrung auf: »Du Volk dieser Stadt, wende dich ab von der Verehrung des Feuers und diene dem allmächtigen König«, wobei sie im Bereich eines transpersonalen religiösen Erlebens verbleibt.

In beiden Situationen zeigt sich, wie gefährlich es ist, der Stimme entgegen zu handeln. Hier wird der König aus dem rettenden Nachen kurz vor Erreichung seines Zieles wieder ins Meer gestoßen, als er entgegen der Weisung der Stimme den Namen Allahs nennt, dort wird die ganze Stadt in Stein verwandelt. In beiden Fällen haben die Weisungen der Stimme rituellen Charakter, und wir wissen, daß jede Störung des einer ganz bestimmten inneren Ordnung folgenden Ritus als höchst gefährlich gilt. Der den rituellen Ablauf Störende wird in den Frühkulturen ja oft, selbst wenn es sich um eine nicht bewußt gewollte Fehlhandlung handelt, wie falsche Tanzschritte, Stolpern u. ä., sogar getötet. Während es sich in der Geschichte des ersten Mädchens ganz offensichtlich um die Ablösung eines alten religiösen Ritus und die Einführung einer neuen rituellen Gottesverehrung handelt, liegt in der Geschichte des dritten Bettlers das rituelle Moment in der genauen und präzisen Befolgung der von der Stimme gegebenen Weisungen. Die Frage nach dem rechten Weg in einer Schicksalssituation ist, wie E. Neumann[115] aufgeführt hat, psychologisch auch immer die Frage nach dem zuständigen Archetyp und nach der Haltung, die eingenommen werden muß, um dieser Schicksalssituation gerecht zu werden. Sofern es sich hier um das Schicksal des einzelnen handelt, ist es auch das Ich, das in diesen Prozeß aktiv mitgestaltend einzugreifen hat. Es muß dieser unbekannten und noch nicht erfahrenen Situation und dem sie konstellierenden Archetyp gerecht werden und bei der Gefährlichkeit einer solchen Lage den Anforderungen dieser Konstellation antworten. Es handelt sich hier um den Übergang einer ganzen

Bewußtseinssituation in eine neue und andere, einen Übergang, der nicht mehr von der bewußten Erfahrung her, sondern nur noch durch den Rückgriff auf die tieferen Schichten instinktiven Wissens bewältigt werden kann. Wir werden im Folgenden zu erörtern haben, um welche Bewußtseinsänderung es sich hier handelt, wollen aber vorher noch darauf eingehen, daß an diesen entscheidenden Stellen immer das Ritual als Hilfsmittel einzusetzen pflegt.

Wenn wir von dem Begriff des Ritus nicht ausschließlich als einer rein humanen Angelegenheit sprechen wollen, dann können wir uns an der von Portmann[33] benutzten Definition orientieren, nach der ein Ritus jeder für bestimmte soziale Gruppen festgelegte, geordnete Vollzug von Handlungen ist, die von den Mitgliedern dieser Gruppe verstanden werden. Das rituale, zeremoniell geordnete Verhalten finden wir bei Menschen und Tieren stets als eine Bändigung des Triebablaufes, als dessen Lenkungen in gestalthaft geordnete Handlungen, die der Erhaltung einer Gruppe dienen. Die von Portmann durch zahlreiche Beobachtungen aus dem Tierleben erhaltenen Bestimmungen zeigen, in welchem Umfange das gesunde Tier auf derartige Rituale angewiesen ist. Auch der Mensch zeigt eine solche Angewiesenheit auf rituelle Vollzüge, wie das vielfältige Geflecht ritueller Zeremonien in jeder Kultur erweist. Im Gegensatz zum Tier, bei dem die rituellen Vollzüge und auch ihr Verstehen fast immer erbbedingt sind und nur geringfügige Lernvollzüge stattfinden, ist der Mensch hier viel weitergehend freigestellt und verfügt über eine große Zahl von Variationsmöglichkeiten, sowohl was sein individuelles persönliches Leben anbetrifft, als auch sein Leben in der jeweiligen Kulturgruppe.

Es ist seit Freud allgemein bekannt, wie im pathologischen Fall – das klassische Beispiel hierfür ist die Zwangsneurose – die Bildung ritueller Zeremonien ein Mittel zur Triebabwehr darstellt. Es ist ebenso breit, insbesondere von der Schule C. G. Jungs, darüber berichtet worden, wie wichtig, unerläßlich und hintergründig sinnvoll die Ritualbildung für die Aufrechterhaltung einer Kultur ist. Ich möchte hier ein Beispiel nennen, wie im individuellen rein persönlichen Erleben eine Ritualbildung, die unter einer Regression auf eine nicht bewußte, instinktive Schicht erfolgt[116], für einen Patienten eine deutliche Bewußtseinserweiterung und gleichzeitig eine Besserung der neurotischen Symptomatik mit sich brachte.

Es handelt sich um eine 31jährige Patientin, die an einem Quinck'schen Ödem litt, das bei seinem Auftreten von heftigen krampfartigen Leibschmerzen mit Erbrechen begleitet war. Die Erkrankung bestand bei der Patientin etwa seit dem sechsten bis siebten Lebensjahr. Sie hatte dieses Leiden bereits in der zweiten Generation, denn auch ihr Vater war, solange sie sich erinnern konnte, von der gleichen Krankheit betroffen.

Nach Abbau der gröbsten Verdrängungsmechanismen wurde immer deutlicher, welche rasende Angst bei der Patientin vor allen Ansprüchen ihres chaotisch ungeordneten Triebgrundes bestand, der natürlich entsprechend der langdauernden Verdrängung recht entartet war. In dieser Situation entwickelte sich in der Patientin nun spontan ein religiöses Ritual, ein Gebet, das praktisch ganz ohne Mitwirkung ihres Bewußtseins entstand. Innerhalb eines ihrer recht schweren Anfälle, die bisher fast jede Woche einmal auftraten, ertappte sie sich dabei, wie sie bereits eine ganze Zeit lang fast unbewußt Gebetsworte vor sich hinstammelte und Gott um die Kraft bat, den Anfall zu überstehen. Als sie das Gebet bewußt aufnahm, wurden die Schmerzen besser, und dieser Anfall war der erste, der ohne das zusätzliche schwere Erbrechen einherging. In der Nacht dieses Anfalls träumte sie: »*Ich sah einen Garten, in dem es Nacht war. Spatzen saßen dort auf einem Dach. Ich sollte mit einer Katze draußen schlafen. Ein Schäferhund war auch da, der manchmal aufstand, nach den Spatzen sah und sich dann wieder hinlegte. Die Katze tat dasselbe. Sie waren dabei ganz friedlich, und ich konnte mir das nicht erklären, war aber auch nicht ängstlich oder mißtrauisch. Es mußte einfach so sein.*« Sie brachte die Stimmung des Traumes und die unverständliche Handlung der Tiere sofort mit dem Gebet während des Anfalls in Verbindung.

Der Traum stellt sehr deutlich dar, wie aus einem gesunden

Teil der durch die Tiere symbolisierten Instinktgrundlage ein unverständlicher Ritus vollzogen wird, dem man sich aber vertrauensvoll hingeben kann. Sie war über das Ganze eigentlich eher verblüfft und schämte sich, gebetet zu haben. Sie meinte etwas zweifelnd, man könnte doch nicht einfach an etwas Unerklärliches glauben und das womöglich auch noch sagen. Ich hielt ihr daraufhin einen Satz von Ortega y Gasset[53] vor, nach dem selbst der Zyniker daran glauben müßte, daß er an nichts glaube, sonst entzöge er sich selbt seine eigene Grundlage. Auf diese Antwort hin mußte sie lachen und ging nach der Stunde deutlich erleichtert nach Hause. Kurze Zeit darauf ereignete sich wieder ein Anfall, und sie benutzte das Ritual nun völlig bewußt. Die Schmerzen wurden wieder besser, und sie berichtete, daß die Symptomatik im Ganzen erstmalig einen anderen Charakter bekommen hätte. Die Krämpfe waren jetzt ohne Erbrechen und ohne Würgegefühle. Bemerkenswert war es auch, daß sich ihre innere Einstellung zur Krankheit gewandelt hatte. Sie hatte erstmalig das Gefühl, mit der Krankheit fertig zu werden. Sie fühlte sich vertrauensvoll in eine größere Kraft eingebettet, die bereit war, ihr zu helfen.

Aus diesem Beispiel wird deutlich, wie ein unverständliches, von innen her dem Menschen vorgeschlagenes bzw. erzwungenes Ritual in den Dienst einer durchaus gesunden Angstbewältigung gestellt wird und im Gegensatz zu den pathologischen Ritualen der Zwangsneurotiker hier therapeutisch auch zu fördern ist. E. Neumann[115] hat darauf hingewiesen, daß in der Krankheit wie im Individuationsprozeß sich die ursprünglich schützende Funktion des Rituals offenbart. Der sich durchsetzende Archetyp wird in einem Ordnungssystem aufgefangen, das nicht vom Bewußtsein gemacht, sondern vom Archetyp selber konstelliert wird, der, wie der Instinkt, seine eigene Ordnung mitbringt.

Es bleibt noch die Frage zu erörtern, um welches Problem es in dem um den Magnetberg spielenden Geschehen geht, welcher Entwicklungsschritt des Ichs hier vollzogen werden soll. Wir haben hierzu noch einmal die Symbolik des Berges aufzugreifen. Berg, Erde, Fels und Stein gehören ihrer symbolischen Bedeutung nach auch in den Bereich des Elementarcharakters des großen Weiblichen. In diesem zerstörerischen Berg ist hier im Gegensatz zu den dunklen Bergen des Märchens im ersten Teil dieses Buches die negative, dunkle Nachtseite des Mutter-Archetyps akzentuiert. Der mütterliche Elementarcharakter enthält ja keineswegs nur positive bergende, schützende und ernährende Funktionen, sondern als das furchtbare Weibliche frißt die gierige Erde auch ihre Kinder, hält sie in ewiger Gefangenschaft oder thront, wie in Indien, als Todesgöttin in den Bergen. Eines der grauenvollsten Bilder dieser dunklen Negativseite der magna mater hat der indische Geist in der Göttin Kali gebildet. Nach der Beschreibung von Zimmer[117] wird dort die Mutter Erde als »Durgâ, die Unnahbare und Gefahrvolle« oder als »Parvati, Tochter des Berges« – das ist des Himalaya – verehrt. In ihrem großen Tempelfest im Frühling – also zur Neubefruchtung der Natur – kommen die Wallfahrer aus den Ebenen ringsum und von den Bergen, die sie im Norden einschließen. Ein Engländer, der 1871 dem Fest beiwohnte, berichtet, daß täglich etwa 20 Büffel, 250 Ziegen und ebensoviele Schweine im Tempel geschlachtet wurden. Unter dem Opferaltar war eine tiefe Grube ausgehoben worden, mit frischem Sand gefüllt, der Sand zog das Blut der enthaupteten Tiere auf. Er wurde zweimal des Tages erneuert, der blutgetränkte aber ward jeweils in der Erde vergraben: als Fruchtbarkeitsstoff. Alles ging sehr sauber zu, ohne blutige Reste und üblen Geruch. Der Lebenssaft, das Blut, sollte der alten Erdgöttin, die alle Nahrung schenkt, der Bergestochter, deren Erdkraft in den himmelragenden Bergen riesenhaft greifbar wird, erneute Kraft und Fruchtbarkeit für den neuen Erntejahrgang schenken. ... Die Göttin will nur das Blut der Opfer, darum ist die Enthauptung die Form der Darbietung, da bluten sie schnell und gründlich aus. Daher schneiden die Figuren der Geschichten in Hitopadeschá und Kathâsaritsâgara sich den Kopf ab; der Kopf meint freilich auch das Ganze, die völlige Aufopferung.

Der letzte Absatz gibt uns wieder einen Hinweis auf die Symbolik der oberen Kastration, die sich in allen drei Märchen gleichermaßen in dem Verlust des linken Auges ausdrückt. Offenbar ist die Köpfung, die totale obere Kastration, das adäquate Opfer, das dieser furchtbaren Erdmutter dargebracht werden soll. Es bedeutet die völlige Aufopferung des Ichs an den negativen Elementarcharakter des großen Weiblichen. Das Meer mit dem aus ihm herausragenden Magnetberg stellt so im Märchen die Symbolik des mütterlichen Unbewußten überhaupt mit seiner Regressionskraft in die Welt der mythologischen Bilder, der Äußerungsform des Unbewußten, dar. Der Kampf um die menschliche Bewußtwerdung und Befreiung aus der participation mystique dieser Bildwelt geht über die Stärkung und Festigung des Ichs und seine Herauslösung aus unbewußter Ergriffenheit und Steuerung. Paradoxerweise führt aber gleichermaßen die Ichfestigung auf der anderen Seite wieder zur Erstarrung und Entleerung, denn jede Abstraktion oder Dogmatik, die keine Beziehung mehr zu der lebendigen Bildwelt besitzt, wird tot und leblos. So benötigt jede Erweiterung des Ichs und jede Erneuerung und Wandlung wieder die Beziehung zu den unbewußten Bildern und geht einher mit einer wenigstens partiellen Aufgabe der bereits gewonnenen Ich-Festigkeit. Wenn nicht in einem bereits gewonnenen und fixierten System des Bewußtseins lediglich gesammelt und katalogisiert werden soll, sondern eine neue Erkenntnis aufgenommen werden muß und eine Bewußtseinserweiterung stattfinden soll, muß das Ich vorher bereits erreichte Positionen aufgeben können und sich dem Strom der unbewußten Bildwelt aussetzen. So bedeutet Erneuerung und Bewußtseinserweiterung auch immer Opfer und Verlust. Die partielle obere Kastration, symbolisiert in diesen Märchen durch den Verlust des Auges, ist das Opfer, welches das Ich für seinen Kampf zahlen muß. Loslösung und Festigung des Ich-Komplexes aus der an sich übermächtigen archetypischen Bildwelt des Unbewußten geht nur in der Form vor sich, daß der an sich zunächst schwache Ich-Kern dem Archetypus die Energie entzieht. Diese Energie-Transformation wiederum benötigt die mythologisch-symbolische Bildwelt als Brücke, oder wie Jung es im Bild ausgedrückt hat, als Transformationswerk, das die Energie eines Flusses in eine dem Menschen nützliche Elektrizität umwandeln kann.[19]. Immer aber ist es bei die-

sem Vorgang notwendig, daß sich das schwache und hoffnungslos unterlegene Ich den Kräften des Unbewußten aussetzt und
sich ihnen öffnen muß.

An dieser Stelle der Auseinandersetzung, wo das geschei-
terte und hilflose Ich, bar aller bisherigen Sicherheit, verzweifelt
und ermattet auf dem Magnetberg niedersinkt, kommt eine dritte
Kraft ins Spiel, auf die wir zuvor bereits hingewiesen hatten, das
Selbst. Durch die Stimme wird hier dem hoffnungslos ausgeliefer-
ten Ich die Hilfe einer Macht zuteil, in deren Absicht es zu liegen
scheint, das schwache Ich in seinem Kampf mit den Mächten des
Unbewußten nicht untergehen zu lassen, es zu beschützen und
zu erhalten und den Prozeß innerer Entwicklung und Bewußtwerdung zu fördern. Es ist offensichtlich in beiden Bereichen, sowohl in dem durch die Stimme gegebenen als auch in der dunklen Erdmutter selbst, enthalten, wie wir aus der Symbolik des
Magneten und des Erzreiters ersehen haben. Dem Archetypus des
Selbst entspricht dieses allumfassende und auf Entwicklung einer
Ganzheit hinführende Prinzip, sowie vergleichbar bereits in
einem Samenkorn das später zu realisierende Bild des ganzen
Baumes enthalten ist. Diese dritte Kraft, die gleichzeitig auf die
Bewußtseinserweiterung und auf Erhaltung und Schutz des Ichs
hinauswill, kommt dem König hier zu Hilfe und zeigt ihm im
Schlaf (einer Art Inkubationsschlaf, wie wir ihn in Epidaurus
finden[118], in dem Wandlung, Erneuerung und Wiedergeburt erfolgt) die Mittel zu seiner Rettung und Ablösung aus der Negativseite des großen Weiblichen.

Es wird hier eine Entwicklung begonnen, die sich in den beiden vorangegangenen Märchen überhaupt erst konstellierte und
beim Abschluß des zweiten Märchens im Ansatz einer beginnen-
den Haltungsänderung auftrat. An dieser Stelle vollzieht sich
der eigentliche Übergang aus dem nur passiv leidenden und den
Kräften des Matriarchats hörigen Jünglings in den aktiv männlichen Heros. Nachdem der König den Anweisungen der Stimme
Folge geleistet hat und mit der phallischen Symbolik von Bogen
und Pfeil jetzt im Gegensatz zum ersten Märchen bewußt zielend
den Reiter vom Pferd geschossen hat, kommt es zunächst zu

einer erhöhten Aktivität des Unbewußten. Das Meer schwillt unter Brausen an, bis es die Spitze des Berges erreicht hat.

Pfeil und Bogen sind als konkrete Gegenstände Waffen, Instrumente zur Bewältigung feindlicher Mächte, die eng verknüpft sind mit den männlichen Qualitäten wie Mut, Tapferkeit, Kraft und Macht. Im Gegensatz zu Schwert und Keule sind Pfeil und Bogen die fern treffenden Waffen, d. h. sie überbrücken eine Distanz zwischen den Kämpfenden. Ihre hauptsächlichen Eigenschaften liegen in einem konzentrativen Zielen und Treffen*. Zielgerichtetheit und Zielbewußtheit, bei gleichzeitiger Distanzierung zwischen Subjekt und Objekt, stellen transponiert auf die psychologische Ebene einen Vorgang zur Erreichung fernliegender Möglichkeiten dar, die durch eine allzu enge, distanzlose, sinnlich getrübte Beziehung gar nicht oder mindestens wesentlich schlechter zu »treffen« sind. In welch starkem Maße konkrete Handlung (das Schießen mit Pfeil und Bogen) und der entsprechende geistige Prozeß miteinander verbunden sein können, zeigt das Bogenschießen im Zen-Buddhismus.[120] Eine mythologische Parallele aus dem Bereich unserer Kultur ist der ἑκατοβόλος (ferntreffende) Apollon. Eine ausführliche Schilderung dieser Wesensseite der Gottheit finden wir bei Kerényi »Unsterblichkeit und Apollonreligion«.[121] An dieser Stelle seien auch die Worte W. F. Ottos[122] zitiert: »Distanz, dieses Wort drückt unmittelbar nur etwas Negatives aus, dahinter aber steht das Positivste: die Haltung des Erkennenden. Apollon lehnt das allzu Nahe ab, die Befangenheit in den Dingen, den verschwommenen Blick und ebenso das seelische Ineinsfließen, die mystische Trunkenheit und ihren ekstatischen Traum. Er will nicht Seele (in diesem dionysischen Sinn), sondern Geist. In Apollon grüßt uns der Geist schauender Erkenntnis, der dem Dasein und der Welt mit einer Freiheit ohnegleichen gegenübersteht – der echt griechische Geist, dem es beschieden war, nicht bloß so viele Künste, sondern schließlich auch die Wissenschaft hervorzubringen.

* Siehe auch E. Jung und M.-L. v. Franz: Die Grallegende pag. 86 f. Hier wird die Symbolik von Lanze, Pfeil und Bogen mit der intuitiven Funktion verglichen[119].

Gegenüber dem mehr extravertierten dionysischen Element der Ekstase, das so leicht wie in dem vorigen Märchen in die Hybris hineinführt, wird hier über die Symbolik das Introvertierte, das Schweigen, Schauen und Distanzhalten gefordert. Diese Haltung kann aber noch nicht durchgetragen werden. Die Stabilität des Ichs reicht nicht aus, um die Spannung der Ausfahrt aus dem chthonischen Bereich zu ertragen. Daß es sich hier um eine Fahrt aus dem Bereich dunkler chthonischer Mächte handelt, besagt auch die strenge Auflage an den König, den Namen Gottes nicht zu erwähnen, bevor er nicht endgültig diesem Bezirk entronnen ist. Es kommt wieder zu einer verhängnisvollen vorschnellen Handlungsreaktion des Ichs, das die im Schweigeritual erstrebte Bändigung seines Affekt- und Gefühlsgrundes noch nicht ganz erreichen kann. Wie in den beiden anderen Märchen löst der unbewußte Affektdurchbruch wiederum eine ganze Kette weiterer Geschehnisse aus. Es ist offensichtlich, daß auch dieses Ich große Schwierigkeiten hat, nicht von Affekten oder Emotionen überschwemmt zu werden und einen Spannungsbogen zu halten. Es scheint sich hierbei um eine wohl sehr wichtige kollektive Problematik der arabischen Völker zu handeln, die, obwohl sie selbstverständlich auch bei uns vorhanden und allgemein menschlich ist, bei den Arabern einen anderen Stellenwert hat. Der Engländer T. E. Lawrence sagt in seinem Buch »Aufstand in der Wüste«[123] über sie: »Die Beduinen waren ein eigenartiges Volk. Für den Engländer war es schwer, mit ihnen umzugehen, besaß er nicht eine Geduld, weit und tief wie das Meer. Sie waren völlig Sklaven ihrer körperlichen Begierden, ohne jede Hemmung; sie gossen ungeheure Mengen von Kaffee, Milch oder Wasser in sich hinein, verschlangen ganze Haufen von gesottenem Fleisch und waren die zudringlichsten Bettler um Tabak. Wochen vorher und nachher träumten sie von ihren seltenen sexuellen Erlebnissen, und in der Zwischenzeit kitzelten sie sich und ihre Zuhörer mit der Erzählung schlüpferiger Geschichten. Hätten es die Umstände erlaubt, so würden sie hemmungslose Sinnenmenschen gewesen sein. Ihre Stärke war die Stärke von Menschen, die lediglich durch die Natur ihres Landes vor Versuchungen bewahrt sind; die Kärglichkeit Arabiens macht sie mäßig, enthaltsam und ausdauernd. Hätte man ihnen die Zivilisation aufgezwungen, so würden sie deren Krankheiten, Niederträchtigkeiten, Lastern, Grausamkeiten und Verlogenheiten genauso wie jedes andere primitive Volk erlegen sein; und würden ebenso, aus Mangel an Gegengiften, verheerend darunter gelitten haben.«

Lawrence hat diese Zeilen in und nach dem Ersten Weltkrieg geschrieben. Sie enthalten noch das ganze Überlegenheitsgefühl der abendländischen Ich-Entwicklung und seiner Ich-Festigkeit gegenüber dem Unbewußten. Mindestens sehr erhebliche Zweifel an der Überlegenheit dieses Weges müßten dem Menschen eigentlich nach diesem Kriege kommen. Sind wir mit unserem starken Ich wirklich Herr unserer Leidenschaften geworden? Man kann wohl sagen, daß sie mit viel furchtbarerer Gestalt durch die Hintertür wieder einbrechen und, gepaart mit der ganzen Kälte unserer Ratio, das sich frei und selbständig glaubende Ich zu einem viel unwürdigeren Sklaven machen, als wir das bei anderen zu verurteilen belieben.

In der nun folgenden Erzählung des Märchens, des Handlungskomplexes, der sich zwischen König und Jüngling in der Höhle auf der Insel abspielt, ist wiederum eine ganze Reihe von wichtigen Problemkreisen enthalten. Hier sei zunächst auf die im ersten Märchen gegebene Deutung des »Jouvenceau« als fehlgelaufener Ansatz zur Individuation hingewiesen. Man kann diese Szene sicher mit Recht auch im personalen Bereich unter den Aspekten der Antinomik des Geschwisterkonflikts sehen. Derartige Konstellationen finden sich sehr häufig in den Krankengeschichten und spielen im frühkindlichen Erleben vieler Menschen eine große Rolle. In der Regel neigen die Eltern dazu, das nachgeborene jüngere Kind gegenüber den Übergriffen des älteren und stärkeren zu beschützen. Eifersucht und Wut auf den nachkommenden Parasiten, mit dem man nun alles teilen muß, können von dem Kind allein noch nicht bewältigt werden, und der wirksame Schutz des Kleinen vor der Aggression des Größeren ist eine Notwendigkeit für die Eltern. Auf der anderen Seite wird leider nur gar zu oft vergessen, daß auch der Größere das Recht besitzen muß, sich gegen unerwünschte Übergriffe zu verteidigen. Im Extremfall sieht es dann so aus, wie ein Patient, der solch ein älterer Bruder war, mir schilderte: »Wenn es bei uns mal Streit gab, stürmte sofort mein Vater herbei, und ich wurde zunächst einmal verprügelt. Gefragt, was überhaupt los war, wurde erst hinterher.« Es entwickelt sich dann unter dem Druck der elterlichen Autorität eine solche »liebevolle« Haltung des älteren Bruders gegenüber dem jüngeren im Sinne der Abwehrmechanismen[124], die aber untergründig von schweren Haßgefühlen durchzogen ist. Je weiter die Verdrängung fortgeschritten ist, desto unbewußter und ungewollter äußern sich diese in aggressiven Durchbrüchen und Fehlleistungen.

Für den Gang unseres Märchens reicht aber diese Erkenntnis und das Verstehen der Entwicklung aus der persönlichen Kindheitsgeschichte auf der Objektebene nicht aus. Sie ist auch für die psychische Problematik, die in der Symbolik des Brüderpaares ausgedrückt ist, keineswegs erschöpfend. Der persönliche Bruder dient oft nur als Projektionsobjekt eines Archetypus, den wir, auf die mythologische Ebene transponiert, in den Figuren von Kain und Abel aus der Bibel, von Gilgamesch und Engidu aus dem Gilgameschepos, von Osiris und Seth in der ägyptischen Mythologie und den vielen homoerotisch gebundenen Paaren der griechischen Mythologie und des griechischen Epos finden. Zu den Manifestationen dieses Archetypus gehören beide Formen des Brüder- bzw. Zwillingspaares, sowohl die Situation der feindlichen Brüder (Kain-Abel) als auch die des Freundschaftsbündnisses, bei dem oft der eine Teil, wie im Gilgameschepos[125], das obere Männliche mit göttlich-himmlischer Herkunft vertritt, der andere (Engidu) das irdisch-phallische Prinzip. Beide Formen spielen in der Entwicklung eine wesentliche Rolle, das letztere als eine Verstärkung der Männlichkeit und positive Hilfe im Kampf gegen die negativ destruktive Seite der magna mater. Das erstere projiziert symbolisch die zur Selbsterkenntnis notwendige Selbstentzweiung auf die Bruderfigur. So kann man keineswegs sagen, daß es sich hier nur um etwas Negatives handelt. Die Deutung der Jünglingsfigur erschöpft sich nicht nur in der Deutung als allzu weicher, dunkler puer aeternus, sondern er ist als ein Gefangener des Vaters ein vom vorherrschenden Bewußtseinsprinzip aus »Wohlwollen« abgekapselter Inhalt. Eine religiöse Parallele bilden hierzu die im Islam sehr häufigen esoterischen schiitischen Sekten, die sich selbst von dem allgemein gängigen Kult absperren.[126]

Es sei hier ein Beispiel aus der Behandlung eines 44jährigen Akademikers angeführt. Er suchte die Behandlung wegen reaktiv-depressiver Zustände auf, verbunden mit schweren Fehlleistungen auf dem Gebiet des Aggressiven. Die Parallele zu dem Märchen war sehr nahe, denn es handelte sich bei einigen dieser Fehlleistungen auch um Verletzungen anderer Menschen mit einem Messer. In seiner Behandlung tauchte immer wieder ein Kindheitstraum aus dem vierten Lebensjahr auf, der einen sehr tiefen Eindruck auf ihn gemacht hatte und an den er noch heute immer denken mußte. Der Traum lautete: *»Vor unserem Haus stand ein von Pferden gezogener Leichenwagen mit einer Krone und einem Kreuz, so wie sie früher waren. Obenauf lag ein Sarg und vorne saß ein Kutscher mit einem Dreispitz. Ich stand in meinem Spielanzug im Vorgarten und schaute dem Wagen zu. Ich wußte, daß mein Bruder da weggefahren wurde, und registrierte diesen Vorgang praktisch ohne Gefühle. Ich empfand weder Trauer noch Freude.«* Mein Patient erzählte diesen Traum am nächsten Tag seiner Mutter. Diese hatte leider sehr wenig Verständnis für ein derartiges Phantasieprodukt und beschimpfte ihn: »Du bist ja ein Unhold, daß du so etwas träumen kannst.« Der Patient reagierte darauf mit Schuldgefühlen und Verunsicherung, andererseits mit berechtigter Empörung, da ein Vierjähriger doch kaum für seine Träume verantwortlich gemacht werden kann. Der Konflikt und die Beziehungen zwischen ihm und seinem Bruder waren bereits in der vorausgegangenen Analyse breit und ausführlich behandelt worden. Auch war die verdrängte Aggressivität, die in dem Traum liegt, auf der personalen Ebene gedeutet. Alles das hatte ihn aber unbefriedigt gelassen, und der Traum verfolgte ihn weiterhin. Als Kontext zu diesem Traumbild erzählte er nun, daß er als Kind eine außerordentlich starke Neigung zur Identifikation mit seinem Bruder gehabt hätte. Er hätte bewußt versucht, in allem so zu sein wie der Bruder, und alle seine Bewegungen und Äußerungen nachgemacht. Wenn er meinte, daß ihm das geglückt sei, dann wäre er vor den Spiegel getreten, und dort hätte ihn eine tiefe Enttäuschung überfallen, wenn er dann doch wieder sein eigenes Gesicht sah und nicht das des Bruders. Er meinte, daß er auch heute noch immer sehr stark zu solchen Identifikationen neige. Wie der Kontext erweist, handelt es sich hier nicht um den realen Bruder, sondern um die Identifikationsneigungen des Patienten selbst. Final prospektiv gesehen fordert das Unbewußte ihn auf, seine Identifikation mit der Umwelt aufzugeben, sie zu begraben, um aus der Phase kindlicher Ich-Umwelt-Einheit zu einer Entwicklung der eigenen individuellen Persönlichkeit zu kommen. Hier ist die zur Selbsterkenntnis notwendige Selbstentzweiung auf die Figur des persönlichen Bruders projiziert, und erst die Rücknahme dieser Projektion und die Durchführung des Selbsterkenntnis- und Selbstwerdungsprozesses erfüllt den Sinn dieses Traumbildes.

Wenden wir diese Überlegungen auf die König-Jüngling-Episode des Märchens an, so sind hier beide Seiten des archetypischen Zwillingsmotives erfüllt. Das Ich (der König) durchläuft zunächst eine homoerotische Phase des Freundschaftsbündnisses unter Zurückstellung der feindseligen Gefühlswelt. Diese entspricht einer Verstärkung der Männlichkeit im Kampf um die Loslösung von der magna mater und findet ihre natürliche Fortsetzung in der späteren Aufnahme in die Männergruppe der zehn Jünglinge. Der positive Aspekt der homoerotischen Bindung dieser Männer untereinander liegt auch den vielen Initiationsriten zu Grunde, die den Knaben an der Schwelle des Erwachsenenalters aus dem Bereich der Mütter herauslösen und in die Männergruppe überführen. Erst von hier aus kann der Weg wieder zurück zur Frau und Gattin gehen. Wie sehr die Gefahr der negativen Muttermächte gefürchtet wird, geht deutlich daraus hervor, daß viele Stämme nach erfolgter Initiation dem jungen Mann einen neuen Namen geben, den die Mutter nicht mehr wissen darf, oder daß man den Müttern weiszumachen versucht, daß ihre Söhne innerhalb des Ritus für sie gestorben wären.

Nach Ablauf der homoerotischen Phase im Märchen tritt das Unvermeidliche und bereits Vorausbestimmte ein. Auf der Subjektstufe gelesen entspricht die Jünglingsfigur im Grunde einer Haltung, die das Ich selbst noch in den zwei vorangegangenen Märchen auszeichnete. Es handelt sich wieder um die Vorläuferfigur und das Steckenbleiben des principium individuationis aus noch allzu großer Unselbständigkeit und Hilflosigkeit. Da diese Figur eine Haltung darstellt, der das Ich auch am Beginn des dritten Märchens noch unbewußt verhaftet ist (die Unbewußtheit ist wieder deutlich hervorgehoben, insofern die ganze Episode in der Höhle unter der Erde spielt), muß diese Figur fallen. So werden der »Ungeist«, der den König stolpern läßt, und das Messer, dieses Werkzeug menschlichen Intellektes, das sich in den ahnungslosen Jüngling bohrt, wieder außerordentlich hintersinnig und doppeldeutig. Offenbar ist hier wieder ganz im Hintergrund jenes principium individuationis am Werke, welches nicht dulden kann, daß der König in einem homoerotisch getönten Dunkelgefängnis hängen bleibt und das mit einer nur ihm eigenen Moral seine Ziele verfolgt.

Ein Zug von Passivität bleibt bei allen diesen Geschehnissen allerdings immer bei diesem Ich, und der König nimmt niemals die typischen Haltungen an, die den Heros der abendländischen Mythe auszeichnen. Während unsere Antwort, der Heraklesmythe entsprechend, in einem ewigen Kampf mit der Hydra auf Mutterüberwindung und Muttertötung in ihren negativen und dämonischen Aspekten abzielt, sieht die orientalische Einstellung etwas anders aus. Man kann das nicht besser verdeutlichen als in der Form einer indischen Mythe.

Ich entnehme diese der Darstellung Zimmers »Die indische Weltenmutter«[117]: *Andhaka, der Blindling, ein Widergott oder Dämon, Verkörperung blinder, unbändiger Lebenskraft, belauschte einmal die Große Göttin im Liebesspiel mit Schiva und wollte sie rauben. Ein Kampf zwischen Gott und Dämon hebt an, aber Schiva kann mit seiner Zauberwaffe, dem »Pfeil des Herrn der Tiere«, den Gegner nur verwunden, nicht bezwingen. Jeder Blutstropfen aus Andhakas Wunden verwandelt sich als-*

bald in einen weiteren Blindling, sie umwimmeln Schiva zu Hunderten und Tausenden, und wie er sie mit seinen Pfeilen trifft, entstehen aus ihrem Blute hydragleich immer neue Scharen, die sich auf ihn werfen.

Da bringt der Gott in seiner Not Mütter in Scharen hervor, daß sie das Blut der Wildlinge auftrinken. Diese furchtbaren Mütter, Kräfte aller Götter und nach ihnen benannt – die »Eberköpfige« nach Vischnu als Eber, die Windgotthafte, die Sonnen- und Mondhafte (die Erzählung nennt über 190 verschiedene Namen) –, stürzen sich auf das Blut und trinken es auf; aber der Lebenssaft, den sie schlürfen, macht sie fruchtbar, und neue Blindlinge quellen aus ihnen hervor, die Schiva aufs neue bedrängen. Da wendet sich Schiva flehend zu Vischnu, dem Erhalter; der bringt die »dürre Rewatî« hervor – sie trinkt das Blut aller Blindlinge in einem Augenblick auf, je mehr sie aber davon trinkt, desto dürrer wird sie. Sie ist der Tod in der sengenden Dürre, aus der kein Leben keimt. So kamen alle Blindlinge um bis auf den einen ersten, der gegen den Tod gefeit war. Schiva nahm ihn auf seinen Dreispieß, er bat um Gnade, da nahm ihn der Gott in seine wilden Geisterscharen auf. Das Heer der Mütter aber schrie in ungestillter Blutgier, sie wollten alle Welten samt Göttern und Dämonen verschlingen – umsonst rief Schiva: »Euer Amt ist es, alle Wesen zu beschirmen, steht ab von eurem grausigen Beginnen!« Sie achteten seiner nicht. Schiva mußte abermals seine Zuflucht zum Erhalter Vischnu nehmen, um den Kräften der Vernichtung, die er selbst entfesselt hatte, zu begegnen. Vischnus fürchterliche Erscheinung (ghoramûrti) – halb Mann, halb Löwe (narasimha) – mit den Pranken im Leib des erschlagenen Feindes wühlend, konnte ihrem Schrecken durch heilsames Grauen begegnen. Aus seiner Zunge brachte er die »Herrin der Rede« (Vâc, Sarasvatî, die schakti Brahmâs) hervor, aus dem eigenen Herzen die »Mâyâ«, seine eigene welterhaltende schakti, und aus seinem Geschlecht die »vom Blumenkranz der Werdensformen Bekränzte« (Bhavamâlinî), aus seinen Knochen aber Kâlî, die Dunkle, alles verschlingende Zeit, die knochenbekränzte Herrin der Schädelstätte. Es heißt von ihr: Sie war *es, die das Blut der Blindlinge auftrank und auf Erden die »dürre Rewatî« genannt wird. Diese Göttinnen stürzen sich auf die rasenden Mütter, die Schiva entsprungen waren, und zwangen sie, hilfeflehend bei Vischnu Schutz zu suchen. Vischnu wies sie an: »Wie Menschen und Tiere lange hegen, was sie gebären, sollt ihr die Welten hüten, die Frommen beschützen und ihre Wünsche erfüllen.« – So werden die Grauenhaften versöhnt und danken ihrer blindrasenden Wildheit ab; der Vorgang des Mythos setzt ihren urtümlichen Schrecken in bändigende Beziehung zum Gott-Erhalter: Sie treten in den Kreis der segnenden Gottheiten, die durch den Kult den frommen Menschen nahbar sind.*

Nach der Tötung der Hydra oder nach der Lösung des herrlich einfachen Rätsels der Sphinx verfällt der abendländische Heros doch immer wieder hinterrücks den negativen Muttermächten wie Herakles dem Nessoshemd und Ödipus dem Mutterinzest. Ich-Stärkung bis zur Hypertrophie, Mutterüberwindung und Muttertötung sind die abendländische Antwort auf die Macht der großen Mutter. Die indische Behandlung dieses Themas betont den Weg zur Umkehr und Bändigung dieser Kraft durch sich selbst. Schiva muß sich hilfeflehend an das oberste Weltprinzip, Vischnu, wenden. Er sieht ein, daß er allein mit diesen Muttermächten nicht fertig werden kann und daß es für ihn unmöglich ist, diese sich immer wieder erneuernde Flut von Blindlingen zu töten (die Hydra zu enthaupten). Er kann auch der rasenden Mütter, die das Blut der Blindlinge tranken und aus ihm selbst stammten, nicht Herr werden. Erst als Vischnu ihm die dürre Rewatî schickt, die Herrin der Rede, der Mâyâ und die vom Blumenkranz der Werdensformen Bekränzte, kann dem bösen Treiben der Mütter ein Ende bereitet werden, das sie aber nicht tötet, sondern wandelt, versöhnt und eingliedert in den Kreis heiliger Mächte. Diese Wandlung aber geschieht, indem weiblich-mütterliche Kraft gegen ebensolche Kräfte, verkörpert in den Göttinnen, die Vischnu entsprangen, steht, während der männliche Heros in der Gestalt Schivas dieses Geschehen zwar auslöst, ihm aber dann nur als ein passiv Erwartender beiwohnen kann.

Anscheinend sind beide Wege für die Entwicklung des menschlichen Bewußtseins wertvoll und notwendig. Auch finden sich beide Versionen in allen Kulturen, auch in Indien gibt es den Heros, der die Mutter tötet, und in Griechenland die Wandlung der blutgierigen Erinnyen in die freundlich gesinnten Eumeniden. Während der Weg des Heros im Kampf mit den Mächten der Natur zur Ich-Werdung und damit zur Entwicklung von Zivilisation und Kultur führt, geht der andere zu Verstehen, Erkenntnis und weiser Unterwerfung in ein unabänderliches Geschehen natürlicher Gegebenheiten. Die Gefahr liegt wohl wie immer in der Einseitigkeit einer Entwicklung, bei der dann die Zerrformen der anderen Seite sich ausbreiten, wie z. B. bei uns der blinde Aberglaube an die Astrologie oder die popularisierte Verbreitung von etwas, das wir Yoga nennen, das aber wohl nicht viel mehr ist als eine Bewegung, die auf dem Kopf steht. Die andere Seite, die man so schön unterentwickelte Völker oder neuerdings Entwicklungsländer nennt, verfällt dagegen in blinder Faszination unserer Technik und unserem Materialismus, mag er nun östlicher oder westlicher Prägung sein. Keiner von beiden denkt dabei daran, welch ein langer Weg durch viele Generationen notwendig war, um das Bewußtsein zu dieser Technik oder jenem Geist zu entwickeln, und daß man sich diesen Weg nicht durch einfache Übernahme fremden Gutes ersparen kann.

Im weiteren Verlauf unseres Märchens folgt nun die Szene, in der der König zu dem kupfernen Schloß in die Gesellschaft der zehn Einäugigen gelangt. Offensichtlich ist nach der Tötung der Jünglings-Figur ein Vorgang des Bewußtwerdens eingetreten. Die Aktivität der unbewußten Vorgänge, die nach dem Sturz des Reiters das Meer mit Brausen anschwellen ließ und die bevorstehende participation mystique mit dem Jüngling ankündigte, geht nun zurück. Das Meer weicht, und es kommt zu einem Zuwachs an festem, begehbarem Untergrund, der es dem König erlaubt, von seiner Insel im Meer herunterzukommen und damit wieder das Festland und die Kommunikation mit den anderen Menschen zu gewinnen.

Die Begegnung des Königs mit den zehn einäugigen Jünglingen in dem kupfernen Schloß (hier taucht wieder die Metallsymbolik auf, die wir bereits bei der Kommentierung des Magnetberges erörtert hatten) ähnelt ausgesprochen dem Beginn der Geschichte von der unerfüllten Liebe. Wir waren auf dieses Märchen des persischen Dichters Nizami aus dem Heft Peiker bereits einmal eingegangen. Dort war der König, der von der Sucht besessen war, alles kennenzulernen, in die Stadt in China gekommen, in der alle Menschen schwarze Kleider trugen. Es handelt sich hier unzweifelhaft um das gleiche Motiv des verlorenen Paradieses, denn daß das Schloß der vierzig Mädchen unseres Märchens den Paradiesvorstellungen des Islam entspricht, ist gar nicht zu übersehen. Im Gegensatz zum Christentum, das durch seinen Konflikt zwischen Geist und Trieb eine Paradiesvorstellung entwickelt hat, in der der Mensch von den Banden der Leidenschaften erlöst in einer Sphäre reiner Geistigkeit ruhen kann, bezieht der Islam das sinnliche Element in sein Paradies mit ein. Was wir im Märchen in der Schilderung des Schlosses der vierzig Mädchen finden, das wird im Qurân an vielen Stellen ebenso beschrieben. Ich will hier zum Vergleich nur die zwei ausgeprägtesten Stellen anführen, die sich in der 55. und 56. Sure, Al-Rahmān und Al-Wāqui'ah, befinden. In der Sure Al-Rahmān, Vers 47–77 heißt es:

>»Für den aber, der das Stehen vor seinem Herrn fürchtet,
> werden zwei Gärten sein –
> Welche der Wohltaten unseres Herrn wollt ihr da leugnen?*
> Mit vielerlei (Bäumen)
> In beiden werden zwei fließende Brunnen sein
> Darinnen wird es jegliche Art Frucht in Paaren geben.
> (Sie werden auf Betten) ruhen über Teppichen,
> deren Futter dicker Brokat ist.
> Und die Früchte der beiden Gärten werden nahe zur Hand
> sein.
> Darinnen werden (Keusche) sein mit züchtigem Blick,

* Die immer wiederkehrende Wiederholung dieses Verses wird hier im folgenden Text fortgelassen.

die weder Mensch noch Djin vor ihnen berührt hat.
Als wären sie Rubinen und Korallen.
Der Lohn für Güte kann nur Güte sein.
Und neben diesen beiden sind noch zwei andere Gärten –
Mit Blattwerk dunkelgrün.
Darinnen werden zwei Quellen sein, reichlich Wasser
spendende.
In beiden werden Früchte sein, und Datteln und Granatäpfel.
Darinnen werden (Mädchen) sein, gut und schön –
Holdselige mit herrlichen schwarzen Augen wohlbehütet in
Zelten –
Die weder Mensch noch Djin vor ihnen berührt hat.
Ruhend auf grünen Kissen und schönen Teppichen.«

Und hier die Sure Al-Wāqui'ah in den Versen 11–41:

»Die Vordersten werden die Vordersten sein;
Das sind die, die (Gott) nahe sein werden
In den Gärten der Wonne.
(Sie sind) eine Anzahl Leute aus der Schar der frühesten
Und einige wenige von den späteren   [(Muslims),
Auf Ruhebetten, die durchwoben sind mit Gold und
Lehnend auf diesen, einander gegenüber.   [Edelstein,
Ihnen aufwarten werden Jünglinge, die nicht altern,
Mit Bechern und Krügen und Trinkschalen (gefüllt) aus
einem fließenden Born –
Keinen Kopfschmerz werden sie davon haben, noch werden
sie berauscht sein –
Und (mit den)Früchten, die sie vorziehen,
Und Fleisch vom Geflügel, das sie begehren mögen,
Und holdselige Mädchen mit großen, herrlichen Augen,
Gleich verborgenen Perlen,
Als eine Belohnung für das, was sie zu tun pflegten.
Sie werden dort kein eitles Geschwätz noch sündige Rede
Nur das Wort: ›Frieden! Frieden!‹   [hören,
Und die zur Rechten – (wisset ihr) von denen,
die zur Rechten sein werden! –,

Sie werden unter dornenlosen Lotusbäumen sein
Und bebüschelten Bananen
Und ausgebreitetem Schatten
Bei fließenden Wassern
Und reichlichen Früchten,
Unaufhörlichen, unverbotenen.
Und edlen Gattinnen –
Wahrlich, Wir haben sie als eine (wunderbare) Schöpfung
Und sie zu Jungfrauen gemacht,   [erschaffen
Liebevollen Altersgenossinnen
Derer zur Rechten;
Eine große Anzahl aus der Schar der frühesten (Muslims)
Und eine große Anzahl von den späteren.«

Ich glaube, daß eine Parallele zwischen diesen Schilderungen und dem Schloß im Märchen doch recht deutlich ist. Gleich nach der Ankunft des Königs in diesem Schloß werden in seinem Zusammensein mit den Mädchen die Freuden des paradiesähnlichen Zustandes beschrieben: »*Die Becher und Schalen kreisten bei uns, und mich überkam eine solche Freude, daß sie mich alle Sorgen der Welt vergessen ließ. Und ich sprach:* ›*Dies ist das wahre Leben!*‹ Als der König später nach der Abreise der Mädchen die einzelnen Kammern des Schlosses öffnet, um sich an ihnen zu erfreuen und in ihnen zur ergehen, da findet er auch wieder die Wiesen des Paradieses, fast so, wie sie im Qurân beschrieben werden: ›*Als nun der Abend nahte, öffnete ich die Tür des ersten Zimmers, und ich trat ein und sah mich in einem Raum, der dem Paradiese glich. Darinnen war ein Garten, in dem so vielerlei Arten von grünen Bäumen standen, auf denen ganz zarte und reife Früchte sich fanden; die kleinen Vögelein sangen, und die reinen Bächlein sprangen. Dessen erfreute sich mein Gemüt, und ich schritt zwischen der Bäume Reihn, ich sog den Duft der Blumen ein und hörte den Gesang der Vögelein, wie sie Ihn priesen, der da allmächtig ist allein.*‹«
Da wir mit der Kommentierung des Schlosses der vierzig Mädchen aber dem Lauf unserer Erzählung vorgegriffen haben,

wollen wir uns noch einmal den zurückliegenden Motiven zuwenden und einiges zu dem Flug des Königs mit dem Vogel Roch sagen. Der Vogel Roch ist ein mythologisches Tier und spielt in vielen arabischen Märchen eine Rolle. In der »Geschichte der drei Prinzen von Samarkand« sind wir ihm bereits einmal begegnet. Dort bringt er den jüngsten Bruder aus den untersten Welten unter der Erde wieder auf die irdische Oberfläche der Realität. Die wohl allgemein am meisten bekannte Erzählung, in der, wie fast überall, der Vogel Roch auch wieder die Rolle des Transportunternehmens für das Ich spielt, ist die zweite Reise Sindbads des Seefahrers. In diesem Märchen findet Sindbad auf einer Insel ein Ei dieses Vogels, das wie eine riesige Kuppel aussieht und 50 starke Schritte im Umfang hat. Der Vogel Roch selbst wird als so riesenhaft geschildert, daß er seinen Jungen Elefanten als Futter in den Schnabel stecke. Sindbad bindet sich dann mit seinem Turban an den Fuß des schlafenden Vogels an und wird von ihm in das Tal der Riesenschlangen und Diamanten getragen. Aus diesem gelangt er, von einem riesigen Adler getragen, wieder in die Welt zurück.

Derartige Riesenvögel spielen in dem orientalischen Sagengut, auch Persiens und Indiens, eine große Rolle. Als Beispiel möge hier die Erzählung von der Geburt des persischen Sagenhelden Rostam und aus der indischen Mythologie das Reittier Vischnus, der Adler Garuda, erwähnt sein: »*Rostam, der größte Held des Morgenlandes, Herrscher in Sabulistan, stammt von einem Vater, der zum Entsetzen der Perser weißhäutig und blond war. Ein besonders verhaßter Diw, ein Diener des Herrschers der Finsternis, ist weißhäutig, und blond ist auch die Haarfarbe aller verhaßten Turanier, die im Norden leben. Herodot berichtet, daß die Perser alles Weiße so sehr verabscheuten, daß sie sogar weiße Tauben nicht in ihrem Lande duldeten. Kein Wunder also, daß Rostams Vater, Sal, ausgesetzt wurde. Der Wandervogel Simurgh – Vogel Roch der Märchen aus 1001 Nacht – zog ihn im Gebirge auf, denn Simurgh war ein Säugetier mit Zähnen wie ein Hund und lebte in einer Höhle wie eine Bisamratte. Er war der erste Vogel, den Ormasd schuf, und spielt eine wichtige Rolle im*

Iran der Sage. Rostams Mutter, Rudabeh, stammt aus Sohhaks Geschlecht, doch der Himmel segnete die Ehe zwischen Sal und Rudabeh. Große Weissagungen sind mit Rostams Geburt verknüpft, die alle sagen: Es wird ein gewaltiger Held geboren werden, Iran zum Segen, dem verhaßten Turan, der Türkei, zum Verderben. Der Vogel Simurgh bleibt auch Rostam treu. Ohne ihn wäre er gar nicht zur Welt gekommen, denn wenn Simurgh nicht rechtzeitig auf den Hilferuf Sals erschienen wäre, um der Mutter mit seinem Schnabel den Bauch aufzuschlitzen, hätte sie an der Geburt sterben müssen . . .«[127]

»Das Reittier Vischnus, der Adler Garuda, ist nach einem wedischen Mysterium, dem Sauparna, ein Sohn des Adlerweibchens Winata. Winata mußte Kadru, der Erdschlange, als Sklavin dienen, weil es dieser gelungen war, in einem Wettstreit den Himmel zu überlisten. Garuda nimmt der Mutter diesen Dienst ab und soll, um sie beide loszukaufen, für die Schlangen den Unsterblichkeittrank der Götter, das Soma, holen. Garuda führt diese Aufgabe aus, liefert den Trank aber nicht an Kadru ab. Die Schlangen sind dadurch um die Unsterblichkeit betrogen und werden dem Adler, der den Trank an Indra zurückbringt, als Nahrung angewiesen.«[128]

Nach Jung sind Vögel Gedanken oder Gedankenflug. Phantasien oder intuitive Ideen werden durch sie dargestellt (der beflügelte Merkur, Morpheus, Genien, Engel). Auch in der Alchimie ist der Adler (Syn.: Phönix, Geier, Rabe) ein wohlbekanntes Symbol, das eine Ahnung (Intuition) respektive geistige (geflügelte) Möglichkeit darstellt.[39] Im indischen Mythos übernimmt der Adler die Funktion des ascensus und descensus, das emotionale Realisieren von Gegensätzen, deren Auf und Ab zu einem allmählichen Ausgleich führen soll. In der Alchimie finden wir dieses Motiv in dem Kampf des geflügelten mit dem ungeflügelten Drachen wieder (wir werden dieses Motiv im Kommentar des nächsten Märchens wiedertreffen), der auch als eine chthonische Vorstufe des Selbst aufzufassen ist.

Es handelt sich hierbei nach Jung[82] um ein Zwischen-den-Gegensätzen-Schwanken oder Hin-und-Hergeworfen-Werden, wobei die Gegensätze zu einem Gefäß werden, in welchem jenes Wesen, das zuvor bald das eine, bald das andere war, vibrierend schwebt, wodurch das peinliche Suspensiertsein zwischen den Gegensätzen sich allmählich in eine bilaterale Tätigkeit des Mittelpunktes verwandelt. Damit kündigt sich die sogenannte »Befreiung von den Gegensätzen« an.

Die Gegensätze sind in unserem Märchen dargestellt durch das Paradiesleben im Schloß der vierzig Mädchen auf der einen Seite, und auf der anderen durch die Gruppe der zehn trauernden Jünglinge, die den Gewinn eines Teiles dieser Glückseligkeit mit dem Verlust des einen Auges bezahlen mußten. Hier existiert also einerseits paradiesische Glückseligkeit ohne Angst, Schuldgefühle, ohne Verstrickungen in Neid und Eifersucht, Lösung und Erlösung im Eros, und andererseits Trauer, Depression, Askese und Verlust eines Sinnesorgans als obere Kastration. Getönt ist die letztere Atmosphäre durch die blaue Farbe der Trauer. Beide Seiten enthalten nun in sich in großem Maße wieder die Symbolik jener allumfassenden Einheit der menschlichen Psyche, die wir als das Selbst bezeichnen, und ebenso die Wandlungssymbolik. Erstere stellt sich in der Jünglingsgruppe zunächst durch die Zehnzahl dar.

Die Zahlensymbolik ist in den Traumanalysen ein relativ häufiges Phänomen. In der Mehrzahl der Fälle erklärt sie sich in den Assoziationen und im Kontext aus dem personalen Hintergrund. Hier spielen vor allem die wichtigen Lebensdaten wie Geburtstag, Hochzeit, Sterbetage der Eltern o. ä., ebenso wie Hausnummern, Lebensjahre, in denen analytisch wichtige Ereignisse vorkommen, und andere Zahlen aus der Lebensgeschichte eine Rolle. Es kommt aber doch häufig vor, daß zu den geträumten Zahlen ohne Zwang oder Verbiegung keine Beziehung zur persönlichen Vorgeschichte gefunden werden kann oder daß, wie so oft, hinter dem persönlichen Problem eine kollektiv gültige Archetypik aufleuchtet. Jung hat als erster auf diesen archetypischen Hintergrund der Zahlensymbolik aufmerksam gemacht und vor allem für die Zahlen eins bis vier eine Fülle von archetypischen Amplifikationen dargestellt. Auch für die Zahl Zehn, wie sie in unserer Erzählung auftaucht, können derartige Hintergründe gelten. So hat Jung in »Psychologie und Alchemie«[39] eine Anthroposdarstellung des Albertus Magnus veröffentlicht, die die Zehnzahl in der Bedeutung der Vollkommenheit (1 + 2 + 3 + 4) enthält. Ebenso hat M. L. v. Franz in ihrem Kommentar zur »Aurora Consurgens«[129] eine Reihe von Amplifikationen zur Zehnzahl gegeben, die ebenfalls auf diesen Tatbestand hinweisen.

Neben der Zehn spielt in unserem Märchen noch die Zahl Vierzig eine bedeutsame Rolle. Einmal verbringt der König vierzig Tage in der unterirdischen Höhle mit dem Jüngling, und zum zweiten wird das durch den Vogel Roch erreichte Schloß von vierzig Mädchen bewohnt, die ihrerseits vierzig Tage im Jahr dem Schloß wieder fernbleiben. So tötet der Held unserer Geschichte nach Ablauf der vierzig Tage den Jüngling, und wiederum am letzten Tag besteigt er das schwarze Pferd, das ihn aus dem Schloß trägt. In der Alchimie umfaßt der Zustand der »nigredo«, der Schwärzung, häufig einen Zeitraum von 40 Tagen, der hier den vierzig Tagen zwischen Ostern und Himmelfahrt entspricht oder der vierzigjährigen Wüstenwanderung der Juden. Die nigredo ist ein Zustand der Inkubation oder Schwangerschaft, dem als Ausgangspunkt des Prozesses eine hohe Bedeutung zukommt. Sie ist entweder als Eigenschaft der prima materia von vornherein vorhanden oder wird durch Zweiteilung der Elemente erzeugt. Innerhalb dieses Zustandes erfolgt dann eine Vereinigung der Gegensätze, als deren Gleichnis meist die Vereinigung des Männlichen mit dem Weiblichen genommen wird, worauf der Tod des Vereinigungsproduktes erfolgt. Von hier aus erfolgt dann die Wiederbeseelung und die Erreichung der Albedo, des Silber- oder Mondzustandes, der von einigen Alchimisten noch zum Sonnenzustand bzw. der Rubedo gesteigert wird. Der vierzigtägige Aufenthalt des Königs in Höhle oder Schloß entspricht einer ähnlichen Inkubationszeit, aus der heraus dann die Geburt in eine gewandelte Lebensform erfolgt. Wir haben uns nur zu fragen, ob der Zahl der vierzig von der islamischen Religion her eine ähnliche Bedeutung zukommt, wie wir sie vom Christentum her kennen. Diese Frage läßt sich ohne Schwierigkeiten bejahen. Einerseits entstammt ein großer Teil des alchimistischen Gedankengutes der islamischen Welt; andererseits übernimmt der Qurân einen wesentlichen Teil der jüdischen biblischen Geschichte, wozu auch die Figur des Moses und die Wüstenwanderung der Kinder Israel gehört. So sagt der Qurân in der 5. Sure[25]:

> Er sprach: »*Wahrlich, verwehrt soll es ihnen sein vierzig Jahre lang; umherirren sollen sie auf der Erde. Und betrübe dich nicht, über das aufrührerische Volk.*«

Es handelt sich hier um die Stelle, wo das Volk sich weigert, das heilige Land zu betreten aus Angst vor den Völkern, die darin wohnen. Der Zeitraum von vierzig Tagen aber entspricht dem, den Moses auf dem Berg verbrachte, um die Gebote des Herrn zu empfangen. Hiervon sagt der Qurân 7:143:

> »*Wir gaben Moses eine Verheißung von dreißig Nächten und ergänzten sie mit zehn. So war die von seinem Herrn festgesetzte Zeit vollendet mit vierzig Nächten. Und Moses sprach zu seinem Bruder Aaron: ›Vertritt mich bei meinem Volk, indes ich fern bin, und führe (es) richtig und verfolge nicht die Pfade derer, die Unordnung stiften.‹*«

Beide Male erfolgt nach der Inkubationszeit von vierzig Tagen eine Geburt aus einem Zustand von Höhlengeborgenheit und Glückseligkeit. Der Archetyp der paradiesischen Ganzheit, der besonders aus dem letzteren Bild ersichtlich ist, entspricht der Vollkommenheit des uroborischen Ursprungszustandes[61]. Dieser ist charakterisiert durch die unvollständige Abtrennung des Ichs vom Nicht-Ich. Das Außen der Welt und das Innen der Seele sind miteinander verschmolzen und gehen konfliktfrei und harmonisch ineinander auf. Der Verlust dieses Zustandes im Verlauf der Entwicklung des Ichs, das mit zunehmender Reifung und Differenzierung notwendigerweise Leid und Einsamkeit erfährt, erzeugt jene regressive Sehnsucht, die sich in den Bildern des verlorenen Paradieses ausdrückt. Die Projektion dieser Bilder erfolgt so auch in eine Zeit, die vor der Geburt bzw. vor der Ausdifferenzierung des Ichs liegt. Phylogenetisch liegt sie deswegen an der

Ursprungssituation des Weltanfanges und ontogenetisch in dem »Märchen« von der glückseligen und unschuldigen Kindheit.

Wir wissen heute, daß gerade das letztere ein »Märchen« ist, eine Projektion. Das Leben des Kindes mit all dem Dunkel und Unbekannten, was aus Umwelt und Innenwelt aufsteigt und bewältigt werden muß, ist oft viel schwerer als das Leben des Erwachsenen. Wieviel Angst, wieviel Sorge, wieviel Unruhe und Abhängigkeit liegt selbst in einem von guten Eltern wohlbehüteten Kinderleben? Erst mit der zunehmenden Festigkeit der Ich-Formation ergibt sich Stabilität und Sicherheit gegenüber den Gefahren, die aus Innen- und Umwelt drohen. Auf der anderen Seite liegt es aber wieder im Wesen des Reifungs- und Entwicklungsgeschehens, daß das Ich nicht in einer engen Stabilität erstarrt, sondern ständig dem großen Wandlungsgeschehen des Lebens und seiner Natur offen bleibt. Hier liegt die so oft quälende Paradoxie, die vom Ich einerseits fordert, Festigkeit, Stabilität und Eigenständigkeit gegenüber dem Unbekannten zu entwickeln und sich andererseits wieder von der auftauchenden Bildwelt erschüttern, auflösen und wandeln zu lassen. Jede wirkliche Wandlung, jede innere Neuorientierung und jeder Erwerb von neuer Erkenntnis und neuem Wissen, sofern es nicht lexikalisch bleiben soll, erfordern ein offenes Ich, das bereit ist, alte, schon gewonnene, feste Sicherheiten aufzugeben. Hier liegt der Sinn des regressiven Weges in die massa confusa oder materia prima des uroborischen Ursprungszustandes, der von dem bereits stabilisierten Ich, wie es uns in der Person des Königs in diesem Märchen begegnet, freiwillig in der Neugier des schöpferischen und wissenwollenden Menschen beschritten wird. Unter dem Einfluß dieser Bilder erfolgt Inkubation und Schwangerschaft für das Ich, das oft genug in diesem Zustand für ewig verharren möchte und nicht immer ganz freiwillig, wie auch in unserem Märchen, die Wiedergeburt in die Welt vollzieht. Viele Märchen und Mythen behandeln eine solche Weigerung der Rückkehr wie z. B. Zimmer in »Maya. Der indische Mythos«[128] von dem Kriegerkönig der Hindus Mutschukunda, erzählt: »*Siehe da, wir übergeben dir die Schlüssel des Schlosses. Du darfst diese neununddreißig Türen öffnen; aber hüte dich, die vierzigste Tür zu öffnen, sonst mußt du uns verlassen.«* Das ist ein ungemein häufiges Märchenmotiv, das wir in diesen Worten antreffen. Meist findet sich hinter dieser verbotenen Tür jenes Etwas, das den Zustand der konfliktfreien Glückseligkeit beendet und aus dem Paradies fortführt in die Welt, in der es wieder Not, Leid und Kampf gibt. Es handelt sich also, übertragen in den Raum der Psyche, um einen autonomen Komplex mit starker Sprengwirkung. Hier in unserem Märchen ist es ein Pferd von besonderer Schönheit, schwarz wie die Nacht, daß man nicht unterlassen kann, es zu besteigen. »Das Pferd«, so schreibt Jung, »ist ein in Mythologie und Folklore weit verbreiteter Archetypus. Als Tier vertritt es die nicht menschliche Psyche, das Untermenschliche, Animalische, somit das unbewußt Psychische, darum sind Pferde folkloristisch hellsichtig und hellhörig und sprechen bisweilen. Als tragende Tiere haben sie nächste Beziehung zum Mutterarchetypus (Walküren, die den toten Helden nach Walhall tragen, das trojanische Pferd usw.). Als unterhalb des Menschen Befindliches stellen sie den Unterleib und die daraus heraufsteigende Triebwelt dar. Das Pferd ist Dynamis und Vehikel, es trägt einen dahin, wie ein Trieb, aber es ist wie die Triebe der Panik unterworfen, weil ihm höhere Bewußtseinsqualität mangelt. Es hat mit Magie, d. h. irrationaler, zauberischer Wirkung zu tun, besonders schwarze (d. h. Nacht-)Pferde, die Tod ankündigen.«[130] So gilt gerade für das Pferd auch das, was wir in unserem Märchen vom »Fischer, der die Flasche fand« über die Symbolik des Esels gesagt haben.

Es ist ohne weiteres verständlich, daß man gerade diese Tür nicht öffnen darf, wenn man im Raume projektiver Phantasiebilder verbleiben will. Der Trieb verknüpft mit dem Leben, denn er drängt auf Realisierung und führt so in den oft schmerzhaften und verwundenden Zusammenstoß mit der Realität, in die unser König wieder zurückkehren muß. So wie er von dem volatilen Wesen des Vogels Roch in diese Welt der Glückseligkeit getragen wurde, so trägt ihn jetzt das Untere seiner Trieb- und Instinktwelt zurück in das Leben.

Hören wir zum Abschluß noch den Beginn eines albanischen

Volksmärchens[131], in dem die Motive unseres ersten und zweiten Märchens, die Situation des Geschwisterinzestes und der Konflikt mit dem Ifriten, in einem solchen verbotenen Zimmer enthalten sind, um damit wieder einen Brückenschlag zum Verständnis des Gemeinsamen des ganzen Zyklus zu finden.

Es ist das Märchen von den »Neun Zungenspitzen«: *Hier lebt ein Bruder mit seiner Schwester allein in einem Berggehöft. Eines Tages sagte der Bruder zu seiner Schwester: »Schwester, bleibe zu Hause, ich gehe jagen.« Er nahm seine Waffen und ging hinauf zur Alm. Dort suchte und suchte er und traf auf den Dif* (etwa entsprechende Figur zu Djin oder Ifrit. Dif kommt vom Türkischen her und bezeichnet einen Riesen oder Menschenfresser). *Der Bruder überwand den Dif nach hartem Kampf, fesselte ihn und sperrte ihn zu Hause im obersten Stockwerk ein. Ein anderes Mal hatte er wieder Lust, auf die Jagd zu gehen. »Schwester«, so sprach er, »ich gehe auf die Jagd. In alle Zimmer kannst du gehen; nur hüte dich, in das oberste Zimmer einzutreten.« Er nahm seine Waffen, bestieg sein Pferd und ritt hinauf zur Alm. Wie üblich war bei der Schwester die Neugier stärker als alles andere. Sie öffnete das Zimmer und verliebte sich in den hübschen Dif, der da gefesselt lag. Nun schmieden die beiden Pläne, wie sie den Bruder vernichten können. Die Schwester stellt sich krank und fordert von ihm als Medizin die Milch der Mutter des Muscha. Dieser ist ein sehr starker Mann, und sie hoffen, er würde den Bruder töten. Der Bruder aber überwindet ihn und schließt mit ihm dann Freundschaft. Nach einiger Zeit stellt sich die Schwester wieder krank und verlangt die Milch der Mutter des Bokschi, eines noch stärkeren Mannes. Aber auch diesen überwindet der Bruder und schließt mit ihm ewige Freundschaft. Noch einmal versuchen sie dieses Spiel mit der Milch der Mutter des Tokschi, auch hier tritt das Gleiche ein. Nun aber bittet die Schwester den Bruder, er möge ihr als Probe seiner Kraft einen Balken des Hauses zerbrechen. Wenn er dies tut, so weiß sie von dem Dif, muß er danach drei Tage krank zu Bett liegen. Der Bruder geht darauf ein, und das Mädchen und der Dif fesseln den Wehrlosen und wollen ihn töten. Da ruft dieser durch magische*

Mittel die drei überwundenen jetzigen Freunde herbei, die ihn retten und den Dif und die Schwester überwältigen. Als er aber frei war, wandte er sich an Dif und Schwester mit den Worten: »Wollt ihr in Pech verbrannt oder von neun Pferden zerrissen werden?« Sie wählten die Pferde. Darauf band er sie an neun Pferde, trieb diese nach neun Straßen, und so wurden die Schwester und der Dif in kleine Stücke zerrissen. Dann nahm er Abschied von seinen Wahlbrüdern, ließ ihnen sein Gehöft und alles Vieh zum Andenken und zog in die Fremde. Im weiteren Verlauf der Erzählung überwindet er eine neunzüngige Hexe, die eine Prinzessin fressen will (Hydra- und Drachenmotiv), wird aber dann selbst von einem wilden Riesen überwältigt. Wieder befreien ihn seine drei Wahlbrüder, und er kann dann endlich die Prinzessin heiraten und die Königsherrschaft übernehmen.

Hier ist das Wesen in der Kammer ein böser Dif, wie er auch in unserem zweiten Märchen auftritt, dem aber genauso wieder etwas sehr hintergründig Gutes anhaftet, da er den endogamen inzestuösen Zustand der Geschwisterglückseligkeit beendet und den Jüngling aus der Enge dieser Bindung herausführt zu seiner eigentlichen exogamen Bestimmung und zur Überwindung der negativen Mutterbindung. Auch steht das Symbol des Pferdes am Ausgang dieser Situation, weil Schwester und Dif, welche die bisherige infantile Bewußtseinshaltung symbolisieren, durch den ins Leben führenden Trieb zerrissen werden.

Ein ähnliches Motiv der verbotenen Kammer ist auch in dem Grimm'schen Märchen vom Marienkind. Hier ist es deutlich das Paradiesmotiv des Himmelreiches, in dem das vierzehnjährige Kind bei der Jungfrau Maria lebt. Es fällt heraus aus diesem Bereich, als es die dreizehnte Kammer öffnet, in der sich die Dreieinigkeit als Auge, als wie wir psychologisch sagen würden, Symbol der Ganzheit, des Selbst, befindet. Mit der Erfahrung dieser Ganzheit aber verträgt es sich nicht, nur in den lichten Sphären des himmlischen Paradieses zu leben, und so wird das Marienkind durch diese »verbotene« Erfahrung seiner eigentlichen Aufgabe als Frau und Mutter zugeführt.

5. Kapitel

DER WECHSEL DES ORTES

Nach der Geschichte des dritten Bettlers setzt wieder die Rahmenhandlung ein: *Die älteste Dame wendet sich an den Chalifen, sowie an Dscha'far und Masrûr und fordert sie auf, auch ihre Geschichte zu erzählen. Dscha'far tritt vor und erzählt ihr dieselbe Geschichte, die er beim Eintritt in das Haus bereits der Pförtnerin angegeben hat, und die Dame entläßt sie alle aus ihrem Hause.* Der Text fährt dann fort:

Da gingen alle hinaus, und als sie auf der Straße standen, sprach der Chalife zu den Mönchen: »Ihr Leute, wohin geht ihr jetzt, da doch der Morgen noch nicht dämmert?« *Sie antworteten:* »Bei Allah, o unser Herr, wir wissen nicht, wohin wir gehen sollen.« »Kommt und verbringt den Rest der Nacht bei uns«, *sagte der Chalife zu ihnen; und zu Dscha'far:* »Nimm sie mit dir nach Hause, und morgen führe sie vor mich, damit wir aufzeichnen, was ihnen widerfahren ist.« *Dscha'far tat, wie der Chalife befohlen hatte; darauf ging der Chalife in seinen Palast hinauf. Aber der Schlaf wollte in jener Nacht nicht zu ihm kommen.*

Als nun der Morgen kam, setzte er sich auf den Thron seiner Herrschaft; und nachdem die Großen des Reiches sich versammelt hatten, wandte er sich an Dscha'far und sprach zu ihm: »Bringe mir die drei Damen und die beiden Hündinnen und die Bettelmönche.« *Da ging Dscha'far hin und führte sie vor ihn; die Damen brachte er verschleiert herein. An diese wandte er sich, indem er sprach:* »Wir vergeben euch, weil ihr zuvor euch freundlich zeigtet, ohne uns zu kennen; jetzt aber möchte ich euch zu wissen tun, daß ihr steht vor dem fünften der Nachkommen des 'Abbâs, vor Hārûn er-Raschid. Nun berichtet ihm nichts als die lautere Wahrheit!« *Als die Damen Dscha'fars Worte im Namen des Beherrschers der Gläubigen hörten, trat die älteste vor und* sagte: »O, Beherrscher der Gläubigen, mir ist es so ergangen, daß meine Geschichte, würde sie mit Sticheln in die Augenwinkel geschrieben, eine Warnung wäre für jeden, der sich warnen ließe, und guten Rat enthielte für den, der sich raten ließe.«

An dieser Stelle der Rahmenerzählung findet zunächst ein Wechsel des Ortes und danach ein Wechsel der leitenden Figur, unter deren Herrschaft das ganze Geschehen steht, statt. Die männlichen Figuren der Geschichte verlassen das Haus der Dame, die nun nicht mehr als die Herrin über Leben und Tod der Männer herrscht. An ihre Stelle tritt der Chalife in der ganzen Herrlichkeit seines Gott-Königtums, der jetzt innerhalb seines eigenen Palasts zu der leitenden Figur der Erzählung wird. Überträgt man diesen Vorgang unter psychologischer Sicht ins Mythologem, so entspricht diese Stelle der endgültigen Befreiung des Ich aus der Dominanz der großen Mutter. Nach der Erzählung des dritten Bettlers, in der das Ich die juvenil-heroische Phase durchlaufen hat, wird das Männliche befreit bzw. erlöst aus der über ihm schwebenden Todesdrohung der dunklen magna mater. Hier erfolgt der Umschlag von dem ursprünglich matriarchalen Bewußtsein in die Dominanz des Patriarchats. Es ist in tieferem Sinne bezeichnend, daß diese Erlösung innerhalb unseres Zyklus nicht durch rohe Gewalt erfolgt, sondern durch das Erzählen der Geschichten, das einer reinen Aktion der menschlichen Phantasie entspricht. Nicht die größere Kraft, die größere Stärke, die bessere Waffe haben hier entschieden, sondern es handelt sich um einen rein geistigen Prozeß, der diesen Männern ihre Freiheit gab. Hier verschwindet nun auch der Lastträger. Wir hören nichts mehr von ihm, seit er vor dem ersten Bettler seinen Spruch aufsagte, und in der Einladung des Chalifen ist von ihm gar nicht mehr die Rede. Er wird aus dem Prozeß herausgenommen wie ein Ferment, das seine Schuldigkeit getan hat.

6. Kapitel

DIE MIT DEM ANIMUS
IDENTISCHE HEROINE

Es folgt nun die Geschichte der ersten Dame:

Diese beiden Hündinnen hier sind meine Schwestern von demselben Vater, aber einer anderen Mutter, die jüngste bin ich. Als unser Vater starb, hinterließ er uns 5000 Dinare. Meine Schwestern statteten sich darauf aus und verheirateten sich. Ihre Männer aber brachten das Geld durch und ließen sie nach kurzer Zeit im fremden Land im Stich. Da kamen sie als Bettlerinnen wieder zu mir, und ich nahm sie auf, behandelte sie, so gut ich nur konnte, und hatte sie ein ganzes Jahr bei mir. Als sie jedoch mit meinem Gelde wieder Vermögen erworben hatten, sagten sie: »Es ist besser, daß wir uns wieder verheiraten. Wir können es so nicht mehr aushalten.« *Sie hörten nicht auf meine Warnungen, und ich vermählte sie schließlich auf meine Kosten. Wieder reisten sie mit ihren Ehemännern fort, und wieder ließen diese sie im Stich, nachdem sie das Geld durchgebracht hatten, so daß sie nackt zu mir zurückkehrten. Ich aber nahm sie herzlich auf, umarmte und küßte sie und überhäufte sie mit Aufmerksamkeiten ein ganzes Jahr lang. Nach dieser Zeit rüstete ich ein großes Schiff mit Gütern aller Art aus, um nach Basra zu fahren, und forderte sie auf, mitzukommen. Ich hatte aber mein ganzes Geld in zwei Teile geteilt, von denen ich den einen Teil mitnahm, den anderen aber versteckte, damit wir zu Hause, falls mit dem Schiff etwas passierte, eine Existenzmöglichkeit fänden. Nun fuhren wir viele Tage und Nächte, gerieten aber vom Kurs ab in ein fremdes Meer, wo wir nach zehn Tagen in der Ferne eine Stadt erblickten, die niemand von uns kannte. So landeten wir dort, und der Kapitän ging an Land. Nach einer Weile kam er jedoch zurück und sagte:* »Auf, kommt in die Stadt, um das Werk Gottes an seinen Kreaturen anzustaunen, und nehmt Zu-*

flucht zu ihm vor seinem Zorn.« Da gingen wir in die Stadt und fanden alle ihre Bewohner zu schwarzem Stein verwandelt, während alle Waren und das Gold und Silber unverändert geblieben waren. Indem sich nun jeder mit all den Gütern und Stoffen zu schaffen machte, kamen wir auseinander, und ich ging allein zu der Burg, einem festen Bau, und betrat den Palast des Königs. Ich erblickte ihn dort auf seinem Thron sitzend, umgeben von seinen Kämmerlingen, Statthaltern und Wesiren, angetan mit sinnverwirrender Kleiderpracht, die mit Perlen und Edelsteinen verziert war. Im Frauengemach daneben saß die Königin in einem mit Perlen von reinstem Wasser besetzten Kleide mit einer Krone auf dem Haupt. Alle Kleider und Juwelen waren unversehrt, während sie selber ebenfalls zu schwarzem Stein verwandelt war. Als ich nun weiter durch eine offene Tür schritt, fand ich eine Treppe von sieben Stufen und gelangte in einen Raum, in welchem ein alabasternes, mit Perlen und Edelsteinen ausgelegtes Sofa stand. In demselben Raum gewahrte ich auch brennende Kerzen und sprach bei mir: »Diese Kerzen muß jemand angezündet haben.« Dann schritt ich weiter in einen anderen Raum und durchspähte alle Gemächer. Da ich den Ausgang nicht recht wiederzufinden wußte, legte ich mich schließlich in dem ersten Gemach auf dem Sofa nieder und versuchte, nachdem ich einige Qurânverse gesprochen hatte, zu schlafen, vermochte es jedoch nicht wegen meiner Aufregung. Gegen Mitternacht hörte ich plötzlich jemand mit schöner und sanfter Stimme den Qurân verlesen, und da ich eine offene Tür in der Richtung der Stimme sah, ging ich durch diese und fand in einem Betraum unter einer Hängelampe einen schönen Jüngling sitzen. Voll Verwunderung, daß er in der Stadt allein unversehrt war, redete ich ihn an und befragte ihn nach der Bewandtnis dieser Stadt. Er ließ mich an seiner Seite Platz nehmen und entgegnete: »Diese Stadt gehörte meinem Vater und allen seinen Untertanen. Er ist der König, den du auf dem Thron in schwarzen Stein verwandelt sahst. Die Königin ist meine Mutter. Sie waren Magier, welche das Feuer verehrten. Mein Vater hatte keinen Sohn, bis er ihm am Ende seines Lebens geschenkt wurde. Nun befand sich bei uns eine hochbetagte Frau, eine Muselmanin, die im Herzen an Gott und seinen Gesandten glaubte, äußerlich sich aber meinem Volk anpaßte. Mein Vater übergab mich dieser Frau zur Erziehung, und sie unterwies mich heimlich im Glauben des Islam und ließ mich den Qurân auswendig lernen. Wenige Zeit später starb die alte Frau. Die Leute dieser Stadt aber waren immer tiefer in Unglaube, Hochmut und Verirrung versunken, als plötzlich eine laute Stimme mit Donnerhall rief: »Du Volk dieser Stadt, wende dich ab von der Verehrung des Feuers und diene dem allmächtigen König.« Da versammelte sich das Volk, von Grausen erfaßt, bei meinem Vater. Er aber sprach zu ihnen: »Laßt euch durch die Stimme nicht in Angst und Schrecken versetzen und auch nicht von eurem Glauben abtrünnig machen.« Als sie nun ein weiteres Jahr in ihrer Gottlosigkeit verharrt hatten, da erscholl die Stimme zum zweiten Mal und im dritten Jahr zum dritten Mal, ohne daß sie aber von ihrem Unglauben abwichen, so daß der Abscheu und der Zorn des Himmels über sie niederkam und sie samt allem ihrem Vieh zu schwarzen Steinen verwandelt wurden. Ich bin der einzige, der von allen Bewohnern entronnen ist, und verbringe meine Zeit mit Gebet, Fasten und Qurânlesen. Doch bin ich meiner Einsamkeit überdrüssig.« Hierauf sagte ich zu ihm: »O, junger Mann, hast du nicht Lust, mit mir nach der Stadt Bagdad zu kommen? Obwohl ich eine Hausherrin bin und über Männer und Dienerschaft zu gebieten habe, will ich gern deine Sklavin sein. Ich bin hier mit einem reichbefrachteten Schiff, welches das Schicksal zu dieser Stadt verschlagen hat. Unser Zusammentreffen ist eine Schicksalsfügung.« So redete ich ihm freundlich zu, bis er einwilligte und ich, vom Schlaf überwältigt, zu seinen Füßen niedersank. Nachdem wir am nächsten Morgen in die Schatzkammer gegangen waren und alles mitnahmen, was leicht zu tragen war, gingen wir vom Schloß herab in die Stadt und bestiegen unser Schiff. Als mich jedoch meine Schwestern in der Begleitung des jungen Mannes sahen, schwoll ihnen der Neid und der Zorn, daß sie wider mich Pläne schmiedeten. Als sie mich unterwegs fragten, was ich mit dem schönen Jüngling zu tun gedächte, da antwortete ich ihnen, daß ich ihn zu meinem Gemahl nehmen wollte, alles Gut aus der Stadt aber sollte ihnen gehören. Sie aber sannen jedoch weiter Böses gegen mich. Als wir uns nun bereits der Stadt Basra näherten, da erhoben sich meine Schwestern in der Nacht, packten mich und den Jüngling und warfen uns über Bord. Der Jüngling, der nicht gut schwimmen konnte, ertrank sofort, während es mir gelang, ein treibendes Stück Holz zu ergreifen, auf das ich mich schwang, bis mich die Wellen an eine Insel trieben. Ich ging nun auf der Insel die Nacht hindurch, bis ich am anderen Morgen einen Weg fand, der sie mit dem Festland verband. Als ich diesen entlangschritt, kam plötzlich eine Schlange auf mich zu, die von einem Drachen verfolgt wurde, der sie zu töten suchte. Aus Mitleid mit ihr nahm ich einen Stein und warf ihn dem Drachen auf den Kopf, daß er augenblicklich tot liegenblieb. Da breitete die Schlange zu meiner Verwunderung zwei Flügel aus und stieg hoch in die Luft empor. Ich aber war so erschöpft, daß ich auf der Stelle in einen tiefen Schlaf verfiel. Als ich erwachte, sah ich zu meinen Füßen ein Mädchen sitzen, das mir dieselben knetete. Vor Scham errötend setzte ich mich aufrecht und fragte: »Wer bist du?« Sie antwortete: »Ich bin die Schlange, die du errettet hast. Ich bin eine Dschinnije, und der Drache war ein Djin und mein Feind. Als du mich errettet hattest, flog ich zu dem Schiff, aus welchem dich deine Schwestern warfen, schaffte alle Sachen daraus in dein Haus und versenkte es, nachdem ich deine Schwestern in zwei schwarze Hündinnen verwandelt hatte.« Hierauf faßte sie mich mitsamt den zwei Hündinnen und setzte uns auf das Dach meines Hauses nieder. Dann sagte die Dschinnije zu mir: »Bei der Wahrheit dessen, was auf dem Siegelring Salomos steht, ich komme und mache dich diesen Hündinnen gleich, wenn du nicht täglich jeder von ihnen dreihundert Peitschenhiebe verabfolgst.« Ich antwortete: »Ich höre und gehorche!« So gebe ich ihnen, o Fürst der Gläubigen, diese Schläge, obwohl ich Mitleid mit ihnen verspüre.

Wir haben hier eine der seltenen Erzählungen aus der Sammlung von 1001 Nacht vor uns, in der ein Mädchen durchgehend der Held der Geschichte ist. Dieses Mädchen besteht

Abenteuer und leitet Unternehmungen, die durchaus männlichen Charakter haben. Wir erfahren gleich zu Beginn, daß sie die jüngste von drei Schwestern ist, von denen alle drei den gleichen Vater, aber verschiedene Mütter haben. Durch das ganze Märchen hindurch zieht sich der Konflikt zwischen dieser jüngsten Tochter ihres Vaters und den beiden älteren Schwestern. Die Jüngste erscheint hierbei als die gute. Die beiden anderen sind schwarz und bösartig, egoistisch nur auf ihr eigenes Wohl bedacht und von Neid zerfressen, wenn es ihrer jüngeren Schwester einmal besser geht. Sieht man sich aber das Leben dieser Jüngsten näher an, dann benimmt sie sich in einer für die patriarchale Kultur, in der sie lebt, höchst sonderbaren Weise. Sie identifiziert sich nach dem Tode des Vaters mit dessen Rolle, wird ein recht erfolgreicher Geschäftsmann und stattet sogar ihre beiden Schwestern, wie ein Vater es tun würde, nachdem sie ihr Anfangsvermögen verloren haben, wieder aus ihrem Vermögen aus. Es ist das falsch verstandene Zerrbild einer Emanzipation in das Männliche hinein. Eigentlich benehmen sich die beiden Schwestern der Kultur entsprechend angepaßter und weiblicher als sie, auch dadurch, daß sie nach kurzer Zeit heiraten. Als die erste Ehe unglücklich verläuft, versuchen sie es sogar noch ein zweites Mal. Betrachten wir diese Situation auf der Subjektebene, dann entsprechen die beiden Schwestern einem Stück Weiblichkeit, das infolge seiner Unbewußtheit verdrängt und in den Bereich des Schattens gefallen ist, um dort negativ zu entarten. Die Ich-Figur der Erzählung, die jüngste Schwester, liegt hier in einer tiefen Identifikation mit dem Vater-Animus und zeigt dementsprechend im äußeren Erscheinungsbild all die Züge, die Person und Geist des erfolgreichen Kaufmann-Vaters ausgezeichnet haben. Der Animus hat hier das Ich okkupiert und offensichtlich verhindert, daß die eigentlich weiblichen Züge des Mädchens sich entwickeln und reifen konnten. So bleibt sie, die Erfolgreiche, unverheiratet, und ihr erster Versuch, endlich die Mann-Frau-Beziehung zu realisieren, scheitert an dieser im Schattenbereich verbliebenen Weiblichkeit. Aber auch die Ehen der beiden Schattenfiguren müssen scheitern. Diese verbinden sich in mangelnder Instinktdifferenzierung und Urteilsfähigkeit mit untauglichen und sogar bösen Männern (es findet hier Schatten zu Schatten), von denen sie dann in Not und Elend verlassen werden.

Diese innerseelische Konstellation, deren Dynamik immer wieder im Negativen verläuft, behandelt auch der Vorgang der Vermögensverschiebung, wie er hier dargestellt wird. Geld oder Vermögen stellt in übertragenem Sinne im Bereich des Seelischen ein Symbol der Libido dar, worauf bereits der Sinn des Wortes »Vermögen« Hinweise gibt. Es ist ein Symbol für eine dem Ich frei zur Verfügung stehende, einsetzbare Energie, die an beliebiger Stelle investiert werden kann. Von dem vorhandenen Libidobetrag, der zunächst gedrittelt ist, findet eine Mehrung und Bereicherung nur im Raum des Ich-Komplexes statt, während die im Unbewußten verbleibende Libidomenge im Grunde eigentlich verschleudert wird. Das »Vermögen«, das in der noch unbewußten Weiblichkeit steckt, verliert sich an die Negativseite des männlichen Bildes, den »dunklen Animus«, der hier in den Figuren der Ehemänner als rücksichtsloser und verwahrloster Strolch auftritt. Alle Mehrung und Bereicherung, die das Ich infolge der Okkupierung der an sich positiven Eigenschaften des Vaters aufbringt, kann diese Situation nicht bereinigen, sondern fließt immer wieder den Schattenbereichen zu. Schließlich gewinnt dieser Schwestern-Schatten im weiteren Verlauf des Märchens sogar vollständig die Oberhand. Das Ich und die Animusfigur des Jünglings werden von den beiden Schwestern über Bord geworfen. Einsam, arm und allein landet das Ich auf einer Insel, und die gesamte Substanz ist zunächst dem Schatten zugefallen.

Eine deutliche Parallele zu der hier vorliegenden Situation findet sich in dem bekannten Märchen von Amor und Psyche aus des Apuleius' »Goldener Esel«.[132] Auch hier hat Psyche zwei ältere Schwestern, die verheiratet werden können, während sie selbst wegen ihrer großen Schönheit unverheiratet bleibt und auf Geheiß Apolls die »Todeshochzeit« vollziehen muß, die sie dann in die Beziehung zu Eros führt. Beide Schwestern der Psyche sind ebenso unglücklich verheiratet, wie die Schwestern unseres Märchens. Sie sind, wie das Märchen sagt, »fremdländischen Gatten als Mägde übergeben«. Der eine dieser Gatten soll älter als ihr Vater sein, kahler als ein Kürbis und noch zwergenhafter als ein Knabe. Die andere hat bei ihrem Mann die Rolle »einer arbeitenden Ärztin« übernehmen müssen. Ebenso wie die Schwestern unseres Märchens sind sie von Neid und Mißgunst erfüllt gegen das Glück der Jüngeren mit Eros und verführen sie zu der gefährlichen und verbotenen Tat der Erkenntnis, durch die Psyche zunächst ihren geliebten Gatten verliert. Wie E. Neumann[133] bereits in seinem Kommentar zu diesem Märchen ausgeführt hat, steckt in der mörderischen Aufhetzung der matriarchalen Schwesternfiguren, trotz dieser negativen Form, der Ansatz zu einer höheren weiblichen Bewußtheit. Neid und Mißgunst sind hier wie dort nicht die letzten Motive dieses Schwestern-Schatten-Einbruches, sondern sie vertreten, zwar verzerrt und negativ, aber doch im Kern berechtigt, die Opposition und die Auflehnung der tieferen matriarchalen Schicht des Weiblichen gegen die Vergewaltigung durch das Patriarchat.

Die ganze Psychologie des patriarchalen Denkens von der Minderwertigkeit des Weiblichen, das dazu führte, die reale Frau hinter Haremsmauern zu verbannen, war eher eine projektiv agierte Phase der Loslösung aus dem Bann der magna mater[75], so wie die Opposition des Sohnes gegen den Vater in der Pubertät ein notwendiger Prozeß zum Gewinn der Eigenständigkeit ist. Sie wird aber niemals dem eigentlichen Wesen des Weiblichen gerecht. So kommt es in dieser unterdrückten und geknechteten Schicht der Seele, die sich nicht zu normaler, lebendiger Gestaltung entwickeln kann, sondern darin immer wieder scheitert, zu einer wilden, zügellosen Protestreaktion, die schließlich das in der Animusbesessenheit befangene Bewußtsein überwältigt. Es sei hier gleich hinzugefügt, daß, so paradox es zunächst scheinen mag, bei der vom Animus besessenen Frau auch das spezifisch Männliche, die Logosanlage, nicht ausreichend ausgebildet, entwickelt oder sinngemäß angewandt ist. Die schablonenhafte Übernahme des männlich-väterlichen Geistes entspricht in keiner Weise dem spezifischen Logos der Frau und ihrer eigenen Individualität. Kritiklos übernommene Meinungen in persönlicher oder kollektiver Form entsprechen keiner Eigenständigkeit.

Als Beispiel für eine derartige Führung des Ich durch den Vater-Animus seien hier zwei Träume einer 37jährigen Patientin angeführt. Die Projektion dieses archetypischen Animusbildes liegt oft auf den nächsten männlichen Personen der Umgebung, wie Vater, Bruder, Lehrer, Arzt o. ä. und wird erst im späteren Leben von der Figur des Vaters, der in der Regel die erste Personifizierung dieses Bildes auf sich nehmen muß, auf die des Ehemannes verschoben. Animus und Anima sind Begriffe für die Vermittlungsfunktion zwischen Bewußtsein und Unbewußtem. Ihre deutliche Verschiedenheit liegt in dem Unterschied zwischen männlichem und weiblichem Bewußtsein. Die Anima des Mannes hat unter anderem die Aufgabe, das sowieso mehr von der Ratio her bestimmte aktive Verhalten des Bewußtseins abzublenden und auf ein mehr passives Schauen einzustellen, das es den sonst im Dunkel liegenden Bildern der Phantasie ermöglicht, aufzusteigen. Da dem weiblichen Bewußtsein die passivschauende Seite im allgemeinen viel näher liegt, entspricht der Hauptakzent der Animusfunktion weniger dem Wahrnehmen als der Aktivität des Erkennens und der Vermittlung des Sinnes, im Gegensatz zur Anima, die beim Mann mehr die Vermittlung des Bildes übernimmt.

Der erste Traum dieser Patientin, geträumt innerhalb der ersten Behandlungsstunden, lautet nun folgendermaßen:

»Ich bin in der Atmosphäre meines früheren Elternhauses in X. Ich bin schon oder noch im Schlafzimmer und mein Mann auch. Mein Mann hat Gesichtszüge und Gebaren eines wesentlich älteren Mannes. Eine alte Schulkameradin von mir ist in X. zu Besuch und kommt auch zu mir. Beim Verabschieden sagt sie, sie wolle aber am Abend wiederkommen oder morgen den Tag mit uns verbringen. Ich sage nicht ab, auch nicht zu. Meinen Mann frage ich, der ruft laut und deutlich, daß sie keineswegs kommen solle, wir wollen allein bleiben und von ihr verschont werden. Mir ist das etwas peinlich, so offen zu ihr zu sein, und ich möchte noch ein paar verbindliche Worte machen. Doch ehe

*ich zum Reden ansetze, höre ich erstaunt, wie sie unbekümmert
ihren Wünschen Ausdruck gibt. Sie käme doch, wenn sie von
ihrem Stadtbummel zurück sei. Ich bin sprachlos über dieses Sich-
ohne-weiteres-Durchsetzen.«*

Aus der persönlichen Lebensgeschichte der Patientin ist nun
zu erwähnen, daß sie als Einzelkind von frühester Kindheit an
eine sehr tiefe Bindung zum Vater hatte, die bis in ihre geheim-
sten Bereiche hineinging. Sie schlief bis zum 20. Lebensjahr mit
ihm im Schlafzimmer der Eltern. Ihr Vater erklärte ihr auch des
öfteren, sie könne ihm nicht das geringste verheimlichen, denn
das, was sie ihm nicht von sich aus sage, würde er im Schlaf von
ihr erfahren. Noch am Beginn der Behandlung – sie war inzwischen 37 Jahre alt geworden – glaubte sie an diesen Unsinn, daß
der biedere Geschäftsmann, der ihr Vater war, magische Qualitäten besäße und sie durch hypnotische Fähigkeiten im Schlaf zum
Reden brächte. Noch heute arbeitete sie in der Firma des Vaters
als dessen Sekretärin. Sie hatte zwar zweimal geheiratet, bekam
aber nie Kinder und ließ mehrere Schwangerschaften unterbre-
chen. Die im Traum auftretende Freundin personifiziert nun
einen von der Patientin vernachlässigten Anteil gesunder weiblicher Entwicklung. Diese Freundin war zwar nicht besonders
intelligent und aktiv, sie heiratete aber schon sehr früh und
führte dann eine recht glückliche Ehe, in der auch Kinder nicht
ausblieben. Auch war sie, wie die Patientin berichtet, ein viel
weiblicherer Typ und mehr nach der Mutter hin orientiert als
nach dem Vater.

Dieser vernachlässigte Teil der Weiblichkeit tritt nun erstmalig im Traum auf und fordert sein Recht, wobei es sich auch
nicht durch die unhöfliche Räsoniererei des Ehemannes im Hintergrund abweisen läßt. Er entspricht den beiden Schwestern des
Märchens. Die mangelhafte Qualität ist dadurch ausgedrückt, daß
die Patientin diese Freundin als ein relativ unbedarftes und primitiv geltungssüchtiges Mädchen schildert, mit der sie nie einen
tieferen Kontakt gefunden habe. Der Ehemann des Traumes entspricht einer Verdichtungsfigur, die schon darauf hinweist, daß
hier nicht der eigentliche Ehemann gemeint ist. Er wird über-

lagert durch das Bild eines wesentlich älteren Mannes, der der Generation des Vaters entspricht. Von dieser Figur aus erfolgt im Traum die Steuerung des Ichs. Das Traum-Ich entscheidet gar nicht selbst darüber, ob es mit der Freundin den Tag verbringen will, sondern kann nur versuchen, die recht rüde Absage der männlichen Figur etwas zu mildern. Der das Ich beherrschende Vater-Animus liegt hier per Projektion auf dem Ehemann.

In dem zweiten Traum der Patientin, der zweieinhalb Wochen später geträumt wird, setzte bereits ein Differenzierungsvorgang ein. Der Traum lautet: *»Ich bin mit zwei Männern verheiratet, einem älteren und einem in meinem Alter. Mit dem älteren Manne gehe ich wohl zum Friseur, er will sich die Haare schneiden lassen, wir warten in einem kleinen Nebenraum. Es kommt ein kleines Kind der Friseursfrau (oder Restaurationsfrau) und zeigt meinem Mann ein Armband an seinem Handgelenk, es spricht vertraulich zu ihm, als wenn er in Beziehung zu diesem Kind und der Mutter stehe. Er geht dann in einen anderen Raum, wo sich wohl auch die Mutter befindet. Nach einer Weile kommt er – inzwischen sind Bekannte, ein Ehepaar, gekommen – wieder. Er hat einen Brillenbügel mit einer Kette, also ein Stück einer kaputtgegangenen Brille in der Hand. Ich bemerke, daß es eine Damenbrille sein muß, sage aber nichts. Ich fordere die Bekannten auf, mit mir nach Hause zu gehen. Unterwegs sage ich ihnen, daß ich vermute, daß dieser, mein älterer Mann, mich betrüge, daß ich darunter nicht leide, aber keinesfalls gewillt sei, das hinzunehmen. Ich bitte dieses Ehepaar, mir bei der Beweisführung behilflich zu sein, damit die Scheidung schnell und ohne Einspruch des Mannes vonstatten gehen kann. Ich sage ihnen auch, daß ich weiß, was ich Ungewöhnliches von ihnen verlange, denn man solle sich ja nicht in die Eheangelegenheiten anderer Menschen mischen. Doch bitte ich sie darum dennoch.«*

Ohne daß wir hier auf eine ins einzelne gehende Deutung der Traumsymbolik eingehen, wird der Differenzierungsvorgang deutlich. Vater-Animus und Ehemann liegen nur noch bedingt in Deckung, insofern als die Patientin mit beiden gleichzeitig verheiratet ist. Die zerbrochene Damenbrille, die sich in den Händen des älteren Mannes befindet, deutet wieder auf die fehlerhafte Sicht hin, die die Animusbesessenheit bei ihr verursacht. Vom Unbewußten her wird der Patientin hier ihre innerseelische Situation deutlich vor Augen geführt, und es werden gleichzeitig die Tendenzen betont, die das Ich aus diesen Bindungen herauslösen wollen, um eine Differenzierung des Männlichen in seine verschiedenen Erscheinungsformen durchzuführen. Ich erinnere hier an das Märchen von der schönen Mandāravati, das sich am Ende des Kommentars vom ersten Märchen des Zyklus befindet.

In der Beziehung zwischen Ich und Schwestern-Schattenpaar stellt uns das Märchen jenen circulus vitiosus dar, der alle Neurosen auszeichnet. Immer wieder fließt die Energie, die eigentlich dem Ich zum Lebensaufbau zur Verfügung stehen sollte, in die Symptomatik und in neurotische Verhaltensweisen, die von vornherein zum Scheitern verurteilt sind, oder um in der Sprache des Märchens zu reden, immer wieder heiraten die Schwestern untaugliche Männer, die das Geld vergeuden, müssen zum Ich zurückkehren und fordern hier wieder erneuten Energieaufwand. Dieser Zustand ist unbedingt erneuerungsbedürftig, und so muß die große Reise in das Unbewußte angetreten werden. Wieder geht es zu Schiff über das Meer in die unbekannten und nie gesehenen Gegenden, in die das Schiff gelangt, als es vom üblichen Kurs abweicht.

Die erste Station dieser Reise ist die Entdeckung der toten Stadt, in der alle Bewohner in schwarzen Stein verwandelt sind. Die Sammlung von 1001 Nacht kennt dieses Motiv der versteinerten Stadt in einer ganzen Reihe von Erzählungen. Als deren wichtigste seien hier erwähnt: die große Sagengeschichte von der Messingstadt, die Sage von der Säulenstadt Iram, die anekdotenhafte Erzählung von der Eroberung der Stadt Lepta, die Geschichte von Abu Mohammed, dem Faulpelz, und die Geschichte von Abdallâh ibn Fâdil und seinen Brüdern. Die letzte Erzählung ist praktisch eine Parallelgeschichte zu der unsrigen. Sie enthält die gleichen Motivketten und spielt auch geschichtlich in der gleichen Zeit, nur daß hier der Held der Erzählung ein Mann und nicht eine Frau ist. Der Inhalt dieser Geschichte sei wegen der vielen Parallelen hier kurz angegeben:

Abdallâh ibn Fâdil ist der jüngste Sohn eines Kaufmanns. Als dieser stirbt, teilt er das Erbe mit seinen zwei älteren Brüdern in gleiche Teile. Abdallâh fallen hierbei Haus und Laden zu. Beide Brüder reisen in die Fremde und treiben dort mit großem Gewinn Handel. Auf der Rückfahrt aber gerät ihr Schiff in einen großen Sturm, und sie kehren als arme Bettler zu ihrem Bruder nach Basra heim. Dieser hat inzwischen das Vermögen, das ihm zugefallen war, verdreifacht und teilt es nun noch einmal mit den Brüdern. Mit der Zeit überreden diese ihn nun, ein Schiff auszurüsten und mit ihnen zusammen noch einmal das Glück in der Fremde zu versuchen. Sie segeln von Stadt zu Stadt und treiben dort mit recht gutem Erfolg Handel. Eines Tages halten sie an einem Berg an der Küste, um Trinkwasser zu holen. Abdallâh besteigt diesen Berg und trifft auf seinem Gipfel eine weiße Schlange, die mit einem Drachen kämpft, der sie vergewaltigen will. Er erschlägt den Drachen mit einem Stein, und die Schlange verwandelt sich in ein schönes Mädchen der Geisterwelt, die verspricht, ihn seine Tat zu lohnen, und dann in einem Spalt der Erde verschwindet. Sie segeln dann ununterbrochen zwanzig Tage weiter und geraten in Gewässer, in denen sie sich nicht mehr auskennen. Am einundzwanzigsten Tage erblicken sie wieder in der Ferne einen Berg, an dem sie anhalten, um Süßwasser zu fassen. Abdallâh besteigt mit seinen Brüdern und Gefährten diesen Berg und sieht von oben in einem etwas entfernten Tal eine Stadt liegen. Er beschließt, sie zu betreten, während die anderen, die Angst haben, zurückbleiben. Es folgt nun eine Schilderung der versteinerten Stadt, die durchaus der unseres Märchens entspricht, nur findet Abdallâh hier ein junges Mädchen, das Qurânverse zitiert, als einziges Lebewesen. Sie ist die Tochter des Königs, der der Götzenreligion angehörte, und erzählt die Geschichte der Versteinerung so: Eines Tages, als ihr Vater im Staatssaal residierte, sei ein Mann in einem grünen Gewand eingetreten, dessen Antlitz den ganzen Saal erleuchtete. Es war el-Chidr', und er forderte alle auf, zum Islam überzutreten. Der König und seine Wesire ließen ihre Götzen holen und forderten sie auf, gegen den Mann zu streiten. Sie gaben aber keine Antwort, und el-Chidr' schlug den Götzen des Königs, daß er zu Boden fiel. Der König ergrimmte und wollte sich auf ihn stürzen, aber niemand im Raum konnte sich bewegen. Da der König aber immer noch nicht den Islam annehmen wollte, verfluchte el-Chidr' ihn und verwandelte alle in Stein. Dem Mädchen aber lehrte er den Islam, weissagte ihm die Ankunft Abdallâhs und ließ neben ihm einen Granatapfelbaum wachsen, der täglich einen Apfel trug, von dem es sich ernährte. Es teilt dann mit Abdallâh einen Apfel, der von einem ganz besonderen Geschmack ist, und beide verlassen mit vielen Schätzen die Stadt. Auf dem Schiff nun werden die beiden Brüder neidisch und werfen ihn in der Nacht kurz vor der Rückkehr nach Basra über Bord. Das Mädchen springt ihm freiwillig nach, um nicht in die Hände der Brüder zu fallen. Die Fee der weißen Schlange aber rettet Abdallâh in Gestalt eines großen Vogels und bringt ihn wieder zurück auf sein Schiff. Sie verwandelt die neidischen Brüder in zwei Hunde und gibt Abdallâh den Auftrag, sie jede Mitternacht zu peitschen und sie anzuketten. Sollte er das vergessen, so würde sie erscheinen und ihm selbst die Prügel verabreichen, was auch einige Male geschieht.

Zwei weitere Motive dieses Symbols sind die Messingstadt und Iram, die Säulenstadt. In der ersten Geschichte von der messingnen Stadt wird erzählt, daß der Chalife 'Abd-el-Malik ibn Marwân (der 5. Omaijade, 685–705) den Statthalter seiner westlichen Provinzen Musa zusammen mit dem Scheich 'Abd es-Samad ibn 'Abd el-Kuddûs es-Samûdi befahl, zu einem fernen Land der wilden Schwarzen zu reisen, da es dort noch einige Flaschen gab, in die Salomo die unbotsamen Geister aufzuziehen pflegte. Auf dieser Reise kamen sie nach vielen Abenteuern in der Wüste zu jener messingnen Stadt. Sie war von einer weiten, achtzig Ellen hohen Mauer aus schwarzem Stein umgeben und hatte fünfundzwanzig Tore, von denen aber keines außen sichtbar war. Musa besteigt einen Berg, um die Stadt überblicken zu können, und findet dort sieben Tafeln aus weißem Marmor, in denen Verse über die Vergänglichkeit des Daseins eingemeißelt sind. Sie bauen eine Leiter, mit der sie auf die Mauer steigen können, aber jeder, der sie besteigt, gerät oben auf der Mauer in einen Zustand der Verzückung und stürzt sich besinnungslos in die Tiefe. Schließlich steigt der Scheich auf die Mauer, Qurânverse betend, und sieht auf der anderen Seite eine Vision von zehn Jungfrauen, schön wie die Monde, die ihm zuriefen und winkten, hinabzustürzen. Gleichzeitig kam es ihm vor, als ob unter ihm ein See voll Wasser wäre. Durch die Kraft der Gebete aber verging diese Vision rechtzeitig, und er sah die zwölf Gefährten, die vor ihm hochgestiegen waren, tot unten liegen. Dann gelingt es dem Scheich, das Tor zu öffnen, und Musa und seine Leute können in die Stadt kommen. Auch hier sind alle Bewohner dieser Stadt tot, aber nicht versteinert, sondern mumifiziert. Im Schloß finden sie in vier Kammern ungeheure Wertsachen und treffen auf eine Tür, die sich nicht durch Schlüssel, sondern nur durch einen Kunstgriff öffnen läßt. Dem Scheich gelingt auch das vermöge seiner Klugheit, Entschlossenheit und Geschicklichkeit. Sie gelangen zu einem Pavillon aus vergoldeten Steinen. Dort aber lag auf einem Lager eine Maid, herrlich gleich der strahlenden Sonne. Auch sie war tot, und ihre Augen waren durch Quecksilber ersetzt, so daß es schien, als ob sie lebten. Vor dem Lager standen auf Stufen zwei Sklaven, ein weißer und ein schwarzer, von denen der eine ein Schwert trug und der andere eine stählerne Keule. Vor beiden lag eine goldene Tafel, die wieder an die Vergänglichkeit des Daseins und an den Tod gemahnte und die Auskunft gab, daß es sich bei der Maid um Tadmura, die Tochter der Amalekiter handele, was auf die vorderasiatische Astarte hinweist (Tadmura ist eine Personifizierung von Tadmur-Palmyra, die Ruinenstadt in der syrischen Wüste. Stadt und Person sind also hier identisch).

Die Säulenstadt Iram ist ebenfalls eine tote, vollständig ohne Menschen bestehende Stadt in der Wüste, die auf das herrlichste ausgestattet ist. Diese Stadt soll von Schaddâd errichtet sein, dem Sohn des 'Ad, der einst in alten Büchern vom Paradiese gelesen hatte und nun bereits auf dieser Welt etwas Ähnliches errichten wollte. Die Untertanen bauten 340 Jahre an dieser

Stadt, bis sie fertig war und Schaddâd aufbrach, sie in Besitz zu
nehmen. Als sie aber nur noch eine Tagesreise von der Stadt ent-
fernt waren, da sandte Allah auf ihn und alle ungläubigen Ket-
zer, die bei ihm waren, eine Gottesstrafe und vernichtete sie. Kei-
ner erreichte die Stadt, und Allah verwischte auch noch die Spu-
ren der Straße, die zu ihr führt.

Ohne Zweifel sind diese Erzählungen historisch von den
großen, verlassenen Städten alter Kulturen im Raume des vorderen Orients, wie Palmyra, Baalbek, el Armarna u. a. angeregt
worden, die den Arabern nach ihren großen Eroberungen bekannt wurden. Die Geschichte der Säulenstadt Iram ist sogar im
Qurân erwähnt:

Sure 89: 7–9,

> *Hast du nicht gesehen, wie dein Herr mit dem 'Ad verfuhr,*
> *Dem Volk von Iram, Besitzer von hohen Burgen,*
> *Dergleichen nicht erschaffen ward in (anderen) Städten.*

Trotz dieser historischen Realität sind aber diese magisch
überhöhten Städte ein Symbol der Psyche. Wir treffen hier zunächst auf den Symbolkreis des Elementarcharakters der Großen
Mutter. Dorf und Stadt stellen ebenso wie Hütte und Haus oder
deren Kultform als Tempel und Temenos den Charakter des
Schützenden, Abschließenden und Bergenden dar, wobei immer
das Tor oder die Tür den Schoß des mütterlichen Gefäßes bilden. Auf das Märchen übertragen trifft das weibliche Ich hier
also auf einen Teil des in ihm liegenden mütterlichen Wesens,
das der Versteinerung durch den Vatergott anheimgefallen ist.
Mit seiner anderen vorislamischen Kultur entspricht es so einer
tiefen matriarchalen Schicht, deren totale Vergewaltigung und
Unterdrückung eine dem weiblichen Wesen eigentlich nicht entsprechende Entwicklung bedingt. Dieser Schicht zugehörig tritt
hier auch wieder die Jünglingsfigur auf, als ein vom weiblichen
Ich her gesehener lichter und eigener Animus. Wir können in der
Figur dieses jungen Mannes unschwer die Züge des in der vorigen Erzählung ausführlicher besprochenen Jünglingsgottes wiederfinden. Er ähnelt jenen blumenhaft-passiven Wesen der Jünglingsgeliebten der Großen Mutter. Er sitzt wartend in der verlas-

senen Stadt, Qurânverse murmelnd, läßt sich von dem Mädchen finden, umwerben und heiraten und wird schließlich noch das passive Streitobjekt der neidischen Schwestern, um der Vernichtung anheimzufallen. Immerhin taucht mit ihm die erste Luminosität im Dunkel dieser Weiblichkeit auf. Mit ihm setzt der erste Keim der Möglichkeit einer Beziehung zwischen den Geschlechtern ein, der vom Ich übernommen werden kann, der aber infolge der noch unverarbeiteten Schattenproblematik wieder erlöschen muß. Die ausgereifte Beziehung zum eigenen Animus kann erst erfolgen, wenn das Dunkle und Negative des Weiblichen überwunden oder gewandelt ist. So muß in diesem Märchen der noch unreife Animus sterben.

Mit der Identität zwischen Stadt und großer Muttergottheit, die am deutlichsten in der Erzählung von der messingnen Stadt in der Figur der Tadmura zum Ausdruck kommt, ist die Symbolik des sich hier abspielenden Geschehens aber keineswegs erschöpft. In dem vorangegangenen Konflikt der zwei großen transpersonalen Mächte, dem Geist des Vater-Gottes Allah und der Natur der großen Göttin ist wieder jene überindividuelle Ganzheit angesprochen, in der Mensch und Ich enthalten sind, das Selbst. Charakteristische Züge der Symbolik des Selbst finden sich ebenfalls im Symbol der Stadt. Sie ist ja, besonders in den Zeiten der alten Kulturen, das das ganze Volk Umschließende und Aufnehmende gewesen. Aus der Natur in ihren Teilen gefertigt, dem Vorbild der natürlichen Höhle nachgebildet und in die Natur hineingebaut, entspricht sie sowohl dieser als auch auf der anderen Seite dem menschlichen Geist. Sie ruft auch gleichzeitig die Idee eines Mittelpunktes hervor, insofern von der Stadt aus die Fäden in das ganze Land verlaufen und wieder in ihr zusammenfinden. Das himmlische Jerusalem, die Stadt Brahmans auf dem Weltberg Meru, das von Jung in »Psychologie und Alchemie« veröffentlichte Vajramandala[39], in dessen Zentrum sich das Symbol einer viertorigen Stadt befindet, deutet wie viele andere Darstellungen auf das Selbst hin.

Eine überaus deutliche Darstellung dieser Beziehung zwischen dem Symbol der Stadt und dem Selbst findet sich in dem von Frobenius veröffentlichten Heldenbuch der Soninke oder Marka aus dem Sudangebiet, dem Dausi.[134] Es handelt sich hier um eine ursprüngliche Form einer innerhalb eines Rahmens befindlichen Sammlung von Märchen und Mythen. Der Rahmen ist hier allein durch ein Symbol gebildet, durch die Idee einer Stadt, um die sich eine Reihe von Märchen, Legenden, Sagen und Genealogien ranken. Außenwelt und Innenwelt sind hier noch nicht getrennt, und es wird in aller Deutlichkeit ausgesprochen, daß es sich bei diesem Symbol auch um ein innerseelisches Geschehen handelt. Wagadu heißt diese Stadt, und die Geschichte beginnt mit folgenden Worten: *Viermal stand Wagadu im Tageslichte herrlich da, viermal ging es verloren, so daß die Menschen es nicht sahen: einmal durch die Eitelkeit, einmal durch den Bruch der Treue, einmal durch Habgier und einmal durch den Zwiespalt. Viermal hat Wagadu den Namen geändert. Erst hieß es Dierra, dann Agada, dann Ganna, dann Silla. Viermal hat Wagadu das Gesicht gewandt. Einmal schaute es nach Norden, einmal nach Westen, einmal nach Osten, einmal nach Süden. Denn stets hat Wagadu, so oft es den Menschen sichtbar auf der Erde errichtet war, vier Tore, eines nach Norden, eines nach Westen, eines nach Osten, eines nach Süden. Das sind die Richtungen, aus denen die Kraft Wagadus kommt und in der sie fortzieht, gleichviel ob Wagadu aus Stein, Holz und Erde gebaut ist oder nur wie ein Schatten im Sinn und in der Sehnsucht seiner Kinder lebt. Denn an sich ist Wagadu nicht aus Stein, nicht aus Holz, nicht aus Erde. Wagadu ist die Stärke, die im Herzen der Menschen lebt und einmal erkennbar ist, weil die Augen sie erkennen lassen, weil die Ohren die Streiche der Schwerter und die Klänge im Schild hören, und einmal unsichtbar ist, weil sie ermüdet und bedrängt durch die Unzähmbarkeit der Menschen eingeschlafen ist. Zum Schlafen kam Wagadu aber einmal durch die Eitelkeit, zum zweiten durch den Bruch der Treue, zum dritten durch die Habgier und zum vierten durch den Zwiespalt. Wenn Wagadu aber nunmehr zum vierten Male wiedergefunden wird, dann wird es so gewaltig in dem Sinn der Menschen leben, daß es nicht wieder verloren werden kann und daß ihm Eitelkeit,*

Bruch der Treue, Habgier und Zwiespalt nie wieder etwas anhaben können.

Diese Geschichte stellt eine selten eindringliche Symbolik des Selbst dar: Die immer wiederkehrende Vierzahl, das Kraftzentrum, das alle vier Himmelsrichtungen umschließt, in die die Energie geht und aus denen sie kommt, der Verlust dieser Mitte durch die Entfremdung des Ich und sein Sitz im Herzen der Menschen sagen mehr als deutlich, um welchen Archetypus es sich bei diesem Symbol einer Stadt handelt. Hier hat noch keine Differenzierung, kein schicksalhaftes Mit- und Gegeneinander einzelner archetypischer Figuren stattgefunden, sondern aus dieser lebendigen magischen Mitte des Daseins quellen die Bilder der einzelnen Märchen und Mythen, kehren wieder zurück und verwandeln diesen selbst in einen anderen Bewußtseinszustand.

Abschließend zu dieser Symbolik, die in unseren Märchen sowohl den Elementarcharakter des Mütterlichen als auch eine archaische Vorstufe des Selbst umfaßt, sei hier nun wieder ein Traum aus der weiteren Behandlung der hier bereits vorher erwähnten Patientin angefügt. Auch in diesem Traum steht das Symbol der fremden, unbekannten Stadt im Mittelpunkt. Er ereignete sich nach ca. fünfzig Behandlungsstunden im sechsten Monat der Therapie. Der Traum lautet: »*Wir, mein Mann und ich, waren beide im Orient in einer großen orientalischen Stadt. Ein Toter wurde beerdigt. Wir waren wohl auch Verwandte von all diesen Menschen, so war schließlich auch der Tote ein Verwandter von uns. Und da war es Tradition, daß man diesen Toten meilenweit schleppte, und zwar war er in einem weißen, rechteckigen Tuch, das aber auch so fest war, wie bei uns ein Sarg. Er wurde immer rumgetragen und abgesetzt, auf die Erde gestellt. Man mußte dann um den Toten drumherumgehen. Und es dauerte auch eine ganz bestimmte Zeit, bestimmte Stunden oder Tage, ich weiß es nicht genau. Wir gingen zuvor immer ein bißchen abgesondert, aber ich achtete besonders darauf, daß wir nicht den Anschluß verpaßten, daß wir diesen Gang mitgingen, diesen Gang des Toten, damit er auch wirklich tot ist. So etwa muß die Vorstellung davon sein. Und als das erledigt war, wurde so etwas wie ein Fest der Lebenden gefeiert. Jedenfalls wollten sich alle zum Abend festlich anziehen, und dann sollte eine Königin oder Hoheit kommen, der wollte man dann huldigen und mit der wollte man dann feiern. Ich hatte ein leuchtend rotes Samtkleid. Es war ganz einfach in der Machart, so wie ich heute meine Kleider trage, eng anliegend, schlank gearbeitet, ohne Schmuck, nur diesen Stoff sprechen lassend.«*

Gegenüber dem ersten Traum der Patientin ist jetzt die Projektion, die auf dem Ehemann gelegen hatte, völlig abgelöst und offensichtlich mit dem zwar anonymen, aber doch verwandten Toten identisch. Das ganze Geschehen spielt in der fremden, unbekannten orientalischen Stadt, die durch den Traum hindurch den Hintergrund aller Handlungen bildet. Hierzu ist noch zu sagen, daß für diese Patientin der Orient das ganz fremde und völlig unbekannte Gebiet bedeutet, da sie in der Realität Europa noch nie verlassen hatte. Ähnlich wie im Märchen beginnt nun auch dieser Traum mit dem Motiv des Todes. Es ist ein Mann gestorben, der endgültig beerdigt werden soll. Hierbei muß sehr sorgfältig in Form einer rituellen Handlung dafür gesorgt werden, daß dieser Tote auch wirklich tot bleibt. Seine Wiederbelebung wäre offensichtlich eine gefürchtete und nicht ganz ungefährliche Angelegenheit. Auf der Subjektstufe gesehen, handelt es sich hier um einen Persönlichkeitsanteil der Träumerin selbst, der männlicher Natur ist. Der große Aufwand und die Mühe, die um dieses Begräbnis herum gemacht werden, deuten darauf hin, daß es sich um einen wichtigen, bisher führenden Persönlichkeitsanteil handelt. Das Unbewußte versucht hier, kompensatorisch zur bisherigen Bewußtseinssituation, die vatergeführte »männliche« Haltung der Patientin abzubauen und, wie der spätere Teil des Traumes erweist, die bisher unterdrückte weibliche Haltung heraufzuführen, symbolisiert durch das rote Samtkleid. Dem entspricht auch die zur Zeit bestehende innere Gesamtsituation der Träumerin. Sie hatte in der bisherigen Zeit der Behandlung bereits eine Einsicht darin entwickelt, wie weit sie sich mit der Persönlichkeit ihres Vaters identifiziert hatte und an ihrer eigenen Weiblichkeit vorbeilebte. Der prospektive Aspekt wird hier deutlich, besonders, wenn man den Traum »wörtlich« nimmt und bereit ist, zu akzeptieren, daß das Unbewußte auch das sagt, was es meint. Der Tod trifft nicht den Vater selbst oder eine bestimmte Person, sondern eine anonyme Personifikation, die aber doch der Träumerin verwandt ist. Hier liegt auch die tiefe Berechtigung der so oft bei Patienten aufbrechenden Todeswünsche, insofern als hier gar nicht eine reale Person gemeint ist, sondern es um die Befreiung aus einer wesensfremden Identifikation geht, die ja tatsächlich »sterben« muß, damit der Betreffende zur Entwicklung seiner eigenen Persönlichkeit kommen kann.

Im Traum der Patientin schließt sich unmittelbar an die Todessymbolik das Fest der Lebenden an. Der Traum greift hier das alte kultische Motiv von Tod und Wiederauferstehung auf, das wir in so vielen Kulten aller Religionen finden, wie z. B. in der Folge von Karfreitag und Ostern in der christlichen Religion, oder, um ein Beispiel der antiken Religionen zu nehmen, im Frühlingsfest des Attis und der Kybele in Rom.[18]. Das Fest wurde zu Ende des Winters gefeiert (22.–24. März), wenn der alte Winter sterben sollte, um dem neuen Frühling Platz zu machen. Hierzu wurde von den Dendrophoren eine heilige Pinie, die ja gleichzeitig der Lebensbaum und der Baum ist, der auf den Friedhöfen steht, in dem Hain der Göttin-Mutter gefällt und im Haine der Göttin Kybele aufgestellt. Zunächst erfolgten dann unter bestimmten zeremoniellen Vorschriften Reinigungen, Fasten und Kasteiungen, die dann am 24. März, dem Bluttage, in tolle Raserei übergingen, bei der die Priester sich kasteiten und verletzten und ihr Blut auf die aufgestellten Altäre spritzten. Dann schlug die Trauer um den toten Gott in überschäumende Freude um, die Wiederbelebung wurde gefeiert und das Standbild mit einem Regen von Frühlingsblumen überschüttet. Ganz offensichtlich wird mit diesen Motiven die Wandlungssymbolik angesprochen, die in dem Traum der Patientin auf eine Belebung der Weiblichkeit hinzielt, denn das freudige Fest soll ja hier in Erwartung einer Königin gefeiert werden. Im Märchen tritt an dieser Stelle der im Raume des Todes und der Erstarrung lebende und wiederbelebte Jüngling auf, der, wie wir bereits ausführten, einer lichten

Animusfigur entspricht. Ohne sich hier weiter in eine Ausdeutung der Einzelheiten des Traumes hineinzubegeben, ist es deutlich, daß in großen Zügen eine Parallele zu der Symbolik des Märchens vorliegt.

Im weiteren Ablauf der Märchenerzählung erfolgt nach der Abreise aus der versteinerten Stadt ein erneuter Einbruch des Schwestern-Schattens, der jetzt zu einer totalen Überwältigung des Ichs führt. Unsere Heldin wird kurzerhand bei Nacht über Bord geworfen und der Jüngling gleich hinterher, wobei letzterer ertrinkt, während das Mädchen sich allein auf die unbewohnte Insel retten kann. Es ist hier klar ersichtlich, daß das Ich unter Nichtbeachtung der dem Schatten innewohnenden negativen Kräfte in direktem Zugang versuchte, des »Schatzes« aus dem Unbewußten teilhaftig zu werden. Es ist ein sehr häufiges Phänomen in vielen Analysen, daß das Ich des Patienten unter enormem Aufwand einen derartigen Weg erfolglos versucht. Es dauert dann oft geraume Zeit, bis der Betreffende merkt, daß er sich selbst im Wege steht und nicht die schlechten Eltern, die Bosheit oder Kälte des Partners oder die Unfähigkeit des behandelnden Arztes daran schuld sind, sondern der eigene Schatten mit Fehlverhaltensweisen, Riesenansprüchen und all den negativen Eigenschaften, die man nicht gerne bei sich sieht und deshalb lieber verdrängt, um sie auf andere zu projizieren.

Nachdem unsere Heldin sich auf die Insel gerettet hat, ist sie jetzt vollständig auf sich allein gestellt, ein Motiv, das wir bereits mehrfach interpretiert haben. Hier erfolgt nun die Begegnung mit den zwei kämpfenden Tieren, der Schlange und dem Drachen. Wir erfahren in unserem Märchen, daß beide Tiere Verwandlungsformen der Geisterwelt sind. Hierbei vertritt der Drache ein männlich chthonisches Prinzip, während hinter der geflügelten Schlange ein weibliches Wesen steckt, das infolge seiner Volatilität anscheinend oberen und lichteren Sphären angehört. Wir haben bereits in der Kommentierung des Märchens vom Fischer, der die Flasche fand, ausführlich über die Klassifizierung der Djin im Bereich der moslemischen Welt gesprochen und auf die Unterscheidung zwischen den rechtgläubigen und den ungläubigen Djin oder Ifriten aufmerksam gemacht. Hier liegt wieder ein derartiger Konflikt zwischen einer dunklen und einer hellen »Geist«-Seite vor, wie wir ihn auch in der bereits erwähnten Geschichte von der Geisterschlacht des Königs Salomo gegen einen unbotmäßigen Geistkönig erwähnt haben. Auch das Motiv der beiden kämpfenden Tiere, der Konflikt zwischen dem geflügelten und dem ungeflügelten Drachen ist bei der Interpretation des Vogels Roch aus dem vorigen Märchen bereits kurz angedeutet worden. Bezogen auf das Ich des hier vorliegenden Märchens stellt der Drache eine dunkle, chthonische Natur-Seite des Geistes dar, vor dem eine lichtere geistige Weiblichkeit sich fortlaufend auf der Flucht befindet und in Gefahr schwebt, vollständig vergewaltigt zu werden. Dieser Zustand entspricht deutlich der inneren Situation unserer Heldin, deren Weiblichkeit bzw. deren spezifisch weiblicher Logos fortwährend infolge der Identität und Besessenheit des Ichs durch den Vater-Animus flüchten muß und vergewaltigt wird. Das Ich steht hier also einer Situation gegenüber, in der es sich entscheiden kann, endgültig gegen diese Umklammerung Stellung zu nehmen und sich aus ihr zu befreien. Das Mädchen tut dieses dann auch durch den gut gezielten Steinwurf, nach welchem das bisher umschlungene und festgehaltene Weibliche befreit aufsteigen kann und aus der Schlange ein »geistig« weibliches alter ego hervortritt.

Häufig benutzt auch der Traum diese Symbolik, in der aus einer bislang im Bereich des Animalischen liegenden archaischen Vorstufe eine Vermenschlichung und Annäherung an Bewußtsein und Ich erfolgen. So sei hier wieder ein derartiger Traum der gleichen Patientin eingefügt. Dieser Traum erfolgte nach ca. sechs Monaten weiterer Behandlung nach dem vorher angeführten Traum von der orientalischen Stadt. Auch er beginnt wieder mit dem Motiv der Stadt, nur ist es diesmal eine europäische, die der Patientin bekannt ist. Der Traum lautet: »Ich befinde mich in einer gebirgigen Stadt und gehe im oberen Ring mit noch jemand durch die Straßen. Mein Mann und ich lassen dann unser Auto auf der Straße stehen. Wir gehen weiter, Treppen und Gänge entlang. Sie haben starke alte Mauern, und die Treppen *sind mit den sehr flachen Stufen weit auseinander, breit. – Dann bin ich allein und sehe in einiger Entfernung unten viele Katzen, die fast verhungert sind. Die vorderste ist ein Katzenkind, steht auf ihren Hinterpfoten und streckt die Vorderpfoten hoch zu mir. Plötzlich sind es Kinder, und ein kleines, blondes und ganz nacktes Mädchen hüpft vorneweg.«*

Das kleine blonde Mädchen, das sich in diesem Traum aus der Katze entwickelt, bezieht die Patientin sofort auf sich selbst. Es ist eine Idealfigur aus der Kindheit von ihr selbst. Sie ist zwar schwarz, hatte aber immer den Wunsch, solch ein blondes Mädchen zu sein, weil sie glaubte, dann mehr geliebt zu werden. Auch stellte sie sich das blonde Mädchen im Gegensatz zu ihren eigenen Verhaltensweisen immer als sehr weiblich vor. Das kleine Mädchen stellt so einen Teil ihrer eigenen Weiblichkeit dar, der bislang von ihr stark vernachlässigt wurde, was die Symbolik der fast verhungerten Katzen ausdrückt. Ich möchte hier einfügen, daß eine derartige Koinzidenz zwischen einer Traumreihe und einem Märchen mit einer Benutzung fast der gleichen Symbolik im inneren Entwicklungsprozeß doch etwas relativ Seltenes ist. Selbstverständlich sind alle hier erwähnten Träume der Patientin zu einem Zeitpunkt geträumt, der vor der Niederschrift und der Beschäftigung mit eben diesem Märchen lag, so daß eine Beeinflussung im Sinne der Gegenübertragung auf der Ebene einer unbewußten Partizipation[135] [136] auszuschließen ist.

Selbstverständlich sind auch in der Symbolik der Katze andere Inhalte enthalten als etwa in dem der Schlange, und die Koinzidenz besteht darin, daß sich in beiden Phantasien aus der Tierform ein Stück der eigenen Weiblichkeit entwickelt.

Die Bildung einer Beziehung zwischen der oberen »geist«-igen Weiblichkeit und dem Ich, die nach der Befreiung aus der vergewaltigenden Umarmung des Drachens erfolgt, bringt nun das Ich in einen neuen Ambivalenzkonflikt. Es wird zwar aus seiner isolierten Lage erlöst und gelangt wieder in den Besitz seiner rechtmäßigen Schätze; dafür kommt es aber im Bereich des Schattens zu einer weiteren Regression. Die Djinnije verwandelt die beiden neidischen Schwestern in zwei Hündinnen und erteilt zusätzlich dem Mädchen die Auflage, diese jede Nacht durchzupeitschen. Das sich bildende weibliche Ich tritt hiermit in eine Phase ein, deren Konflikt darin besteht, die eigenen Mitleidsgefühle überwinden zu können. Sie muß schon zum Zweck der Selbsterhaltung diesen Gefühlen widerstehen können und darf ihnen nicht nachgeben, denn sonst, so sagt das Märchen, würde die Djinnije erscheinen und sie selbst anstelle der Schwestern durchprügeln. Dieses Stadium ist für die weibliche Ich-Entwicklung ungemein wichtig. So wie die Ich-Stärke im männlichen Bereich vorwiegend in dem Ertragenkönnen von Angst, Spannung, Schmerz und Hunger besteht, erweist sich die Stärke des weiblichen Ich dadurch, daß es nicht an falscher Stelle durch die eigenen Mitleidsgefühle überschwemmt und in eine Selbstaufgabe hineingetrieben wird. In einer anderen Form wird hier das gleiche Problem behandelt, das wir im Amor- und Psyche-Märchen an der Stelle finden, wo Psyche den Weg in die Unterwelt antreten muß. Venus, der sich die umherirrende Psyche freiwillig ausgeliefert hat, stellt ihr dort bekanntlich eine Reihe von praktisch unlösbaren Aufgaben, die Psyche nur mit Hilfe der Ameisen, des Schilfes und des Adlers lösen kann. Als vierte und schwerste Aufgabe erteilt ihr Venus dann den Befehl, in die Unterwelt zu steigen und von Proserpina eine Büchse voll Schönheitssalbe zu holen. Den Weg zum Hades zeigt ihr der Turm, von dem sie sich hoffnungslos herabstürzen will, und dieser nennt ihr auch all die Gefahren, denen sie sich dabei auszusetzen hat. Auch sagt er ihr, wie sie ihnen begegnen kann. Hierzu gehört auch die Überquerung des Totenflusses, und der Turm erzählt ihr hier folgendes: »... und wenn du schon einen guten Teil des todbringenden Weges vollendet hast, wirst du einen lahmen Esel, ein Holz-Trägerlein, treffen mit einem ebenfalls lahmen Treiber, der dich bitten wird, ihm von dem herabfallenden Gepäck einige Knüttel zu reichen; aber du gehe, ohne ein Wort hervorzubringen, schweigend vorüber. Ohne Verzug wirst du zum Toten-Fluß kommen; über den ist Charon gesetzt, der zuerst ein Fährgeld verlangt und dann die Zusammenkommenden in seinem geflickten Kahn ans jenseitige Ufer fährt ... Ferner, wenn du den

*trägen Strom durchmissest, wird ein hinüberschwimmender toter
Greis, die verwesten Hände erhebend, dich bitten, daß du ihn
in das Fahrzeug ziehst; doch lasse dich dennoch nicht von un-
erlaubter Barmherzigkeit bewegen. Nachdem du über den Fluß
und ein Stück weiter gegangen bist, werden dich alte Webe-
weiber, die ein Gewebe herrichten, bitten, du mögest ein wenig
Hand anlegen, doch ist es dir nicht erlaubt, es zu berühren. Denn
dieses alles und vieles andere entsteht dir durch die Nachstellun-
gen der Venus . . .«*

So befindet sich Psyche hier in der gleichen Situation wie die
Heldin unseres Märchens. Sie muß Mitleid und Hilfsbereitschaft
überwinden und den Gefühlen, die sie hier an falscher Stelle
in die Situation der Selbstvernichtung und Selbstschädigung führen würden, widerstehen können. Die Stabilität und die Bildung
des weiblichen Ich gegenüber der transpersonalen Macht der großen Mutter, deren Personifikation im Psychemärchen die Göttin
Venus ist, erweist sich im Bestehen und in der Beherrschung der
Gefühlsseite. Deren Gefahren bzw. das Von-ihr-überschwemmt-
Werden liegen für das Weibliche näher als für das Männliche[133].

Psychologisch gesehen bedeutet die Regression des Schwestern-Schattens in die Hundegestalt eine Abtrennung des Bewußtseins vom Unbewußten. Das Ich, das sich aus der Umklammerung und Besessenheit eines unbewußten Vater-Archetypus
gelöst hat, identifiziert sich jetzt mit dem lichten Aspekt einer
oberen Weiblichkeit und gerät unter den Einfluß der rechtgläubigen Fee bzw. der Figur einer weisen Magierin. Hierdurch setzt
sich das bewußte Ich von seinem Schatten ab, und die bestiae
bzw. appetitus, die in Neid, Besitzgier und Sexualität der Schwestern bestehen, unterliegen einer durchaus sadistischen Knech-
tung. Die Symbolisierung eines Triebkonfliktes durch die Figur
des Hundes oder der Hündin ist etwas ungemein Häufiges. 1937
benutzt Freud [137] dieses Symbol in seinem Aufsatz »Die endliche
und die unendliche Analyse«: »Die Warnung, schlafende Hunde
nicht zu wecken, die man unseren Bemühungen um die Erfor-
schung der psychischen Unterwelt so oft entgegengehalten, ist
für die Verhältnisse des Seelenlebens ganz besonders unange-

bracht. Denn, wenn die Triebe Störungen machen, ist es ein Beweis, daß die Hunde nicht schlafen, und wenn sie wirklich zu schlafen scheinen, liegt es nicht in unserer Macht, sie aufzuwecken.« Ganz zu recht, wenn auch möglicherweise unbewußt, bringt Freud den Hund hier mit der Unterwelt in Verbindung, der dieser auch in der Mythologie vorzugsweise zugehörig ist.

In der griechischen Mythologie[65] ist der Hund das Begleittier der Nachtgöttin und dunklen Seite der Demeter, der Hekate, ebenso wie die Jagdgöttin Artemis bei ihrem nächtlichen Schweifen von einem Schwarm wilder Hunde umgeben ist. Er ist auch das zerreißende Tier dieser Gottheit, wie in der Geschichte von Aktaion, der zur Strafe dafür, daß er die badende Göttin überraschte, in einen Hirsch verwandelt von seinen eigenen Hunden zerrissen wurde. Als Kerberos ist der Hund das Unterweltstier, geboren von Echidne und gezeugt von Typhon. Die Todesgöttin Hekate wurde selbst auch oft als Hund abgebildet, ebenso wie in der ägyptischen Mythologie[138] der hundsköpfige Gott Anubis, der die Seelen in die Unterwelt leitete. Neben Kerberos stammte aus der Verbindung zwischen Echidne und Typhon auch noch der zweiköpfige Hund des Geryon, Orthros. Orthros schlief mit seiner eigenen Mutter und zeugte mit ihr die Spinne und den nemeischen Löwen. Im Orient sind Hund, Wolf und Hyäne die nächtlichen Leichenfresser. In der persischen Frühzeit, in Indien und der Mongolei war es teilweise Sitte, die Toten auszusetzen und diesen Tieren zu überlassen, wie auch der im ersten Märchen zitierte Yoga-Text besagt.

Mit dieser dunklen, nächtlichen Seite ist die Symbolik des Hundes aber keineswegs erschöpft. Infolge seiner Zähmbarkeit und Nützlichkeit als treuer Bewacher der Herden, die er zusammenhält und gegen wilde Tiere schützt, ist er auch ein hilfreicher Gefährte des Menschen. Es ist wohl anzunehmen, daß er zu den frühesten vom Menschen domestizierten Tieren gehört. Diesen Doppelaspekt, der auch aller Triebkraft anhaftet, drückt der sich aus der Pudelgestalt schlüpfende Mephistopheles aus, als einen Teil von jener Kraft, »die stets das Böse will und stets das Gute schafft«. Die im Pudel enthaltene Libido führt aus der weltabgewandten geistig-asketischen Lebensform in die Verstrickungen und Konflikte eines Lebens in dieser Welt und fördert einen Entwicklungsvorgang, der am Ende zu tieferer Reife und Erlösung führt. Auch mythologisch findet sich dieser andere Aspekt des Hundes, der als Todesgottheit gleichzeitig Mithilfe und Beistand zur Wiederbelebung liefert. Hekate ist es, die Demeter als erste einen Hinweis über den Verbleib der von Hades geraubten Kore gibt und damit ihre Auffindung und teilweise Wiederauferstehung ermöglicht. In der ägyptischen Mythologie sucht die Mutter Isis die Teile des zerstückelten Osiris mit Hilfe des schakalköpfigen Anubis zusammen.[139] Ebenso ist der Hund auch ein ständiger Begleiter des Heilgottes Asklepios. In dem alchimischen Text des Hippolytus taucht der Hund nach Aratus auch als Logos auf: »... der Hund ist ein gewisser göttlicher Logos: er trat als Richter der Lebenden und Toten auf, und gleich wie der Hund als Gestirn in bezug auf die Hervorbringung der Pflanzen in Betracht kommt, so auch der Logos in bezug auf die himmlischen Pflanzen, sagen sie (nämlich die Menschen).« Es ist in diesem Zusammenhang auch zu erwähnen, daß die »symbolisatio per canem« nach einer Bemerkung Jungs[82] wahrscheinlich durch das ursprünglich arabische Traktat des Kalid, »Liber secretorum«, in die abendländische Alchimie eingedrungen ist. Im Schrifttum der Alchimie findet sich auch noch eine interessante Parallele zur Auspeitschung des Hundes, wie sie im Märchen erfolgt. Die Auspeitschung des kranken, nächtlichen und gefährlichen Hundes ist hier mit der Vorstellung der Wandlung in den Adler verknüpft, wobei seine Finsternis verschwindet und er zu einem Sonnentier wird. Der Text findet sich im »Introitus apertus« des Philaletha und lautet: »Dieses (scl. Chamaeleon) ist der hermaphroditische Sohn, der von der Wiege an durch den Biß des tollwütigen corascenischen Hundes angesteckt ist, weshalb er infolge chronischer Hydrophobie verblödet und rast; ja, er scheut und flieht vor dem Wasser, das ihm doch näher ist als jedes natürliche Ding, oh Schicksal! Es sind aber im Haine Dianens ein Paar Tauben, die seine rasende Wut besänftigen. Dann wird der ungeduldige, schwärzliche, tolle Hund, damit er keinen Rückfall der Hydrophobie erleide und, im Wasser versunken, darin zugrunde gehe, fast erstickt an die Oberfläche des Wassers kommen. Du aber jage ihn mit Wassergüssen und Schlägen in die Flucht und halte ihn ferne, so werden die Finsternisse schwinden. Wenn der Mond in seinem vollen Licht scheint, gib ihm Flügel, und ein Adler wird wegfliegen . . .«

Wir greifen mit dieser letzten Parallele aber bereits der weiteren Verwandlung des Hundes vor, die in den Schluß der Erzählungen gehört, und wollen die Kommentierung dieses Märchens hier abschließen. Der Zustand, in dem sich unsere Heldin am Ende des Märchens befindet, verbleibt doch recht erlösungsbedürftig und unbefriedigend. Mit ihrem Anschluß und ihrer engen Beziehung zu der allzu lichten Figur der Djinnije ist sie mit einer archetypischen weiblichen Figur identifiziert und lebt teilweise weit über ihre Verhältnisse als eine lichte Gestalt ohne Schatten. Letzterer taucht nur in der Nacht wie ein Relikt kurz auf. Auf der anderen Seite lebt sie aber auch wieder weit unterhalb ihrer selbst, da sie von ihrer mütterlich-erdhaften Seite abgetrennt ist und daher letztlich unfruchtbar bleibt.

7. Kapitel

DIE GESCHICHTE DER PFÖRTNERIN

Diese Geschichte, die den Charakter einer Novelle hat und keine Märchenmotive mehr enthält, braucht hier nicht im einzelnen kommentiert zu werden. Die wesentlichen Geschichten des Zyklus sind die drei Erzählungen der Bettler und die Geschichte des ersten Mädchens mit ihren beiden verzauberten Schwestern. Diese bilden auch zum Schluß eine gemeinsame Heiratsgruppe, denn die drei Schwestern werden vom Chalifen mit den drei Bettelmönchen verheiratet. Die Geschichte der Pförtnerin ist eine Randerzählung, durch die nur eine psychologisch bedeutsame neue Figur in das Geschehen eintritt, nämlich der Sohn des Chalifen. Die Kommentierung dieser Figur und der Zeitpunkt ihres Auftretens in der Geschichte sollen aber auf das nächste Kapitel, die abschließende Übersicht über den Verlauf des ganzen Zyklus verschoben werden, da erst in der Übersicht über das Gesamtgeschehen die Bedeutung dieser Figur deutlich wird.

Hier der Inhalt der Geschichte in verkürzter Fassung:

O, Beherrscher der Gläubigen, die (die Pförtnerin, d. Verf.) hatte einen Vater, der mir bei seinem Tode großen Reichtum hinterließ. Nach seinem Dahinscheiden vermählte ich mich mit einem reichen Mann, mit dem ich ein Jahr zusammenlebte. Da starb auch er, und durch sein Erbe wurde ich überreich, und mein Ruf verbreitete sich überall. Eines Tages nun, als ich zu Hause saß, trat ein altes Weib zu mir ein, grüßte mich, küßte den Boden und sprach: »*Ich habe daheim eine Waisentochter, und für heute nacht habe ich ihr Brautzug und Hochzeit gerüstet. Da wir aber fremd sind in dieser Stadt und niemand kennen, verdiene du dir den Lohn des Himmels und sei zugegen bei ihrem Brautzug. Wenn die Damen der Stadt dieses sehen, so werden auch sie erscheinen, und du wirst meinen Kummer heilen.*« *Da faßte* mich Mitleid und Erbarmen, und ich willigte ein. Nachdem ich meinen Mantel umgeworfen hatte, folgte ich ihr, bis wir zu dem Tor eines Palastes kamen, der ragte empor vom Erdboden, bis er sich in den Wolken verlor. Dort pochte die Alte, und wir kamen in einen prächtig ausgestatteten Vorsaal, an dessen Ende ein Lager stand mit einem Baldachin aus perlenbesetztem Atlas. Aus ihm trat ein junges Mädchen hervor, das vollkommener war als der Mond, setzte sich zu mir nieder und sagte zu mir: »Meine Schwester, siehe, ich habe einen Bruder, der dich zuweilen gesehen hat. Er ist ein Jüngling, schöner als ich, und sein Herz ist in heißer Liebe zu dir entbrannt. Darum möchte er sein Leben an das deine binden, und so entsann er diese List, um mich mit dir zusammenzuführen. Er wünscht sich mit dir zu vermählen.« Als ich diese Worte hörte und sah, daß ich in dem Hause gefangen war, sagte ich: »Ich höre und willige ein.« Da klatschte sie in die Hände, und eine Tür tat sich auf, aus der ein Jüngling voller Schönheit und Lieblichkeit trat. Er setzte sich zu mir und plauderte mit mir, und ich gewann ihn lieb. Dann klatschte das Mädchen wiederum in die Hände, und siehe, eine Seitentür tat sich auf. Heraus trat der Kadi mit vier Zeugen, und sie setzten zwischen uns den Ehevertrag auf.

Dann wandte sich der Jüngling zu mir und sagte: »Meine Herrin, ich muß dir eine Bedingung auferlegen. Schwöre mir auf dem heiligen Buche, daß du nie einen anderen ansehen willst als mich, noch ihm deine Neigung schenken.« Das schwor ich, und er war hocherfreut und umarmte mich. Dann aßen wir und tranken, und er führte mich in das Brautgemach, und er küßte und umarmte mich immerfort bis zum Morgen. So lebte ich mit ihm ein Leben des Glücks einen vollen Monat lang. Da aber bat ich ihn, in den Basar gehen zu dürfen, um mir ein paar Stoffe zu kaufen, und er erlaubte es mir. So zog ich mir den Mantel an und ging mit der Alten und einer Sklavin zu dem Laden eines jungen Kaufmanns, den die Alte kannte. Er brachte mir alles, was ich suchte, und ich bot ihm sein Geld, aber er weigerte sich, etwas zu nehmen und sagte: »Dies sei heute euer Gastgeschenk bei mir!« Ich aber sagte zu der Alten: »Wenn er das Geld nicht will,

so gib ihm seine Stoffe zurück!« »Bei Allah!« rief er, »nichts will
ich von dir nehmen, aber dieses alles gebe ich hin für einen ein-
zigen Kuß; denn er ist mir kostbarer als alles, was ich in meinem
Laden habe.« Da flüsterte die Alte mir zu, doch darauf einzuge-
hen, und ließ nicht von mir ab, bis ich den Kopf in die Schlinge
steckte und darauf einwilligte. Dann verschleierte ich mir die
Augen und verbarg mein Antlitz hinter der einen Seite des Man-
tels vor den Leuten. Nun legte er unter meinen Schleier seinen
Mund an meine Wange, aber als er mich küßte, biß er mich so
scharf, daß er mir ein Stück Fleisch aus der Wange riß. Da ward
ich ohnmächtig, und als ich wieder erwachte, sah ich, daß der
Laden verschlossen war, und die Alte versuchte mich zu trösten
und sagte: »Wenn du nach Hause kommst, dann stelle dich
krank. Ich werde eine Decke über dich breiten und dir eine Arznei
bringen, durch die dieser Biß heilen und du bald wieder gesund
sein wirst.«

So tat ich auch, aber als die Nacht hereinbrach, kam mein
Gatte herein und fragte: »Was ist's, das dir widerfuhr, meine
Herrin, auf diesem Ausgang?« Ich erwiderte ihm: »Mir ist nicht
wohl, mein Kopf schmerzt mich.« Er entzündete jedoch eine
Kerze, trat nahe zu mir, sah mich an und sprach: »Was für eine
Wunde ist das, die ich da auf deiner Wange sehe?« Ich antwor-
tete: »Als ich heute ausging, stieß mich ein mit Brennholz belade-
nes Kamel an und verwundete mir die Wange.« Da schwor er, er
werde alle Holzhändler dieser Stadt an den Galgen hängen las-
sen. Ich aber sagte: »Lade dir um Gottes Willen keine Schuld
auf. In Wahrheit war es so, daß ich auf einem Esel ritt, der
stolperte, und ich verletzte mich im Fallen an einem Stück Holz.«
Da wollte er alle Eseltreiber töten lassen, und ich verabscheute
ihn und gebrauchte heftige Worte gegen ihn. Da erkannte er,
wie es um mich stand und rief: »Du hast deinen Schwur gebro-
chen!« Er stieß einen lauten Schrei aus, und es tat sich eine Tür
auf, aus der sieben schwarze Sklaven traten. Diese packten mich
und hielten mich am Boden fest. Er aber sprach zu einem, der ein
Schwert in der Hand hielt: »Mein Freundchen, triff sie und zer-
schlage sie in zwei Teile, und jeder nehme den einen Teil und

werfe ihn in den Tigris, damit die Fische sie fressen. Das ist der Lohn dessen, der den Schwur und die Liebe bricht.« Ich aber weinte und redete ihn mit Versen an, und er antwortete mir.

Während ich aber schon mit dem Leben abgeschlossen hatte, siehe, da kam die Alte hereingestürzt, warf sich ihm zu Füßen, weinte und rief: »O mein Sohn, bei meiner Pflege an dir und bei meinem Dienst für dich, verzeih dieser Frau; denn wahrlich, sie hat keine Schuld begangen, die ein solches Schicksal verdiente. Ich fürchte, du wirst durch sie eine Schuld auf dich laden, denn es heißt, wer da tötet, der soll getötet werden. Was liegt an dieser buhlerischen Person? Laß sie von dir gehen und vertreib sie aus deinem Sinn und deinem Herzen.« Dann ließ sie nicht ab, in ihn zu dringen, bis er nachgab und sagte: »Ich vergebe ihr; aber ich muß ihr eine Spur aufprägen, die ihr Leben lang auf ihr bleiben soll.« Darauf befahl er den Sklaven, mir die Kleider herunterzureißen und mich auf dem Boden auszustrecken. Während die Sklaven mich festhielten, holte der Jüngling einen Quittenzweig herbei, fiel damit über meinen Leib und schlug immerfort auf Rücken und Flanken, bis ich die Besinnung verlor vor der Gewalt der Schläge. Da nun befahl er den Sklaven, sie sollten mich gleich nach Einbruch der Dunkelheit forttragen und mich in das Haus werfen, das ich früher bewohnt hatte. Und sie taten nach ihres Herrn Geheiß, warfen mich nieder in meinem Haus und gingen ihrer Wege davon.

Ich aber lag vier Monate krank ans Bett gefesselt, bis ich mich endlich erholte und wieder gesund wurde. Dann ging ich zu dem Haus, in dem mir das alles widerfahren war, und fand es verwüstet, und an der Stelle des Hauses lagen Schutthaufen. Da ging ich zu dieser meiner Schwester von Vaters Seite und fand bei ihr diese beiden schwarzen Hündinnen. Dann erzählte sie mir ihre eigene Geschichte und alles, was ihr mit den Schwestern widerfahren war. Wir lebten zusammen, und nach einer Weile schloß sich uns diese Dame an, die Wirtschafterin, die jeden Morgen ausgeht und uns alle Dinge einkauft, und so lebten wir bis zum gestrigen Tage. Dann geschah, was uns geschah, durch die Ankunft des Lastträgers und der drei Bettelmönche.

8. Kapitel

DIE HERSTELLUNG DER
»CONJUNCTIO OPPOSITORUM«

Nun folgt der Schluß der Geschichten:

*Der Chalife staunte sehr über diese Erzählungen und befahl,
daß sie aufgezeichnet und in seinem Archiv niedergelegt würden.
Dann aber fragte er das älteste Mädchen: »Weißt du, wo die Dämonin ist, die deine Schwestern verzauberte?« Sie erwiderte:
»O Beherrscher der Gläubigen, sie gab mir eine Locke ihres Haares und sagte: Wenn du je wünschst, daß ich erscheine, so ver-
brenne eines von diesen Haaren, und ich werde unverzüglich bei
dir sein, wäre ich auch jenseits des Berges Kaf.« Da ließ sich der
Chalife das Haar bringen und verbrannte es. Als aber der Duft des
brennenden Haares aufstieg, da erbebte der Palast; man hörte ein
Rauschen und Krachen, und siehe, da erschien die Dämonin. Da
sie eine Muslimin war, so sprach sie: »Friede sei mit Dir, o Stellvertreter Allahs!« und er erwiderte: »Auch mit Dir sei Friede und
Allahs Gnade und sein Segen!« Dann fuhr sie fort: »Wisse, dies
Mädchen säte für mich die Saat der Güte, und ich kann es ihr
nicht genug vergelten, denn sie rettete mich vom Tode und tötete
meinen Feind. Nun hatte ich gesehen, wie ihre Schwestern gegen
sie gehandelt hatten, und ich sah es als meine Pflicht an, Rache
an ihnen zu nehmen. Erst wollte ich beide töten; doch ich be-
sorgte, das könne ihr zu schwer zu ertragen sein, und so verzauberte ich sie in Hündinnen. Jetzt aber, wenn Du ihre Befreiung
wünschest, o Beherrscher der Gläubigen, so will ich sie Dir und
ihr zu Gefallen befreien; denn ich gehöre zu den Muslimen.« Der
Chalife antwortete: »Befreie sie, und nachher wollen wir uns mit
der Sache der geschlagenen Dame befassen und alles genau untersuchen; wenn sie sich als wahr erweist, so will ich an dem, der ihr
unrecht tat, Vergeltung für sie üben.« Die Dämonin fuhr fort:
»O Beherrscher der Gläubigen, ich will sie befreien und will Dir*

auch den entdecken, der an diesem Mädchen also handelte und ihr unrecht tat und ihr nahm, was sie besaß; denn er steht Dir von allen Menschen am nächsten!«

Darauf nahm die Dämonin eine Schale Wassers und sprach einen Zauber darüber und murmelte Worte, die ich nicht verstand, und sie besprengte die Gesichter der Hündinnen und sagte: »Kehret in eure frühere menschliche Gestalt zurück!« Da kehrten sie in die Gestalt zurück, die sie früher gehabt hatten. Dann sprach die Dämonin: »O Beherrscher der Gläubigen, wahrlich, der dieses Mädchen schlug, ist dein Sohn el-Amîn, der Bruder von el-Ma'mun; er hatte von ihrer Schönheit und Anmut gehört, und er brauchte eine List gegen sie und vermählte sich mit ihr nach dem Gesetz. Ihm kann keine Schuld vorgeworfen werden, wenn er sie schlug, denn er erlegte ihr eine Bedingung auf und nahm ihr einen feierlichen Eid ab, eines nicht zu tun. Sie aber brach ihr Gelübde, und da wollte er sie töten; doch er fürchtete Allah den Erhabenen, geißelte sie in dieser Weise und schickte sie in ihr Haus zurück. Dies ist die Geschichte des zweiten Mädchens, doch Allah weiß es am besten.« Als der Chalife diese Worte der Dämonin hörte und erfuhr, wer das Mädchen geschlagen hatte, geriet er in höchstes Staunen und sagte: »Preis sei Allah, dem Erhabenen und Allmächtigen, der mir gnädig war und wirkte, daß diese beiden Mädchen von der Verzauberung und der Folter befreit wurden, und der mich in seiner Gnade bekannt machte mit der Geschichte dieses Mädchens! Jetzt will ich, bei Allah, eine Tat tun, die man nach meinem Tode aufzeichnen wird.«

Darauf ließ er seinen Sohn el-Amîn holen und fragte ihn nach der Geschichte des zweiten Mädchens; und der erzählte alles der Wahrheit gemäß. Dann ließ der Chalife die Kadis und die Zeugen vor sich rufen, ebenso die drei Mönche und das erste Mädchen mit ihren Schwestern, die verzaubert gewesen waren; und er vermählte die drei mit den drei Bettelmönchen, die ja berichtet hatten, daß sie Könige wären, und er ernannte diese zu Kammerherren an seinem Hofe und teilte ihnen Einkünfte zu und alles, dessen sie bedurften, und gab ihnen Wohnung im Palaste zu Bagdad. Und das Mädchen mit den Narben gab er sei-

nem Sohne el-Amîn zurück, und er erneuerte zwischen ihnen die
Ehe und gab ihr großen Reichtum und ließ das Haus noch schö-
ner als zuvor von neuem erbauen. Er selber jedoch nahm zur Ge-
mahlin die Wirtschafterin und schlief in selbiger Nacht mit ihr;
und am nächsten Tage bestimmte er ihr ein Haus und Sklavin-
nen zu ihrem Dienst, setzte Einkünfte für sie fest und gab ihr
einen Platz unter seinen Gemahlinnen. Das Volk staunte ob der
Großmut des Chalifen, seiner natürlichen Wohltätigkeit und sei-
ner Weisheit; der Chalife aber wiederholte den Befehl, man solle
alle diese Geschichten in seine Annalen eintragen.

Zum Abschluß unserer Erzählungen bildet sich aus dieser
Gruppe vom Schicksal zusammengeführter Menschen ein Ganzes, das durch vielfache Beziehungen ineinander verflochten ist.
Den Kern der Gruppe stellen die Träger der großen Geschichten
dar, die miteinander eine feste Bindung eingehen, indem die drei
einäugigen Bettelmönche mit dem ersten Mädchen und deren
zwei Schwestern verheiratet werden. Mit der Erlösung der zwei
in die Hundegestalt verzauberten Mädchen hat sich die ursprüngliche weibliche Dreiergruppe der Anfangssituation auf fünf erweitert. Ihnen gegenüber hat sich eine Gruppe von fünf Männern herauskristallisiert, so daß die Gesamtheit, die hier miteinander in Beziehung tritt, wieder die Zahl Zehn ergibt. Diese Zahl
wurde bereits in der Geschichte des dritten Bettelmönches ausführlich in ihrer Bedeutung als Ganzheit, als das Selbst, kommentiert. An dieser Stelle bildet sich aus den archaischen Vorstufen, in denen die Zahl bisher auftauchte, die vorläufig endgültige humane Ganzheit, welche die wesentlichen Elemente, die
für eine solche gefordert werden müssen, in sich enthält. Sie besteht zunächst in einer gleichmäßigen Kombination zwischen
dem weiblichen und dem männlichen Element, wobei, entsprechend den Anforderungen einer patriarchalen Kultur, dem Männlichen die Herrschaft und das Bestimmende zufällt. Dies manifestiert sich in der Person des Chalifen. Es sei hier auch noch
einmal auf die Bedeutung des Ortswechsels hingewiesen, in dessen Verlauf die männliche Gruppe aus der Dominanz des Weiblichen gelöst wird und der Chalife die Herrschaftsrolle im Verlauf

der Geschichte übernimmt. Durch die Einbeziehung des Prinzen el-Amîn kommt weiterhin in die männliche Gruppe ein dynamisches Prinzip. Gottkönig als Vater und Sohn treten hier in einer Vereinigung auf, womit das Motiv der Erneuerung und des Werdenden einbezogen wird.

Hier sind noch einige weitere psychologische Überlegungen zur Figur des Gottkönigs erforderlich. Mit seiner Teilhabe am göttlichen Wesen vertritt er nach der Konzeption der Subjektstufendeutung, in der wir das Gesamt der handelnden und auftretenden Personen als eine psychische Einheit auffassen, jenen Teil der Seele, der als eine Paradoxie sowohl die numinosen Qualitäten des Selbst darstellt, gleichzeitig aber auch die Rolle eines Mittlers zwischen diesen numinosen Inhalten und den anderen psychischen Funktionen übernimmt. Wir treffen also in dieser Figur die Charakterzüge des Merkurius wieder, die bereits an anderer Stelle ausführlicher erörtert wurden, wobei hier im Gegensatz zu dem ithyphallischen Hermes des Beginns der Geschichten, dem Lastträger, jetzt durch den Chalifen der obere Aspekt des Merkurius ausgedrückt wird. Aber auch hier findet die Verbindung von oberen und unteren Bereichen statt, denn der Chalife verheiratet sich selbst gerade mit der niedrigsten und belanglosesten der drei Damen, mit der Wirtschafterin.

Die Züge der merkurialen Mittlerfunktion des Chalifen sind gerade in den religiösen Vorstellungen des Islam sehr ausgeprägt enthalten. Ein Grunddogma des Islam lautet, daß Mohammed »der Gesandte« Gottes ist. Um die Menschen vor dem Sündenfall und dessen Folgen, insbesondere dem Götzendienst, zu warnen, sandte Gott von Zeit zu Zeit dem Volk Propheten, denen er durch den Engel Gabriel seinen Willen offenbarte. Der vorletzte dieser Propheten war Christus, der letzte, nach dem keiner mehr erscheinen wird, Mohammed, der die unverfälschte und reine Lehre Abrahams auf der Welt wiederherstellen sollte. Die auf Mohammed folgenden Chalifen übernehmen ihrerseits die Funktion eines Stellvertreters des Propheten auf Erden mit allen irdischen und geistlichen Machtansprüchen, wobei sie von der Phantasie ihrer Mitwelt ähnlich wie der König Salomo auch noch zusätzlich mit der Macht über gewisse außermenschliche Bereiche ausgerüstet werden. Auch im Schluß unserer Geschichten gebietet der Chalife der Dschinnije, die Erlösung der beiden Schwestern durchzuführen, und diese muß ihm gehorchen, denn das Reich der rechtgläubigen Geister ist dem Stellvertreter des Propheten ebenso untertan wie das der rechtgläubigen Menschen. Wenn wir vorher von dem Begriff des Gottkönigs gesprochen haben, so sehen wir, daß dieser im Sinne der alten Kulturen, wo noch eine Identitätsbeziehung zwischen Gott und König bestand, streng genommen bei den Chalifen nicht mehr zutrifft und eine erhebliche Verschiebung von der Identität, die nur noch in archaischen Resten vorhanden ist, zur vermittelnden Funktion zwischen göttlichen und menschlichen Inhalten auftritt.

Es lohnt sich, als Amplifikation einen solchen Bedeutungswandel innerhalb der Figur des Gottkönigs aus einer alten Hochkultur dieses Raumes, der ägyptischen, kurz zu skizzieren. Hier ist im Anfang der Geschichte entsprechend dem Machtdenken der magischen Stufe der Pharao als der Träger der Macht mit dem Horusfalken identifizierbar. Der König heißt »Horus NN«; die Stelen der ältesten Könige verbinden die Bezeichnung des Horus mit dem individuellen Namen des Königs. Aber bereits im alten Reich treten Gott und König mit dem Aufkommen der mythischen Stufe, die ja durch den Gewinn einer personalen Existenz gekennzeichnet ist, auseinander. Von Morenz[107] wird schon das bekannte Bildnis des Chefren, der mit einem Horusfalken verschmolzen dargestellt ist, in der Richtung gedeutet, daß sich die ursprüngliche Identität zur Inkarnation wandelt. Mit der 4. Dynastie tritt dann bereits die dogmatische Einordnung des Königs als Sohn des Re auf. Das bedeutet insbesondere bei den stark auf patriarchalen Zügen ausgerichteten Kulturen eine deutliche Einbuße gegenüber der Identität mit dem Gott. Der König handelt jetzt als der gehorsame Sohn auf den Befehl eines mächtigeren und dominierenden Vaters. »So sagt der Herrscher (Sesotris I.) in einem Bericht über die Gründung eines Tempels, der Gott habe ihn gemacht, ›um das auszuführen, was er zu tun befohlen hat.‹ Die Pharaonen des neuen Reiches, voran Thutmosis III., unternehmen ihre Feldzüge auf Befehl ihres göttlichen Vaters (Ammon-Re) – ...« Dies tritt auch in den Bauwerken zutage, insofern als die Riesenpyramiden des alten Reiches zugunsten der Tempelbauten zurücktreten. Zwar hat immer das Alte neben dem Neuen weiterbestanden, und die Identitätstitulaturen finden sich auch in den späteren Zeiten; doch wird das Auseinandertreten zwischen der Identität des Königs mit Gott und dem König als menschliche Person immer deutlicher. Bereits im alten Reich wird zwischen der Göttlichkeit des königlichen Amtes und der menschlichen Natur seines Trägers unterschieden. Der lebende König ist Mensch und Gott zugleich, und erst der tote König wird ganz zum Gott. Diese Konzeption wird in den späteren Zeiten noch verstärkt, und die Mittlerrolle des Königs tritt neben der Identität in den Vordergrund. Dem König allein stand der Verkehr mit den Göttern zu, wenn er es auch in praxi auf einen Priesterstand übertragen mußte.

Wir sehen, wie bereits in der ägyptischen Kultur das kollektive Unbewußte gleichzeitig Identität und Mittlerrolle zwischen Göttlichem und Menschlichem darzustellen trachtet und innerhalb der Kultur Akzentverschiebungen zwischen diesen beiden Positionen stattfinden. Auch Christentum und Islam lassen sich unter diesem Gesichtspunkt vergleichen, insofern in der Figur Christi die Identität weiterenthalten ist, während der Islam in der Betonung der Prophetenrolle Mohammeds die merkuriale Funktion des Mittlers in den Vordergrund stellt.

Das archetypische Bild, dessen Charakteristika hier in der Figur des Chalifen enthalten ist, hat sich im Gegensatz zum Beginn der Geschichten aus seiner Randständigkeit und Unerkanntheit zu einer bewußten Figur erhoben, der die anderen untergeordnet sind. Nach ihr hin werden alle anderen Figuren orientiert, und von dieser höchsten Stelle zentriert sich die Bildung einer gemeinsamen Harmonie. Das Märchen stellt dieses harmonische Sich-ineinander-Fügen aller Anteile einer Gesamtheit unter Einwirkung des Höchsten durch die gegenseitigen Heiraten und die Erhöhung der Bettelmönche zu Kammerherren dar.

Es war ausgeführt worden, wie sich in den Erzählungen

Entwicklungsstadien des Ich-Komplexes und der Anima darstellen, die aus einer fast völligen Passivität und Abhängigkeit von den umgebenden Mächten des Unbewußten zu einer gewissen Selbständigkeit und Freiheit führen. Obwohl es durchaus möglich ist, die ersten drei Märchen hintereinander zu schalten, um so Entwicklungsstufen eines Ich-Komplexes zu erhalten, der aus infantiler Abhängigkeit zur Reife und Selbständigkeit gelangt, bleiben wir hier in der Kommentierung besser direkt bei dem von den Erzählungen selbstgewählten Bild. Es ist in den Märchen nicht dieselbe Figur, wie z. B. in den Reisen Sindbads, die diese Stadien durchläuft, sondern es sind drei verschiedene, deren Gemeinsamkeit nur in der königlichen Herkunft, dem Verlust des einen Auges und ihrem Bettlertum besteht. Auch wird es peinlich vermieden, den einen mit positiveren Prädikaten wie reifer, erwachsener, besser, edler o. ä. zu belegen. Sie stehen gleichsam nebeneinander. Jeder von ihnen hat seinen eigenen Wert, der dem anderen in keiner Weise nachsteht.

Es wird also nicht die Evolution eines einzelnen beschrieben, sondern es handelt sich mehr um eine phänomenologische Schau, die aber keineswegs die den Bildern innewohnende Dynamik vernachlässigt, sondern deren Spannungsbogen im Nebeneinander viel deutlicher und wirklicher werden läßt.

Übertragen wir nun diese Vorstellungen eines Nebeneinander in unsere Konzeption eines innerseelischen Geschehens, so erhalten wir das Bild eines Ich-Komplexes, der durch drei gleichwertig nebeneinanderstehende Figuren versinnbildlicht wird. Hierbei mag zunächst unberücksichtigt bleiben, ob es sich um die Darstellung einer kollektiven Bewußtseinssituation oder um ein individuelles Einzel-Ich handelt. In beiden Fällen trifft dieser Zyklus die Wirklichkeit besser und näher, als eine Einzelfigur es tun könnte. In jeder Seele und in jedem Kollektiv finden wir dieses Nebeneinander. Auch jedes plastische Ich hat nicht nur Anteile eines dieser Stadien in sich. Unseligerweise hat das einseitige Denken in Evolutionsreihen auch oft zu einer Verwerfung und Wertminderung früherer Stadien geführt, von denen unser Märchenzyklus so angenehm frei ist. Weder in der Einzelseele noch im Kollektiv kann sich eine einseitige Einstellung und Wertakzentuierung auf die Dauer als gesund erweisen. Wer in sich nicht auch das Kind und den Jüngling akzeptiert und ihnen den entsprechenden Lebensraum gibt, wird hinterrücks von deren Ängsten und »Geworfenheiten« überfallen. Zugleich muß er auf die unbestreitbar in diesen seelischen Schichten enthaltenen kreativen Werte verzichten[140]. So wie in jeder der Märchenfiguren gleichzeitig Prinz und Bettler enthalten sind, so kommen auch dem Ich diese Eigenschaften zu, soweit es über das subjektive Gefühl seines freien Willens verfügt und gleichzeitig das Wissen um seine Determiniertheit und Unterlegenheit gegenüber dem Selbst weiß. Auch daß der Ich-Komplex seine Position in der Psyche nur unter recht schmerzhaften Opfern erreichen kann, ist eine bekannte Tatsache.

An sich fängt hier am Ende der Märchen eine ganz neue Geschichte wieder an; denn alle hier gebildeten Paare werden lernen müssen, miteinander auszukommen und sich gegenseitig zu achten. Nur dann kann die jetzt konstellierte Harmonie auch funktionieren. Darüber sagen die Märchen nichts mehr. Sie geben sich damit zufrieden, die Voraussetzungen für die Funktion einer gesunden Ganzheit konstelliert zu haben. Entsprechend den Vorstellungen dieser patriarchalen Kultur wird auch nicht danach gefragt, ob sich die einzelnen Personen gegenseitig sympathisch sind, ehe man sie miteinader verheiratet. Ist es z. B. den beiden Königssöhnen recht, zwei so bösartige Mädchen zur Frau nehmen müssen, wie die beiden aus der Hundsgestalt zurückverwandelten Schwestern? Sie sind ja nicht wieder zurückverwandelt worden in ihre menschliche Gestalt durch eigenes Verdienst oder eigene Einsicht und Wandlung, sondern allein durch die Gnade des Chalifen. Auf der anderen Seite sind Gnade und Verzeihung da unerläßliche Voraussetzungen, wo Liebe wachsen soll. Wir hatten auch vorher ausgeführt, daß die Schwestern wohl nicht an sich böse sind; psychologisch gesehen kann aber nur die Annahme und Eingliederung der innerhalb des Schattenbereichs liegenden Persönlichkeitskomponente den Boden dafür bilden, daß diese sich entwickelt und reift.

LITERATURVERZEICHNIS

1 Andersen, Hans Christian: Gesammelte Märchen. Manesse-Verlag, Zürich

2 Hauff, Wilhelm: Märchen. Hauffs sämtliche Werke, 4. Bd. Griesbach Verlag, Gera 1896

3 Wilde, Oscar: Märchen und Erzählungen. Winkler Verlag, München

4 Dieckmann, Hans: The Favourite Fairy-Tale of Childhood. In: Journal of Analytical Psychology, Vol. 16/1, Jan. 1971

5 Dieckmann, Hans: Das Lieblingsmärchen der Kindheit und seine Beziehung zu Neurose und Persönlichkeitsstruktur. In: Praxis der Kinderpsychologie und Kinderpsychiatrie, Heft 6, August/September 1967

6 Jung, Carl Gustav: Psychologische Typen. Gesammelte Werke, 6. Bd. Rascher Verlag, Zürich–Stuttgart 1960

7 Fromm, Erich: Märchen, Mythen und Träume. Diana-Verlag, Konstanz–Stuttgart 1957

8 Jacobi, Jolande: Komplex, Archetypus, Symbol in der Psychologie C. G. Jungs. Rascher Verlag, Zürich–Stuttgart 1957

9 Dieckmann, Hans: Träume als Sprache der Seele. Einführung in die Traumdeutung der Analytischen Psychologie C. G. Jungs. Bonz Verlag, Stuttgart 1972

10 von der Leyen, Friedrich: Die Welt der Märchen, Band 1. Eugen Diederichs Verlag, Düsseldorf 1953

11 Indische Märchen. Hrsg. v. J. Hertel. Eugen Diederichs Verlag, Jena 1919

12 de Goeje: De Arabische Nachtvertellinge. De Gids 1868

13 Pantschatantra. Übers. v. Ludwig Alsdorf. Müller & Kiepenheuer Verlag, Köln 1952

14 Somadewas Kathasaritsâgara. Hrsg. v. A. Wesselski. Morawe & Scheffelts Verlag, Berlin 1914

15 Evans-Wentz, W. Y.: Joga und Geheimlehren Tibets. O. W. Barth Verlag, München 1937

16 Dieckmann, Hans: Der Individuationsprozeß in orientalischen Rahmenerzählungen. In: Praxis der Kinderpsychologie und Kinderpsychiatrie, Heft 2, Februar/März 1963

17 Chaplin, Dorothea: Das ärztliche Denken der Hindu. Astra Verlag, Leipzig 1930

18 von Siebenthal, Wolfgang: Die Wissenschaft vom Traum. Springer Verlag, Göttingen 1953

19 Jung, Carl Gustav: Über psychische Energetik und das Wesen der Träume. Rascher Verlag, Zürich–Stuttgart 1948

20 Wolff, Toni: Studien zu C. G. Jungs Psychologie. Rhein-Verlag, Zürich 1959

21 Jung, Carl Gustav: Die Beziehungen zwischen dem Ich und dem Unbewußten. Gesammelte Werke, 7. Bd. Rascher Verlag, Zürich–Stuttgart 1946

22 Grimm, Gebr.: Kinder- und Hausmärchen. Georg Müller Verlag, München–Leipzig

23 Dieckmann, Hans: Mutterbindung und Herzneurose. In: Zeitschrift für Psychosomatische Medizin, 12/1966

24 von Ranke-Graves, Robert: Griechische Mythologie. Rowohlts Deutsche Enzyklopädie, Hamburg 1960

25 Der Heilige Qurân. Hrsg. Ahmadiyya-Mission des Islam. Verlag Otto Harrassowitz, Wiesbaden 1954

26 Die Bibel. Nach der deutschen Übersetzung Dr. Martin Luthers. Verlag der königl. geh. Oberhofbuchdruckerei, Berlin 1863

27 Schärf, Riwkah: Die Gestalt des Satans im Alten Testament. Symbolik des Geistes. In: Psychologische Abhandlungen, 6. Bd. Rascher Verlag, Zürich–Stuttgart 1953

28 Fischel, Werner: Leben und Erlebnis bei Tieren und Menschen. O. W. Barth Verlag, München 1949

29 Tinbergen, Niko: The Study of Instinct. Oxford 1951

30 Jung, Carl Gustav: Instinkt und Unbewußtes. In: Psychologische Abhandlungen, 2. Bd. Rascher Verlag, Zürich–Stuttgart 1958

31 Gehlen, Arnold: Der Mensch. Athenäum-Verlag, Bonn 1950

32 Schultz-Hencke, Harald: Lehrbuch der Analytischen Psychotherapie. Georg Thieme Verlag, Stuttgart 1951

33 Portmann, Adolf: Das Tier als soziales Wesen. Rhein-Verlag, Zürich 1953

34 von Beit, Hedwig: Symbolik des Märchens. Francke Verlag, Bern 1960

35 Freud, Sigmund: Dostojewski und die Vatertötung. Ges. Werke, 14. Bd. Imago Publ., London. 5. Aufl., S. Fischer Verlag, Frankfurt 1972

36 Harding, M. Esther: The Parental Image. Putnam's Sons, New York 1965

37 Zbinden, Hans: Die Djin des Islam und der altorientalische Geisterglaube. Paul Haupt Verlag, Bern–Stuttgart 1953

38 Jung, Carl Gustav: Symbolik des Geistes. Rascher Verlag, Zürich–Stuttgart 1953
39 Jung, Carl Gustav: Psychologie und Alchemie. Gesammelte Werke, 12. Bd. Walter Verlag, Olten 1972
40 Jung, Carl Gustav: Aion. Rascher Verlag, Zürich–Stuttgart 1951
41 1001 Nacht. Aus dem Arabischen übertragen von Max Hennig. Ph. Reclam Verlag, Leipzig 1895
42 Westermark, L.: Ritual. Zit. nach Zbinden: Die Djin ..., s. Nr. 37
43 Andreä, Robert: Mahommed. Paris 1945
44 Dieckmann, Hans: Phasen des Individuationsprozesses im Leben Paul Gauguins. In: Zeitschrift für Psychosomatische Medizin, 6/1958
45 Schubart, Walter: Religion und Eros. C. H. Becksche Verlagsbuchhandlung, München 1941
46 Castaneda, Carlos: The Teaching of Don Juan. A Yaqui Way of Knowledge. Univ. of California Press, California 1968
47 Jung, Carl Gustav, und Karl Kerényi: Einführung in das Wesen der Mythologie. Rhein-Verlag, Zürich 1951
48 Kühnel, Ernst: Miniaturmalerei im islamischen Orient. Bruno Cassirer Verlag, Berlin 1922
49 Edinger, Eduard F.: Ego and Archtyp. Putnam's Sons, New York 1972
50 Jung, Carl Gustav: Psychologie und Religion. Gesammelte Werke, 6. Bd. Rascher Verlag, Zürich–Stuttgart 1963
51 Plato: Gastmahl. Deutsch und griechisch v. Franz Boll. Heimeran Verlag, München 1944
52 Erinnerungen, Träume, Gedanken von C. G. Jung. Hrsg. v. Aniela Jaffé. Rascher Verlag, Zürich–Stuttgart 1962
53 Ortega y Gasset, Jose: Buch des Betrachters. Deutsche Verlagsanstalt, Stuttgart 1952
54 Neumann, Erich: Die Große Mutter. Rhein-Verlag, Zürich 1956
55 Jacobi, Jolande: Die Psychologie von C. G. Jung. Rascher Verlag, Zürich 1960
56 Jung, Carl Gustav: Interpretations of Visions. Excepts from the Notes of Mary Foote. Spring 1960–1962. Spring-Publications, Zürich 1973
57 Campbell, Joseph: Der Heros in tausend Gestalten. S. Fischer Verlag, Frankfurt 1953
58 Dieckmann, Hans: Märchen und Träume als Helfer des Menschen. psychologisch gesehen Bd. 4. Bonz Verlag, Stuttgart 1968
59 Steckel, Wilhelm: Fortschritte und Technik der Traumdeutung. Verlag für Medizin Weidemann & Co., Wien–Leipzig–Bern 1935
60 Jung, Carl Gustav: Symbole der Wandlung. Rascher Verlag, Zürich–Stuttgart 1952

61 Neumann, Erich: Ursprungsgeschichte des Bewußtseins. Rascher Verlag, Zürich–Stuttgart 1949

62 Schwedische Volksmärchen. Hrsg. u. übers. von Kurt Schier. Die Märchen der Weltliteratur. Eugen Diederichs Verlag, Düsseldorf 1971

63 Rank, Otto, und Hans Sachs: Die Bedeutung der Psychoanalyse für die Geisteswissenschaften. I. F. Bergmann Verlag, Wiesbaden 1913

64 Homeri Odyssea, ed. Guillemus Dindorf. Teubner Verlag, Leipzig 1894

65 Kerényi, Karl: Die Mythologie der Griechen. Rhein-Verlag, Zürich 1951

66 Eberhard, Wolfram, und Naili Boratav Pertev: Typen türkischer Volksmärchen. Franz Steiner Verlag, Wiesbaden 1953

67 von Franz, Marie-Luise: Das Problem des Bösen im Märchen. Studien aus dem C. G. Jung-Institut Zürich 1958. Rascher Verlag, Zürich–Stuttgart 1960

68 Corbin, Henry: Imagination Créatrice et prière créatrice dans le soufisme d'Ibu Arabi. Eranos-Jahrbuch 1956. Rhein-Verlag, Zürich

69 Brunner, Cornelia: Die Anima als Schicksalsproblem des Mannes. Studien aus dem C. G. Jung-Institut Zürich. Rascher Verlag, Zürich–Stuttgart 1963

70 Jung, Carl Gustav: Die Psychologie der Übertragung. Rascher Verlag, Zürich–Stuttgart 1956

71 Kähler, Hans: Die Insel der schönen Si Melu. Indonesische Dämonengeschichten, Märchen und Sagen aus Simalur. Erich Röth Verlag, Eisenach 1952

72 Die Erzählungen aus den 1001 Nächten. Übers. v. Enno Littmann. Insel-Verlag, Leipzig 1928

73 Dieckmann, Hans: Der Wert des Märchens für die seelische Entwicklung des Kindes. In: Praxis der Kinderpsychologie und Kinderpsychiatrie, Heft 2/1966

74 Dieckmann, Hans: Symbols of Active Imagination. In: Journal of Analytical Psychology, Vol. 16/2 1971

75 Dieckmann, Hans: Über das Bewußtsein der Frau im 20. Jahrhundert. In: Niedersächsisches Ärzteblatt, 42. Jahrg., Nr. 4, 1969

76 von Franz, Marie-Luise: Bei der schwarzen Frau. Studien zur Analytischen Psychologie C. G. Jungs, 1. Bd. Rascher Verlag, Zürich–Stuttgart 1955

77 Sandner, Donald, und David Jongeward: Research in Symbolism: Aimes and Methods. Professional Report of the C. G. Jung Institut of San Francisco. September 1967

78 Jung, Carl Gustav: Paracelsica. Rascher Verlag, Zürich–Stuttgart 1942

79 Jung, Emma: Die Anima als Naturwesen. Studien zur Analytischen Psychologie C. G. Jungs. Festschrift zum 80. Geburtstag von C. G. Jung. Rascher Verlag, Zürich–Stuttgart 1955

80 Freud, Sigmund: Die Widerstände gegen die Psychoanalyse. Gesammelte Werke, Bd. XIV. Imago Publ., London 1946

81 Jung, Carl Gustav: Zur Psychologie östlicher Meditationen. Psychologische Abhandlungen, 7. Bd. Rascher Verlag, Zürich–Stuttgart 1951

82 Jung, Carl Gustav: Mysterium Conjunctionis. Gesammelte Werke, 14. Bd. Rascher Verlag, Zürich–Stuttgart 1968

83 Dieckmann, Hans: Über einige Beziehungen zwischen Traumserie und Verhaltensänderungen in einer Neurosenbehandlung. In: Zeitschrift für Psychosomatische Medizin, 4/1962

84 Dieckmann, Hans: Der Traum und seine Beziehung zum Selbst. In: Zeitschrift für Analytische Psychologie und ihre Grenzgebiete, 1/1973

85 Freud, Sigmund: Tatbestandsdiagnostik und Psychoanalyse. Gesammelte Werke, Bd. VII. Imago Publ., London 1947

86 Jung, Carl Gustav: Über die Psychologie des Unbewußten. Gesammelte Werke, 6. Bd. Rascher Verlag, Zürich–Stuttgart 1964

87 Dieckmann, Hans: Probleme der Lebensmitte. psychologisch gesehen Bd. 8. Bonz Verlag, Stuttgart 1971

88 Kerényi, Karl: Die Heroen der Griechen. Rhein-Verlag, Zürich 1958

89 Jung, Carl Gustav: Die Visionen des Zosismus. In: Von den Wurzeln des Bewußtseins. Rascher Verlag, Zürich–Stuttgart 1954

90 Eliade, Mircea: Schahmanismus und archaische Ekstasetechnik. Rascher Verlag, Zürich–Stuttgart 1956

91 Dieckmann, Hans: Zum Aspekt des Grausamen im Märchen. In: Praxis der Kinderpsychologie und Kinderpsychiatrie, Heft 8, November/Dezember 1967

92 Freud, Sigmund: Zur Psychopathologie des Alltagslebens. Gesammelte Werke, Bd. IV. Imago Publ., London 1948

93 Schalk, Gustav: Meisterbuch deutscher Götter- und Heldensagen. Ullstein Verlag, Berlin 1912

94 Jacobi, Jolande: Der Weg der Individuation. Rascher Verlag, Zürich–Stuttgart 1965

95 Essigmann, A.: Sagen und Märchen Altindiens. Axel Junker Verlag, Berlin 1920

96 Tuti-Nameh: Das Papageienbuch. Insel-Verlag, Wiesbaden 1957

97 Evans-Wentz, W. Y.: Die große Befreiung. O. W. Barth Verlag, München 1955

98 Andreä, Johann Valentin: Die chymische Hochzeit. Christiani Rosenkreutz. O. W. Barth Verlag, München 1957

99 Neumann, Erich: The Significance of the Genetic Aspect for Ana-

lytical Psychology. In: Journal of Analytical Psychology, Vol. 4/2 1959
100 Neumann, Erich: Das Kind. Struktur und Dynamik der werdenden Persönlichkeit. Rhein-Verlag, Zürich 1963
101 Nizami: Die sieben Geschichten der sieben Prinzessinnen. Übertragen v. R. Gelpke. Manesse-Verlag, Zürich 1959
102 Frobenius, Leo: Das Zeitalter des Sonnengottes. Berlin 1904
103 Gebser, Jean: Ursprung und Gegenwart. Deutsche Verlagsanstalt, Stuttgart 1959
104 Heyer, Gustav Richard: Der Organismus der Seele. J. F. Lehmann Verlag, München 1959
105 von Goethe, Joh. Wolfgang: Faust. Propyläen-Verlag, Berlin o. J.
106 Govinda, Lama A.: Grundlagen tibetischer Mystik. Rascher Verlag, Zürich–Stuttgart 1957
107 Morenz, Siegfried: Ägyptische Religion. Kohlhammer Verlag, Stuttgart 1960
108 Buber, Martin: Gog und Magog. Fischer-Bücherei 1957
109 Hartmann, Hans: Ichpsychologie und Anpassungsproblem. In: Psyche, 14/1960
110 Dieckmann, Hans: Die Einstellung R. M. Rilkes zu den Eltern-Imagines. In: Zeitschrift für Psychosomatische Medizin, Heft 2/1958
111 Plutarch: Berühmte Griechen. Übers. u. hrsg. v. Roland Nietzsche. Rascher Verlag, Zürich–Stuttgart
112 Jung, Carl Gustav: Synchronizität als ein Prinzip akausaler Zusammenhänge. Studien aus dem C. G. Jung-Institut Zürich. Rascher Verlag, Zürich–Stuttgart 1952
113 Neumann, Erich: Die Erfahrung der Einheitswirklichkeit. In: Der schöpferische Mensch. Rhein-Verlag, Zürich 1959
114 Plato: Phaidon. Deutsch und griechisch v. Franz Boll. Heimeran Verlag, München 1944
115 Neumann, Erich: Zur psychologischen Bedeutung des Ritus. In: Kulturentwicklung und Religion. Rascher Verlag, Zürich–Stuttgart 1953
116 Dieckmann, Hans: Ritualbildungen in der Therapie. In: Zeitschrift für psychosomatische Medizin 2/1963
117 Zimmer, Heinrich: Die indische Weltmutter. Eranos-Jahrbuch 1938. Rhein-Verlag, Zürich 1939
118 Meier, Carl Anton: Antike Inkubation und moderne Psychotherapie. Studien aus dem C. G. Jung-Institut Zürich. Rascher Verlag, Zürich–Stuttgart 1949
119 Jung, Emma, und Marie-Luise von Franz: Die Gralslegende in psychologischer Sicht. Rascher Verlag, Zürich–Stuttgart 1960
120 Herrigel, Eugen: Zen in der Kunst des Bogenschießens. O. W. Barth Verlag, München 1956

121 Kerényi, Karl: Apollon. Studien über antike Religion und Humanität. Eugen Diederichs Verlag, Düsseldorf 1953
122 Otto, Walter F.: Die Götter Griechenlands. Schulte-Buemke Verlag, Frankfurt 1970
123 Lawrence, Thomas Edward: Aufstand in der Wüste. Fischer Verlag, Frankfurt 1957
124 Freud, Anna: Das Ich und die Abwehrmechanismen. Imago Publ., London 1946
125 Smith, S.: The Babylonian Legends of the Creation and the fight between Bel and the Dragon as Told by Assyrian Tablets from Ninewel. The British Museum, London 1931
126 von Glasenapp, Helmuth: Die fünf Weltreligionen. Eugen Diederichs Verlag, Düsseldorf 1952
127 Firdausi: Geschichten aus dem Schahnameh. Ausgew. u. übertr. v. U. von Witzleben. Eugen Diederichs Verlag, Düsseldorf 1960
128 Zimmer, Heinr.: Maya. Der indische Mythos. Stuttgart–Berlin 1936
129 von Franz, Marie-Luise: Aurora Consurgens. Psychologische Abhandlungen, Bd. 12. Rascher Verlag, Zürich–Stuttgart 1957
130 Jung, Carl Gustav: Wirklichkeit der Seele. Rascher Verlag, Zürich–Stuttgart 1947
131 Albanische Volksmärchen. Die geflügelte Schwester. Hrsg. v. M. Lambertz. Erich Röth Verlag, Eisenach 1952
132 Apuleius: Der goldene Esel. Übers. v. Albrecht Schaeffer. Rascher Verlag, Zürich–Stuttgart 1951
133 Neumann, Erich: Ein Beitrag zur seelischen Entwicklung des Weiblichen. Kommentar zu Apuleius: Amor und Psyche. Rascher Verlag, Zürich-Stuttgart
134 Frobenius, Leo: Spielmannsgeschichten der Sahel. Eugen Diederichs Verlag, Jena 1921
135 Dieckmann, Hans: Die Konstellierung der Gegenübertragung beim Auftauchen archetypischer Träume. In: Zeitschrift für Analytische Psychologie und ihre Grenzgebiete, 1/1971
136 Dieckmann, Hans: Übertragung – Gegenübertragung – Beziehung. In: Zeitschrift für Analytische Psychologie und ihre Grenzgebiete, 3/1973
137 Freud, Sigmund: Die endliche und die unendliche Analyse. Ges. Werke, 16. Bd., Imago Publ., London 1949
138 Breasted, J. H.: Geschichte Ägyptens. Phaidon-Verlag, Zürich 1954
139 Altägyptische Märchen. Übertr. u. bearb. v. E. Brunner-Traut. Eugen Diederichs Verlag, Düsseldorf 1963
140 Dieckmann, Hans: Transference and Countertransference. Vortrag bei der Encyclopedia Italiana. Rom 1973
141 Freud, Sigmund: Die Traumdeutung. Franz Deuticke Verlag, Wien 1950

Weitere Titel aus dem Königsfurt Verlag

Horst-Eberhard Richter / Elmar Brähler (Hg.):
Abschied vom Ego-Kult. Die neue soziale Offenheit.
ISBN 3-933939-00-3. *Wertewandel und neue Wege.*

Josef Rattner: Grundlagen ganzheitlicher Heilung.
Einführung in die Psychosomatik.
ISBN 3-933939-17-8. *Ratgeber für jeden Haushalt.*

Paul Letter: Paracelsus. Leben und Werk.
ISBN 3-933939-24-0. Hardcover, zahlreiche Abb. *Neue Quellen.*

Horst Obleser: Parzival. Ein Initiationsweg und seine Bedeutung.
ISBN 3-933939-26-7. *Die Gralslegende psychologisch gedeutet.*

Ulrich Magin: Ausflüge in die Anderswelt.
ISBN 3-933939-25-9. *Bedeutungen rätselhafter Phänomene.*

Pierre Niccart: Du bist was du vergißt. Ein Erlebnisbuch.
ISBN 3-933939-23-2, farbig. *Faszinierende Erfahrungen.*

Laura Hermes: Aphrodites Traum – Traumdeutung in der Antike.
ISBN 3-933939-28-3. *Unterhaltsam und informativ.*

Klausbernd Vollmar: Sich erfolgreich träumen.
ISBN 3-933939-07-0. *Die DreamCreativity®-Methode.*

Kb. Vollmar & J. Fiebig: Traum und Traumdeutung.
ISBN 3-933939-01-1. *Reihe: erleben und verstehen.*

Frederik Hetmann: Märchen und Märchendeutung.
ISBN 3-933939-02-X. *Reihe: erleben und verstehen.*

Hans Dieckmann: Zauber aus 1001 Nacht. Märchen & Symbole.
ISBN 3-933939-09-7. *Ein Klassiker der Märchenforschung.*

KÖNIGS FURT